KB063161

朝鮮時代 士大夫의
莊子受容과 寓言 글쓰기 研究

郝君峰·陳冰冰 지음

조선시대 사대부의
장자수용과 우언 글쓰기 연구

어문학사

教育部留學回國人員啓動基金項目最終成果（項目編號 ： 2014/第48批-1）
國家社科基金青年項目資助（項目編號 ： 15CWW013）

朝鮮時代 士大夫의 莊子受容과 寓言 글쓰기 研究

A Study on Acceptance of ZhuangZi and Allegorical Writing of Choseon Dynasty

郝君峰·陳冰冰 지음

朝鮮時代 士大夫의 莊子受容과 寓言 글쓰기 研究

目次

III. 朝鮮時代 士大夫 文人의 寓言 글쓰기

　허둥지둥 바쁘게 사는 현대인들에게 장자는 초조한 마음을 온화하게 식혀 주는 청량제이다. 끝없는 분쟁으로 얼룩진 이 세상을 살다 보면 어쩌다 우연치 않게 장자를 만날지도 모른다. 마음이 빈곤해지는 이 물질만능의 시대 속에서 순수하게 자연의 순리에 따르며 살자는 도가적인 '무위자연'의 메시지야말로 가장 진중하고 절실하게 던져지기 때문이다.

　어렸을 때 즐겨 읽었던 동몽(童蒙)이야기책에는 장자우언이 나왔다. 신비롭고 재미있는 옛 이야기를 잘 들려주는 백발 할아버지의 이미지는 나의 장자에 대한 첫인상이었다. 학교공부를 하면서 교과서에 철학가이자 사상가이며 문학가로 소개된 장자의 지성적인 위상이 점점 뚜렷해지고 확고해졌다. 그러나 교과서적으로 접근한 일반적인 인식에 그치는 것이지, 고뇌하는 인간과 대면하여 처세의 걱정으로 가득 차 있는 장자의 따뜻한 인간미를 전혀 느끼지 못했다. 가슴에 와 닿는 장자와의 교감은 박사과정에 들어갔을 때부터였다. 경전강의를 통한 인성교육을 솔선수범으로 이

끈 지도교수님한테서 강력한 추천을 받은 첫 번째 책은 바로 장자였다. 처음엔 장자읽기는 숙제였지만, 무척 조용한 연구실 공간 속에서 장자와 단둘이 진지한 대화를 하다 보니 방황과 불안감에 휩싸였던 마음이 서서히 가라앉게 됐다. 장자와 함께 거닐었던 산책길에서 발걸음을 멈출 때마다 비로소 보이는 고요한 '풍경'에 자연스레 이끌리곤 한다. 장자 특유의 역설적인 표현과 비정상적인 이야기들은 한편으로 고착된 관념과 상식을 가진 사람들을 지치게 한다. 하지만 다른 한편으로는 무언가 생각하게 만드는 장자의 창의적 발상과 날카로운 관찰에 놀라움과 감탄을 감추지 못하고 현상 너머로의 초월적인 사유세계에 빠져들 수밖에 없다. 그러면서 부끄러운 논문을 디딤돌로 삼아서 장자의 세계에 학문적으로 접근하려는 나의 첫 걸음을 이렇게 시작했다.

장자의 세계는 다채롭다. 사상적 깊이를 문학적으로 절묘하게 표현하는 천하무쌍의 글쓰기는 장자 텍스트를 읽는 무궁무진한 묘미를 산출한다. 도가사상의 핵심과 고전문학의 전범이 된 장자는 후대에 미친 영향이 절대적이고 전형적이다. 도도히 흐르는 대하(大河)와 같이 5천년 넘게 이어져온 찬란한 중화문명 속에서 다분야에 걸친 장자수용이 망라된 장자학(莊子學)은 큰 줄기의 흐름이 되어 장자적인 기풍과 향취가 그윽이 담긴 광대한 장관을 대대적으로 이루는 것이다. 지금 우리를 일깨워주는 장자 33편은 원래 장자의 전부가 아니다. 후학의 손길에 의해 더욱 세련되게 다듬어진 장자는 각 시대마다 나름의 의미와 가치를 부여받으므로 갈수록 더욱더 풍부하게 새로워진 양상으로 거듭날 것이다.

"가장 민족적인 것이 가장 세계적인 것이다." 괴테가 한 말이다. 하나가 되어가는 세상을 살아가면서 이 말에 담긴 공유·상생의 가치 지향은 보다 절실하게 느끼게 된다. 2천여 년전의 한자 도입과 함께 한국에 전래된 장자는 뿌리내리기 시작했다. 17세기 초에 이르러 유럽에 번역·소개된 장자는 동서양을 넘나들면서 명실상부한 세계적인 고전으로 발돋움하였다. 지금까지 해외에서 정착하여 크게 성장해 온 '세계적인 장자'는 이미 오늘날 다문화시대의 인문적인 소통과 융합을 다지는 초석들 중 하나로 된 것이다. 글로벌화된 '장자의 세계'를 다시 전반적으로 새롭게 조명하기 위한 나의 작은 첫 걸음은 바로 최초로 역외(域外)의 수용 양상을 드러낸 한국적인 장자에 대한 탐구이다.

해외로 전파된 장자의 첫 정착지는 한국이다. 그만큼 오래된 성장과정을 거쳐 발전적 변화를 거듭한 한국적인 장자는 '세계적인 장자'의 모습을 다각도로 포착할 가능성을 열어준다. 장자의 한국적 수용에 있어서는 가장 먼저 완숙기(完熟期)를 보여준 시기가 조선시대이다. 글쓰기로 파란만장한 세상을 움직이려는 조선 지식문인들에게 문장력으로 제자백가(諸子百家)를 능가한 장자는 각별히 느껴진 존재이다. 혼탁한 현실세계와 대면하기 위해 장자만큼 최고의 우언적 글쓰기 구현에 극히 고심했던 사람이 없다. 이른바 우언적 글쓰기란 하나의 요술 주머니와 같다. 주머니는 매우 작지만 그 안에서 많은 물건을 끄집어 낼 수 있듯이, 곁들이는 성질(寄託性)에 의한 우언적 글쓰기 공간 속에서 사상성과 문학성을 동시에 확보할 수 있는 알레고리적 풍경이 드넓게 펼쳐진다. 조선시대에 이르러 벌써 오래 전부터 성행해 온 우언적 글쓰기는 이미 당대 문인들의 입신처세를 위한 보편적인 문학양식으로 자리 잡았다. '述而不作, 信而好古'를 숭상하던 중세 한문문명권에는 우언적 글쓰기의 원천이자 전범이 된 장자에 대한 학습이 곧 창작으로 나아가는 통로를 마련하는 길이었다. 신라시대 설총의 「화왕계」를 효시로 한 한국의 고대우언에는 장자적인 기법과 표현이 곳곳에 역력히 드러나는 것이다. 지금 나의 좁은 안목과 무딘 글 솜씨로 한국에 정착한 장자의 역사적 전개와 실상에 대해 그 하나하나를 체계적으로 조명하지 못할 아쉬움이 아직 남아 있다. 하지만 조선시대 각 시기의 대표적인 문인들의 우언적 글쓰기를 중심으로 장자 우언의 수용과 재창조 과정을 보다 비교적 명확하게 밝혀냈다는 데서 작은 위로를 조금이나마 얻는다.

물론 여전히 성글고 부족한 점이 많은 박사학위논문을 책의 형태로 많은 사람들 앞에 내놓는 것이 부끄럽다. 그럼에도 이번에 더 이상 망설임 없이 이 책을 출간하기로 결단을 내린 용기는 할 일을 자꾸 뒤로 미루는 버릇 때문에 학문연구의 진척을 제대로 이루지 못하는 나 자신에 대한 반성과 독려에서 나온 것이다. 자기 자신이 공부해 온 과정을 뒤돌아보고 앞으로의 연구방향을 모색하는 새로운 출발점으로 삼고자 박사학위논문을 약간의 수정만 한 채 책으로 출간하게 된다. 이 점 독자들께 미리 양해를 구하면서 지속적인 연구를 통해 세밀하게 검토하지 못했던 문제들을 보완할 수 있도록 노력하기로 다짐한다.

그동안 학교공부를 하면서 감사드릴 분들을 많이 만나 소중한 인연을 맺게 되었다. 박사과정 시절 장자공부의 깊은 맛을 일깨워 주시고 줄곧 지도와 격려를 아끼지 않으신 지도교수 김영 선생님의 은혜를 두고두고 기억고자 한다. 그리고 석사시절부터 학문의 길을 이끌어주신 서영빈 선생님, 최옥산 선생님께 감사의 말씀을 올린다. 또한 이 책을 출간하는 데에 많은 도움과 응원을 해주신 윤창준 선생님, 장재웅 선생님께 깊이 감사드린다. 아울러 언제나 큰 힘이 되어준 사랑스러운 가족들에게 이 책을 바친다. 끝으로 책 출판을 맡아 주신 어문학사 편집과 관계자 여러분께 심심한 감사를 드린다.

'기왓장은 버리고 옥구슬을 추린다'는 말이 있다. 나눔과 배움의 즐거움을 모두가 같이 누렸으면 좋겠다.

2019년 7월
저자 씀

　朝鮮時代 士大夫의 莊子受容과 寓言 글쓰기 研究

I. 序論

I. 硏究의 目的과 硏究史 檢討

본고는 조선시대 사대부가 장자의 문학적, 사상적 자양분을 흡수하여 어떻게 우언 글쓰기를 전개하였는지를 규명하는 것을 목표로 한다. 이를 위해 먼저 사대부를 중심으로 형성된 조선 지성사(知性史)에서 뿌리 내려 살아온 장자의 다양한 활착 과정을 개괄적이나마 고찰하고, 이어서 그러한 장자생명의 생생한 숨결 속에서 장자적 사유와 문학에 대한 창조적 수용을 기반으로 이룩된 사대부의 우언 글쓰기 양상에 대하여 각 시기별 대표적 문인인 허백당 성현(虛白堂 成俔, 1439~1504)과 계곡 장유(谿谷 張維, 1587~1638) 그리고 연암 박지원(燕巖 朴趾源, 1737~1805)의 우언 글쓰기에 대한 조명을 통해서 보다 깊이 있게 파악하고자 한다.

사대부란 용어는 계층으로서의 명칭이며 또한 역사적 개념이다.[1] 유교문화로 대표되는 동아시아 문명권에서 역사 발전의 주체로 등장한 사대부 계층은 사상, 정치, 경제, 문화 등 여러 분야에서 사회지배세력으로서의 구심역할을 해왔고, 찬란한 인류문명의 업적을 후세에게 남겨 놓았다. 시대에 따라 역사적 개념으로서의 이 사대부의 지칭이 범주적 차원에서의 변화를 보였지만, 그 집단의 형성과 발전에는 어느 시대를 막론하고 하나의 공통된 정신추구와 실천의지가 시종일관 저류(底流)하고 있었다. 그것은 다름 아닌 곧 '修己·治人', '兼濟·獨善'을 통한 유교적 인격성의 실현에 대한 한결같은 집념이다. '修己·獨善'은 개인의 내면적 품성을 지향하는 도덕수양이고 '治人·兼濟'은 인간의 사회적 질서를 위한 정치적 실천이다. 도덕적 자아완성을 통해서 윤리적 세계를 위한 정치포부를 펼치자는 이 유교적 기본이념은 유학을 본령으로 하는 사대부에게 그 누구보다도 사회적 주도자로서의 강한 사명의식과 책임감을 품게 하였다. 그러나 도덕이상과 현실정치 간의 괴리로 인해 늘 출처거취(出處去就)라는 인생 길목에 몰리게 된 사대부는 실제로 대다수가 진퇴여부로 인한 내심적 갈등과 고민을 겪지 않을 수 없었다. 따라서 마음의 평정(平靜)을 찾기 위한 자

....
1 사대부라는 용어는 중국사에서는 오래전부터 전통적으로 사용되어 왔다. 역사적 기록을 보면 사대부 용어는 전국시대부터 성립되고 있었다. 시대에 따라 그 명칭은 다르다. 漢代를 하더라도 前漢初에는 훈련된 군사를 사대부라고 했고, 後漢初에는 地方豪族을 사대부라고 했으며, 六朝, 唐을 거쳐 宋代에 이르러 비로서 "搢紳之士" 내지 "讀書人"이란 뜻으로 통용되었다.
  이우성, 「이조 사대부의 기본성격」제16집, 『민족문화연구총서』, 영남대학교 민족문화연구소, p.10. 참조.

아위안에 대한 관심과 함께, 현실문제의 해결을 향한 합리적 학문 방법의 탐색은 열린 사유와 선진적 의식을 지닌 사대부들 사이에 보편적 흐름을 형성하고 있었다.

지리적 일우(一隅)에 위치하는 조선 땅에서 조선왕조의 창건과 함께 국시(國是)로 채택된 성리학의 파급영향은 중국에서도 볼 수 없을 만큼 나름대로 지극히 큰 편이었다. 그것은 결국 유교적 의리에 비추어 권력집단을 비판하는 입장과 권력옹호를 위한 도구로서 유교이념을 이용하는 입장의 분열을 초래하지 않을 수 없었다.[2] 오백년을 넘게 이어온 조선왕조에서 국가, 사회의 한 암(癌)이라고 이를 정도[3]로 치명적 폐해(弊害)를 남긴 당쟁이 바로 그 결과였다. 성리학 내부의 의리논쟁에서 발생한 이런 피비린 권력투쟁 외에도 당시 '明道學'을 위한 '闢異端'론의 극단적 고취는 유학만을 제외한 노·불 같은 다른 사상을 허용하지 않는 획일적인 사상적 풍토를 형성하였다. 그리하여 양심적이고, 합리적 학문 태도를 지닌 조선 시대의 사대부는 상당히 심한 외적 압력과 내적 갈등을 감내해야 했다. 또한 한편으로는 그들은 이러한 현실을 타파하고 초월하기 위해서 수많은 고심한 지적 노력을 기울여야 했다. 그 중에 유가와 다른 사유·가치체계를 가지고서 상호보완하게 발전되어 온 도가에 대한 관심, 특히 '逍遙遊世'와 '物我齊一'

---

2 금장태, 「의리사상과 선비 정신」, 趙明基 外 33人 著, 『한국사상의 심층연구』, 宇石出版社, 1986년, pp.235-236. 참조.
3 조윤제, 『한국문학사』, 탐구당, 1971년, p160. 참조.

을 깨우친 장자적 인생경계와 철학적 정신, 그리고 이른바 '汪洋恣肆, 恢詭譎怪'의 장자적 문학 상상과 표현에 대한 비판적 수용은 당시의 지식독서인(知識讀書人)으로서의 사대부들에게 있어서 곧 글쓰기를 통한 내심표출과 현실대응을 위한 하나의 좋은 통로였다고 아니할 수 없다. 장자적 매력은 철학적 깊이와 문학적 넓이 그 자체에 그치는 것이 아니다. 어느 시대나 유가와 함께 동아시아 전통문화의 주류적 인자(因子)가 된 도가로서의 장자는 이미 지식문인들의 뇌리에 스며들고 있었다. 뚜렷한 역사의식과 예민한 문학적 감각을 지닌 조선 시대의 사대부 역시 예외가 아니었다. 따라서 본고는 글쓰기를 통한 현실의 부조리와의 대결 속에서 유교이념을 기반으로 하는 그들이 어떻게 사상·문학적으로 장자를 수용하여 진리와 세계의 합리화를 향한 탐색을 이루어냈는가 하는 문제의식에서 출발한다. 그리고 이러한 고찰의 바탕위에서 현실해결을 위한 조선시대 사대부의 내면세계와 그것을 표출하는 그들의 글쓰기 양상의 일단(一端)이 밝혀질 수 있으리라 기대된다.

　　장자의 발원지인 중국에서 역대 문인들에 의한 장학(莊學)연구가 끊임없이 나타나고 있었다. 2천 년을 넘는 도도한 장자학(莊子學)이 오늘날 3부작(3部作)으로 편찬된 방대한 연구 성과[4]까지 이

4　方勇 著,『莊子學史』(上, 中, 下), 人民出版社, 2008년. 그 이외에도 장자의 철학과 문학을 통털어 연구하는 연구작업으로는 崔大華의『莊學研究』(人民出版社, 1992年), 李錦華의『莊子與中國文化』(貴州人民出版社, 2001年), 白本松의『逍遙之祖--莊子與中國文化』(河南大學出版社, 1997年), 熊鐵基 등의『中國莊學史』(湖南人民出版社, 2003年)등이 있다.

록된 만큼 장자에 관한 연구는 이미 중국 학계에서 하나의 독립된 '顯學'으로 되어 체계적으로 활발하게 진행되어 있다. 이처럼 '장자의 세계'가 우리 앞에서 더욱더 풍부히 펼쳐지는 한편, '세계의 장자'에 대한 관심 또한 이와 함께 뜨거워지기 시작하였다. 한국에 활착된 장자의 모습에 대하여 중국 학계는 물론 한국에 있어서도 보다 체계적으로 조명할 작업이 절실히 필요하다. 중국학 연구 분야에서 한국학자들에 의한 장자의 사상·문학을 향한 탐구는 나름대로 깊이 있게 이루어졌다. 하지만 수용사(受容史)적 맥락에 입각한 장자의 한국적 수용에 대한 고찰은 아직 기대만큼 전면적이고 또한 세밀하게 전개되지 않는 것으로 보인다. 그 이유는 한국에 정착되어 온 장자가 특히 조선 시대에 와서 주로 공(公)적이라기보다 사(私)적으로 문인들 사이에 받아들여졌다는 데에 있다. 그 이외에도 한국에서의 성리학 이해와 수용, 및 '文以載道'의 전통적인 유교적 문학창작에 중심을 둔 연구 경향은 도가로서의 장자와의 접근을 시도한 문인들의 사상적 포용성과 수사적 문학 표현에 대해서는 소홀히 취급하는 결과를 가져왔다.

　지금까지 장자의 한국적 수용에 대해서는 문학적 측면이라기보다 철학사상적 차원에서 고구하는 것이 주류를 이루고 있다. 한국 도교사(道敎史)의 서술과 수반되어 소개된 초기의 장자 도입과 전파 양상은 문헌적 기록을 통해서 이미 확연히 밝혀져 있다. 도교의 종교의식(儀式)과 신선·장생사상은 주된 내용으로 고찰되었기 때문에 형이상학적 장자철학에 대한 이해와 수용은 한국도교의 사(史)적 조명 속에서 논의대상으로 충분히 취급되지 않았다. 도교와의 명확한 구분의식 하에서 한국의 도가철학사상을 개괄적으로 다루는 데 개척적인 기여를 한 송항룡의 연구는 도가사상에 대한 철학적 이론작업을 이룩한 조선 시대에서 대표적 성리학자들에 의해 학문적 대상으로 부각된 노·장(老·莊)에의 학적 관심과 탐구를 규명하였다. 麗末 鮮初에 성리학의 요구와 더불어 비로소 한국 도가철학의 학적 성립이 가능해진다는 그의 독창적 논리[5]는 이와 함께 보다 체계 있게 설파되었다. 여기서 말한 노·장에의 학적 관심과 이해에 대하여 가장 직접 반영하는 데 주해작업(注解作業)만한 것이 없다. 그만큼 조선시대의 주석서로 남아 있는 박세당 (朴世堂, 1629~1703)의 『南華經注解刪補』와 한원진(韓元震, 1682~1751)의 『莊子辨解』에 관하여 이른바 '以儒釋莊'식의 이해방법과 그 사상적 의미를 파악하는 연구들은 상당히 축적되어 왔다.[6] 그 가운데 전자(前者)는 이단배척의 입장을 떠나 유가철학

5 송항룡, 「한국도가철학에 있어서의 학적 성립의 始端」, 『한국종교』제6집, 원광대학교 종교문제연구소, 1981년. 참조; 송항룡, 『한국도교철학사』, 성균관대학교동아시아학술원, 1987년, p.35, 참조.

6 박세당의 莊學에 대한 연구성과로는 최일범의 「박세당의 유무론」(『도교학연구』제13집, 한국도교학회, 1994년), 송항룡의 「서계 박세당의 노장연구와 도가철학사상」(『대동문화연구』제16집, 성균관대학교 대동문화연구원, 1982년), 조민환, 송항룡의 「조선조 노장주석서 연구(1)(2)」(『동양철학연구』, 제26집, 동양철학연구회, 2001년), 조민환의 「서계 박세당의 〈장자〉 이해」(『철학』,제47집, 한국철학회, 1996년) , 김송희의 「朴世堂〈南華經註解〉≪逍遙遊≫篇考察」(『중국학연구』제17집, 숙명여자대학교, 1991년), 조한석의 「박세당의 〈장자〉제물론 사상연구」(박사논문, 성균관대학교 동양철학과, 2004년), 남상호의 「朴世堂의 『南華經註解刪補 』研究 :「齊物論」의 "道樞"에 關한 解釋

의 본의(本意)와 어긋나지 않는 접근점에서 장자에의 올바른 철학적 이해를 위해 시도한 것으로 규명되는 반면, 후자(後者)는 성리학적 비판논리에서 近理 大亂한 장자철학의 허실을 밝힘으로써 결론적으로 장자를 '이단'으로 규정하도록 한 데서 출발한 것이라 지적되었다. 따라서 단 두 종뿐인 장자 주석서임에도 불구하고 곧 같은 유학자로서 서로 다른 상반된 이해방식을 보여준다는 점에서 이 두 저술의 대조를 통한 장자해석의 연구는 수용과 비판의 경계에서 펼쳐진 유가적 '莊學' 양상을 보다 선명하게 파악하는 데 더욱 중요한 의미를 지닌 것으로 보이고 있다.

장자 주석서의 부족으로 인한 아쉬움이 결코 없지는 않다. 그러한 현실적 '공백'을 메우기 위해서 이 두 주석서 자체에 대한 심층적 분석과 비교적 맥락에 입각한 연구경향이 꾸준히 이어져왔다. 이에 비하면 당시로서 문인들 사이에 보편화된 장자의 문학적 수용에 대해서는 도리어 그 연구의 미진함은 절실히 느껴지고 있다. 문학사에서 장자의 등장은 너무나 일반적이어서 오히

을 중심으로 = 朴世堂《南華經註解刪補》之研究:以關於〈齊物論〉之"道樞" 的解釋爲中心」(석사논문, 성균관대학교 유학대학원, 2001년) 등을 꼽을 수 있다.

한원진의 莊學에 대한 연구성과로는 송항룡의 「남당 한원진의 장자연구와 도가철학」(『한국도교철학사』, 성균관대학교동아시아학술원, 1987년), 이강수의 「남당의 장자변해」(『도가사상의 연구』 고대민족문화연구소, 1987년), 조한석의 「남당 한원진의 〈장자〉소요유·제물론 해석--수용과 비판의 경계에서」(『원불교사상과 종교문화』, 원광대학교 원불교사상연구원, 2008년) , 금장태의 「한원진(韓元震)의 『장자』 해석과 비판논리」(『東亞文化』제47집, 서울大學校 人文大學 東亞文化研究所, 2009년) 등 있다.

려 연구의 대상으로 중점 부각되지 못하고 논의가 심화·특화되지 못한다는 지적[7]이 정곡을 찌르고 있다. 다소 개인적 소견이 곁들인 말이었지만, 창작상 장자가 지닌 커다란 문학적 영향력 아래서 각 나름대로 이루어진 장자수용의 모습은 보다 세밀하게 고찰되어야 할 시급성이 이를 통하여 여실히 전달되었다. 도교의 문학적 수용에 있어서 이른바 조선시대의 유선사부(遊仙辭賦)에 나타난 '장자풍(莊子風)'은 바로 이런 점에서 더욱 주목할 만하다. 한국 도교문학에 대해 체계적으로 다루는 정민의 연구에서는 초월세계를 향한 유선사부의 실체와 의미를 밝히면서, '장자풍'의 수용양상[8]을 구체화하였다. 여기서 '장자풍'을 선명히 보여주는 요인으로는 장자의 도가적 깨달음은 물론 장자 이야기에 나온 소재에 대한 변용 또한 공통으로 작용하고 있다. 이로써 보아 조선시대의 유선사부에 와서는 장자의 문학적 수용은 더 한층 극명하게 보여지는 한 국면이 열리게 되었다. 지금까지 유선문학에 대한 연구는 특정 학자를 중심으로 개괄적이고, 자료적인 측면에서 진행되어왔다.[9] 시금석(試金石)을 마련한 이 연구 상황에서 '장자풍'의 확산

---

7 이승수,「조선조 지식인의 장자수용과 憤激의식」,『도교문화연구』제15집, 한국도교문화학회, 2001년, p.311. 인용.

8 정민,「조선전기 유선사부 연구」,『한양어문』,제13집, 한국언어문화학회,1995년, pp.923-927.

   --,「유선사부의 도교적 상상력」,『동아시아문화연구』제26집, 한양대학교 한국학연구소, 1995년, p.502

9 정민,「16,7세기 유선시의 자료개관과 출현동인」,『한국도교사상의 이론』, 아시아문화사, 1990년.

연구는 아직 개별적인 작가나 작품에 대한 조명작업에 그칠 수밖에 없다. 그 이외에도 한국 도가·도교의 시가 연구에 있어서 장자 수용에 대한 고찰은 '隱逸', '仙化', '醉樂' 등 도가적 정신이나 삶의 구현과 관련하여 간략하게 거론된 정도이며, 개별적인 연구 또한 영성(零星)한 실정이다. 따라서 장자문학의 한국적 수용양상을 돋보이게 하기 위해 다양한 문학 장르나 혹은 장자 자체의 다른 문학적 특징에의 시각적 전이(轉移)에서 그 새로운 조명작업은 시도되어야 한다.

최근에 한국 우언연구가 고조됨과 함께 산문으로서의 장자의 우언 위상은 새삼 환기되었다. 도가적 우언 전범을 보여주는 데다 '藉外論之'로 대변되는 우언론까지 제시하는 장자는 단연 독보적 존재로서 동아시아의 우언창작에 커다란 영향을 행사하였다. 장자와의 관련 속에서 창작된 조선문인의 우언세계 역시 장자문학 수용의 한 전형으로서 파악될 수 있다. 여태껏 진행되어온 한국우언 연구는 장르론적 규명, 우언작품의 정리, 우언사의 기술 및 작품론적 검토 등 다각도의 탐구와 논의를 펼쳤다.[10] 그 가운데

--, 「유선문학의 서사구조와 갈등 층위」, 『한국도교와 도교사상』, 아시아문화사, 1991년.

--, 「조선전기 유선사부 연구」, 『도교의 한국적 변용』, 아시아문화사, 1996년.

--, 「실락원의 비가, 유선시」, 『한시미학산책』, 솔 출판사, 1996년.

--, 『초월의 상상』, 휴머니스트, 2002년.

10 김영, 「우언문학 연구의 현황과 과제」, 『한국학연구』제13집, 인하대학교 한국학연구소, 2004년, pp.61-80, 참조.

윤주필, 「향후 10년간의 우언연구를 위한 영역 설정과 제언」, 『우언의 인문학

한·중 우언의 비교문학적 연구를 통하여 새삼 확인된 우언적 소통에서의 주체적 수용과 창의적 변용은 늘 학자들의 공통된 관심화제이다. 따라서 이러한 연구의 또 하나의 일환으로 본고는 우언창작의 규범 내지 전범으로 기능하는 장자가 한국에 수용되면서 다양한 형태로 거듭 변용·재창조되어 온 여러 양상을 검토하는 데 조금이나마 보탬이 될 것으로 기대해 본다.

2. 研究의 方法과 範圍

영향과 수용은 대립적이 아니라 상보적인 길항(拮抗)관계를 이루는 것이다. 동아시아 문명권에서 처음부터 문명기원(起源)에 따른 '중심-주변'의 문화적 지형도가 아로새겨졌지만, 그 문명의 변화·발전과정에서 이른바 '중심·주변간의 거듭난 전위(轉位)'란 현상[11]이 연출되어 '중심과 주변'의 문화적 상대성과 다원화(多元化)를 풍부히 보여주었다. 이에 따라 일방적이 아니라 서로 복잡하고

적 위상과 현대적 활용」, 한국우언문학회 저, 박이정출판사, 2006년, pp.9-32. 참조.

11   2007년 12월 10일과 11일 이틀에 걸쳐 "중심과 주변에서 본 동아시아"를 주제로 동북아역사재단이 주최한 국제학술회의에서 上海復旦大學 교수인 姜義華는 '문명의 발전 과정에 보이는 주변과 중심의 전위'란 제목으로 기조발제를 했다. 그는 중국학자임에도 '중심과 주변'의 유동성과 상대성, 다원성을 강조함으로써, '중화주의적 역사인식이 가진 편향성'을 비판적으로 인식하고 있다.

다면적으로 얽혀 있는 동아시아의 문화적 격국(格局)을 진정으로 파악하기 위해서 일반적 영향수수관계를 뛰어넘어 균등(均等)과 조화를 이룰 수 있는 열린 시각이 우리의 의식 속에서 앞세우려야 한다.

본고에서 고찰대상으로 삼고자 하는 '한국적 장자' 역시 이러한 시각을 전제로 접근해야 한다. 유승국은 그의 『동양철학연구』에서 老莊學을 삼국 시대는 術數學으로, 통일 신라 시대에는 인간 교양으로, 고려 시대에는 문예사상으로, 조선 시대에는 철학사상으로 연구하여 그 입장과 관점이 변하여 왔음을 알 수 있다"[12]고 지적하였다. 시대마다 달라진 입장과 관점에 의한 부동한 노장상(老莊像)은 여기서 개괄적으로 그려져 있었다. 중국에서 수용된 노장이라기보다는 시대에 맞게 주체적으로 발전해 온 이 '한국적 노장'은 그 나름대로의 역사적 궤적을 밟아 왔다. 특히 조선시대에 와서 유례없는 유교적 이단관의 강한 억압 속에서 굴절된 노장은 오히려 역으로 '생명의 장력(張力)'을 보여주었다. 당시로서는 문치주의의 중시로 인해 현실의 활로 찾기가 주로 글쓰기를 통해서 이루어졌다. 노장에 관심을 보였던 사대부들은 도가적 사상에의 경도는 물론 그들의 빼어난 글쓰기에도 상당한 선호를 보이기도 하였다. 성현, 장유, 그리고 박지원 바로 이 세 사람의 우언 글쓰기는 장자답게 혹은 장자에 못지않게 기막힌 성공을 이룩하였

12   柳承國,『동양철학연구』, 동방학술연구원, 1983년, pp.354-355, 인용.

다. 물론 본고에서 이 세 사람을 연구대상으로 함께 묶어 보는 주된 원인은 여기에 있다. 하지만 이외에도 그들이 각 시기별 차지하는 사상·문학적 위상을 염두에 둘 때, 그들을 대조시켜 함께 거론할 것은 사대부의 장자수용과 우언창작의 전반적 성격을 규명하는 데 더 중요한 의미를 지닌 것으로 보인다.

이를 위해 본문 제II장에서는 예비적 고찰로서 조선시대 사대부의 장자수용 사적 흐름 양상을 개괄적이나마 고찰하고자 한다. 우선 조선시대 장자수용의 역사적 배경으로 삼국시대의 장자 전래와 전파 양상을 소개하고, 이어 고려시대의 문예사상 영역에 정착한 장자의 주된 모습을 살펴보고자 한다. 그 다음 이를 대조시키면서 조선시대 장자수용의 다층위 양상을 밝히려고 한다. 조선시대의 장자수용 층위에 대해서 선행연구에서 이미 문장학습, 이단관, 인식론, 산문정신 등 면에서 제시한 바가 있으므로, 본고에서는 학문적 관심과 정신적 契슴을 염두에 두면서, 장자에 대한 비판과 수용의 경계의식을 고찰하고자 한다. 이어서 장자문학 수용의 한 전형으로 취급되는 조선시대 사대부의 우언 글쓰기 양상을 고찰하기 위해서 우언 글쓰기와 관련된 기초 이해와 한국의 우언연구 상황을 검토하고자 한다.

본고의 주지라 할 수 있는 III장에서는 시기별 대표적 문인인 성현, 장유 및 박지원의 장자수용과 우언 글쓰기 세계를 고찰하고자 한다. 조선전기에 살았던 成俔은 관료문인으로서 성리학을 존경하면서도 老莊사상에 심취했던 인물이다. 그는 우언적 글쓰기를 즐겨 하면서 한국우언문학사에서 문답방식으로 이루어지는 전형적 우언집인 『부휴자담론』을 남겼다. 한국우언문학에 있어서 成俔의 『부휴자담론』에 포함되어 있는 우언작품은 題名을 우언으로 하는 첫 예가 되고 雅言, 補言, 寓言의 세부분으로 세목화한 것은 『莊子』의 三言論과 무관하지 않으리라 여겨진다. 이러한 일차적 차원만 해도 兩者에 대한 비교문학적 연구는 의미있는 작업이라 하지 않을 수 없다. 또한 두 작품을 함께 한데에 견주어 읽어내면서 인물형상, 주제표출, 창작소재의 활용 등 면에서도 그 영향과 창조적 수용양상은 선명하게 눈에 띈다. 따라서 장자우언에 대한 성현의 창조적 수용을 살피기 위해 三言體 형태, 인물형상과 주제표출, 및 창작소재와 고사 양식 등 면에서 『莊子』를 비교대상으로 삼아 『부휴자담론』을 살펴보기로 한다.

계곡 장유는 조선중기 漢文學四大家 중 一人이며, 한국 문학사의 본령(本領)에 자리했던 고전적 문인이며 학자였다. 그가 살았던 조선중기는 외침과 당쟁으로 인한 사회적 진통과, 이를 극복하기 위한 역동적 변혁이 함께 동반되었던 시기였다. 변혁 요청에 젖어든 조선중기의 학문적 분위기 속에서 이루어진 『莊子』의 풍미는 근본적으로 그 텍스트 자체가 哲學性과 文學性의 원만한 결합을 이루면서 낳은 결과라고 할 수 있다. 계곡 장유는 바로 『莊子』의 이러한 조화로움에 대해 깊이 玩味했던 인물이었다. 결국 당대에서 인정받지 못한 주장을 펼쳤던 장유는 사상적·문학적으로 『莊子』를 수용하면서 세상과의 소통적 장애를 극복하기 위한 우언적 글쓰기를 구사하였던 것이다. 그리하여 계곡 장유의 『莊子』우언 수용 양상을 밝히기 위해 「蟻戰十韻」, 「設孟莊論辯」과 「寓言-無極子之巧」, 이 세 작품을 대상으로 하여 그의 우언세계에 투영된 현실의식, 철학적 지향, 그리고 예술적 정신을 고찰하고자 한다. 이 세 작품은 각자 나름의 우언적 글쓰기 전략을 구사하는 동시에, 철학적 사유와 문학적 표현을 조화롭게 이루는 장유의 문학창작 특징을 잘 보여주기 때문이다.

연암 박지원은 조선후기의 탁월한 문학자이며 사상가이다. 그가 성장하고 활동했던 조선의 18세기는 전통과 새로움, 변혁과 갈등으로 점철된 시대였다. 주자학적 권위와 이로 인한 현실의 부조리 앞에서 글을 무기로 맞서는 연암은 한시라도 붓을 놓지 않았다. 현실비판과 개혁의 논리적 근거를 꾸준히 마련함과 동시에 이러한 도전과 혁신의 목소리를 새롭게 표출하자는 그의 창작 열의에 장자와의 만남이 필연적으로 요청되었던 것이다. 연암의 작가적 생애에서 남긴 많은 작품들 속에서 장자의 침윤 양상은 쉬이 발견될 수 있다. 연암 문학에 드러난 우언적 글쓰기 성격이 매우 또렷하였다. 그만큼 이러한 창작의 열정이 알알이 담긴 연암의 우언세계의 전체 모습은 오히려 아직까지 흐릿한 편이다. 연암의 글에는 어린아이와 맹인(盲人), 그리고 소리(聲)가 주제적 의미의 표상으로 자주 등장한다. 따라서 연암에 대한 연구에서는 주로 맹인에게로의 메타포적 시선과 소리에 대한 각별한 관찰을 중심으로 장자와의 관련이나 대비라는 점에서 연암의 사유체계와 문학세계의 일단을 살펴보기로 한다.

본고의 주요 분석 자료로는 여러 문헌자료를 비교하여 논의의 전개에 가장 도움이 되는 자료를 채택하였다. 성현의 『부휴자담론』[13]은 홍익출판사에서 발간한 것을 주 텍스트로 하였고, 장유의 문집은 민족문화추진회에서 출판한 『국역 계곡집』[14]을 참조하였다. 박지원의 『연암집』[15]은 신호열, 김명호의 역본, 『열하일기』[16]는 리상호의 역본을 참조하였다.

본고는 조선시대 사대부의 장자수용에 대한 고찰과 우언적 글쓰기 창작 실상을 조명하는 데 목적을 둔다. 다만 작가 대상에 있어 일단 성현, 장유 및 박지원로 한정을 두었다는 한계를 가진다. 향후 일련의 작업을 통해 미진한 부분은 보완하고자 한다.

13 성현 지음, 이종묵 옮김, 『부휴자담론』, 홍익출판사, 2002년.

14 장유 저, 이상현 역, 『국역 장유집』, 민족문화추진회, 1994년.

15 신호열, 김명호 옮김, 『국역 연암집』, 민족문화추진회, 2005년.

16 리상호 옮김, 박지원 씀, 『열하일기』, 도서출판 보리, 2004년.

Ⅱ. 朝鮮時代 士大夫의 莊子受容과 寓言 글쓰기

이미 알려진 바와 같이, 고려 후기 권문세력에 대항하여 성장한 신흥 사대부는 중앙정계로 진출하면서 마침내 조선건국이라는 혁명의 주체로서 새로운 사회를 수립하는 데 성공하였다. 그들의 사상·정치적 지도이념으로 부상(浮上)된 성리학은 이와 더불어 신왕조의 국시로 채택되어 지배 이데올로기로서의 권위와 역할을 강력하게 수행하였다. 조선시대에 들어오자 전(前)왕조의 사상적 기반이었던 불교를 배척하고 그에 대한 대안으로 성리학의 이념을 시급히 제시한 것은 바로 그러한 통치이념으로서의 성리학의 정통성을 확립하고 강화한 데서 비롯된 것이라 할 수 있다. 가장 먼저 불교를 체계적으로 비판했던 정도전(鄭道傳, 1342~1398)은 도가 사상에 대해서도 학문적 논의의 물꼬를 그런 비판적인 방향으로 선도함으로써 불교와 노장사상의 향후 궤적을 결정지은 데 굳건한 비판적인 이론적 토대를 제공하였다. 16세기 이후 주자학 일변도로 나아간 조선 성리학은 주자의 견해에 조금이라도 어긋나는 언설(言說)을 모두 이단으로 낙인찍어 '斯文亂賊'으로 처벌하였다. 현실개혁이라기보다 체제유지를 위한 강한 배타적 성향으로 인해 이제 조선 성리학은 그 역사적 기능을 점차 잃어버리고 중세적 권위주의로 화하게 되었다. 이러한 상황에서 보수성을 드러내는 획일적인 성리학적 학풍을 개진하기 위하여 심각하게 고민하고 끊임없이 노력한 사대부문인들이 있었으니 그들에 의해 합리적 개혁의지와 개방적 포용정신이 진지하게 추구된 것이며, 아울러 그러한 내면적 정신 지향을 표출하기 위한 창의적 글쓰기 또한 꾸준히 시도되어 있었다. 그 가운데 철학적 깨달음과 문학적 정채(精彩)를 함께 선사해 준 장자는 하나의 전범으로 작용하면서, 조선시대 사대부문인들에게 그야말로 빼어난 글쓰기를 통한 현실대응의 좋은 통로가 된 것이다. 장자의 우언산문을 창조적으로 수용한 조선시대 사대부문인들의 우언 글쓰기는 장자의 한국적 수용의 한 전형(典型)으로 파악될 수 있다. 그들에 의해 변용된 나름의 우언적 창작 세계를 보다 깊이 들여다보도록 하기 위하여 장자의 한국적 수용의 흐름과 윤곽이 먼저 예비적 고찰의 대상으로 제시되어야 한다고 생각된다.

I. 莊子受容의 多層位와 文化的 着根

한국에 도가로서의 노장사상이 전래된 문헌적 기록으로는 늦어도 백제 근초고왕(近肖古王) 24년(369년)에 도가서(道家書)가 한국에 유입되었음을 볼 수 있다. 그때 고구려군을 패배시키고 쫓아 진격할 무렵, 백제 장군의 간언(諫言)으로서 나타난 노자의 말인 '知足不辱, 知止不殆'[17]를 보면 도가의 무욕(無慾)과 겸양(謙讓)의 사상은 이미 병가(兵家)로서의 지략으로 받아들여지고 있었음이 분명하다. 뿐만 아니라 신라나 고구려의 무장들 사이에도 이러한 도가적 가르침[18]은 성행하여 인간내적인 교양과 덕성을 훈도했던 것으로 보이기도 한다. 이와 같이 삼국시대의 노장사상은 역사적 기록만으로는 주로 병가들에 의해 응용된 것으로 전해졌으나 삼국 통일을 전후하여서는 지식층 사이에 널리 읽혀졌던 노장이 이미 그들의 인간 교양서로 애송된 것은 주지하는 바이다. 『三國史記』에서 진흥왕(眞興王, 재위, 540~576)시기의 화랑들의 인격수양의 이상적 인간상을 말할 때 최치원(崔致遠, 857~?)은 그의 「鸞郎碑序」에서 "無爲의 일에 處하고 말없는 가르침을 행한다."라 하여 화랑도(花郎徒)의 현묘지도(玄妙之道)에 함유된 노장적 사상을 집약하고 있다. 이것은 인간자신의 행위적 가치지향이라는 측면에서 고

---

17 "將軍莫古解諫曰, 嘗聞道家之言, 知足不辱, 知止不殆, 今所得多교역矣, 何必求多."「百濟本紀」, 近肖古王條, 『三國史記』卷24. (李丙燾 校譯 『三國史記』原文篇, 乙酉文化社, 1977년, p.222.)

18 "文德遺仲文詩曰, 神策究天文, 妙算窮地理, 勝戰功已高, 知足願云止."「列傳 第四」, 乙支文德, 『三國史記』卷44.(李丙燾 校譯 『三國史記』原文篇, 乙酉文化社, 1977년, p.410.)

   "今殿下日與狂夫獵士, 放鷹犬, 逐雉兔, 奔馳山野, 不能自止. 老子曰, 馳騁田獵, 令人心狂."「列傳 第五」, '金后稷', 『三國史記』卷45(李丙燾 校譯 『三國史記』原文篇, 乙酉文化社, 1977년, p.420)

찰된 것이라 본다.[19] 또 당시의 삼교(三敎)교섭 속에서 드러난 도가 사상에의 관심은 신라 태종무열왕의 둘째아들인 김인문(金仁問)의 '兼涉莊·老·浮屠之說'[20]과 '眞宗을 重히 여기'는 信士 김지성 (金志誠)의 '慕莊·老之逍遙'[21]에서 확연히 반영되어 있다. 여기서 '老·莊'이 아닌 '莊·老'란 표현에는 그간 우리가 소홀히 넘겨 버 렸던 메시지 하나가 있는데, 노자보다 우위에 놓인 장자에의 정신 지향은 바로 그것이다. 중국에서 '장·노'의 연칭(連稱)은 대개 장 학(莊學)을 중심으로 한 위진현학(魏晉玄學)의 성행기(盛行期)에 나타 난 것이다. 여기서 우연이 아닌 듯한 이 '장·노'란 표현의 연속적 출현은 당시로서 장자가 많이 선호 받게 된 풍조를 어느 정도 엿 보이게 한다. 또 甘山寺 「阿彌陀如來造像記」에서 도·불에 출입 한 善士 김지선(金志善)이 '장자의 玄道를 사랑하여 날마다 逍遙 의 篇을 보았다'[22]고 한 데서 그러한 장자에의 각별한 애정 역시 보다 선명하게 전해지고 있다. 도·불회통 내지 삼교의 원융회통의

---

19 柳承國 저, 『東洋哲學研究』, 東方學術研究院, 1983년, p.352, 참조.

20 "金仁問, 字仁壽, 大宗大王第二子也. 幼而就學, 多讀儒家之書, 兼涉 莊老浮屠之說." 「列傳 第四」, '金仁問', 『三國史記』卷44. (李丙燾 校譯 『三國史記』原文篇, 乙酉文化社, 1977년, p.412.)

21 "聖世歷任榮班, 無智略以匡時僅免罹於刑憲. 性諧山水, 慕莊老之逍 遙, 志重眞宗, 希無著之玄." 「慶州 甘山寺彌勒菩薩造像記」, 『朝鮮金石總 覽 上』, 景仁文化社, 1974년, p.35.

22 "仰慕無著眞宗, 時時讀瑜伽之論, 兼愛莊周玄道, 日日覽逍遙之篇以 爲報德." 「慶州 甘山寺阿彌陀如來造像記」, 『朝鮮金石總覽 上』, 景仁文化 社, 1974년, p.36.

초석을 화쟁(和諍)의 이론으로 굳건히 다진 고승 원효(元曉, 617~686)에게서는 인간자신의 수양보다 더 높은 철학·사상적 차원에서 이룩된 장자와의 묘한 결합 또한 주목되지 않을 수 없다. 그동안 문장서술방식이나 논리구조에서 밝혀진 원효 사상과 장자의 관련성[23]은 다시 한 번 일일이 거론할 필요가 없다. 그런데 이른바 격의(格義)불교라는 점에서 바라볼 때 원효의 '以莊解佛'에는 도·불에 대한 깊고도 폭넓은 철학적 인식은 물론, 불교의 이해를 쉽도록 하기 위해 적절한 표현과 전략을 고안하는 문장적 구사 또한 동시에 요구되고 있음을 우리가 의식해야 한다. 문장수련의 차원에서 장자는 좋은 학습대상으로 읽히지 않을 수 없다. 통일신라 이후 문장학습을 위한 교과 과목으로 채택된 『文選』에는 노장의 영향을 받은 시문[24]이 많이 실려 있어 숙독 완미하는 동안에 노장적 표현과 도가적인 풍도(風度)를 자연스레 습득하게도 된다. 다만 지금으로서는 이 시기의 시문으로 전해지는 것이 극히 적어 널리

---

23 원효사상과 장자의 관련성에 대해서 다루어온 대표적 연구로는 김항배의 「노장과 원효」(『한국불교결집대회논집』상권, pp.151-162.)과 최유진의 「원효와 노장사상」(『보조사상』제24집, 보조사상연구원, 2005년, pp.133-160.) 및 김도공의「원효의 화쟁사상 형성에 영향을 미친 장자 제물론의 영향」(보조사상』제24집, 보조사상연구원, 2005년, pp.93-131.) 등이 있다.

24 중국 학자인 楊柳의「漢晉文學中的〈莊子〉接受狀況──以《文選》所收先秦至晉末的作家作品为例」(『漢晉文學中的〈莊子〉接受研究』巴蜀書社, 中國社會科學院, 2007年, 에서 『문선』의 소재작품(先秦至東晉)을 대상으로 장자의 수용방식과 양상에 대해 조사·연구한 바가 있었다. 그의 통계에 의하면 『문선』의 소재작품에 나타난 장자 문구의 인용 회수가 424회에 이르고, 인용의 회수를 시기별로 나누어 보면 漢前 6회, 西漢 60회, 東漢 45, 三國 90회, 西晉 174회, 東晉 50회로 되어 있다고 한다.

살필 수 없음이 유감이다. 그럼에도 당시 문장수련을 위한 유당(留唐)학풍의 성행과 함께, 당나라의 문학에 나타난 도가적 풍취는 유당학인의 창작을 매개로 어느 정도 반영되기도 하였다고 보아야 하겠다. 특히 그들 중에 대석학(大碩學)으로서 어지러운 시대를 살다간 사상가요 문장가인 최치원을 대상으로 하여 그의 마음 언저리에 깔려 있는 노장적 사유와 그것의 투영이라 할 수 있는 그의 시문창작[25]을 살펴보면 당대 지식인 사이에 노장이 사상·문학적으로 적극 수용된 일반(一斑)을 훤히 알아볼 수 있다.

도가로서의 노장의 전래는 한국정신 원형으로서의 '風流道'[26]에 내재된 도가적인 체질과 마찰 없이 습합(褶合)되어 이루어진 것이다. 노장의 한국적 수용과 전이에 있어서 그 다양한 전개의 조짐을 보이는 삼국, 통일신라의 장자수용은 정작 도입과 전래시기로서의 초기 수용단계에 있다면, 고려시대에 와서 한국 도교의 최성기(最盛期)를 연출함과 더불어 장자의 한국적 수용은 이와 함께 흥성기에 접어든다고 할 수 있다. 그 대표적 사례로는 睿宗 때 국왕 앞에서 『도덕경』을 강론할 수 있을 정도로 도가서가 유가

---

25 차주환, 「통일신라시대의 도가사상」, 『한국철학사』상권, 한국철학회 편, 동명사, 1987년, pp.265-268. 참조; 최영성, 「崔致遠의 道敎思想 硏究」, 『도교의 한국적 수용과 전이』, 한국도교사상연구회, 아세아문화사, 1994년, pp.36-40. 참조.

26 金炯孝, 「고대신화에 나타난 한국인의 철학적 사유」, 『한국철학사』상권, 한국철학회 편, 동명사, 1987년, pp.9-17. 참조; 柳炳德, 「통일신라시대의 풍류사상」, 『한국철학사』상권, 한국철학회 편, 동명사, 1987년, 참조.

경전과 대등하게 다루어졌음을 들 수 있다. 이외에 고종 때 한림제유(翰林諸儒)가 지었다고 전하는 「한림별곡」에는 '莊老書'가 지식문인의 정신적 향연(饗宴)을 위한 필독서 중의 하나로 열거되어 있었다. 이처럼 고려시대에 유가경전과 동등시된 노장의 사회적 위상은 보다 뚜렷이 확인될 수 있는 동시에, 당대 지식인들 사이의 도가서 연독과 도가사상 체득의 정도가 상당하였으리라 추측해 볼 수 있게 된다. 확실하지는 않으나 당시 도교를 에워싼 정치적인 파벌(派閥)이 구성되어 있었던 것 같아서 인종 9년에는 노장의 학문을 법으로 금하게 할 정도가 되었다.[27] 물론 사상적으로 고려는 그 어느 왕조보다 매우 개방적이고 자유로운 나라였다. 삼교등위(三敎等位)의 사회의식은 고려전대(高麗全代)를 관통하여 유행하는 가운데, 국가종교로서의 도교 강화와 함께 개인적 수련 도교의 기미가 보이는 '초속(超俗)'에 대해 추구하는 도가 계열의 작품들이 많이 배출되어 있었다. 고려전기에 '莊老'를 숭상한 것[28]으로 알려진 대표적 시인인 정지상(鄭知常, ?~1135)은 담백(淡白)하면서도 무위(無爲)한 도가적 취향을 드러낸 시작(詩作)을 통해서 자연과 하나가 되는 고답적인 정신경계를 읊었다. 이러한 자연과의 합일

----

27 차주환, 『한국도교사상연구』, 한국문화연구소, 1978년, p.110, 참조; 徐慶田, 梁銀容, 「高麗道敎思想의 硏究」, 『圓大論文集』제19집, 원광대학교, 1985년, pp.82-83. 참조.

28 "鄭司諫知常喜莊老, 爲東山眞靜先生碑, 飄颻有煙霞之想." 李齊賢, 「櫟翁稗說 後集 二」, 『櫟翁稗說』(李相寶 訳韓國名著大全集 『파한집·보한집·역옹패설』, 大洋書籍, 1975년, p.411.

로의 동경은 특히 고려중기에 접어든 무인집권 하에서 자신의 포부를 펴 볼 기회는 물론 생명자체까지 박탈당했던 문인들 사이에 더욱 보편화된 흐름으로 형성되어 있었다. 진(晉)나라의 죽림칠현(竹林七賢)처럼 도가적 은일을 표방하면서 죽림 아래의 고담준론을 나누었던 한 문학 서어클, 이른바 이인로(李仁老, 1152~1220)와 임춘(林椿, ?~1190?)을 비롯해 일곱 명의 중진(重鎭)문사로 결성된 죽림고회(竹林高會)는 바로 이 시기의 문예의식에 노장적 청담사조를 불어넣는 주역으로 울흥(蔚興)하였다. 물론 그들은 단순히 명철보신(明哲保身)이나 결신망세(潔身忘世)를 위해 세상을 등진 것은 아니다. 유가사상을 기본 소양으로 지닌 인물로서 현실 지향적 성격을 내적으로 시종 견지하는 죽림고회(竹林高會)는 출사와 은둔, 말하자면 현실참여와 현실초월의 양극단의 가치 사이에서 이상과 현실의 괴리와 균열을 치유할 수 있는 포월적 사유방식을 모색하였다. 이런 현실적 대립과 갈등의 이분법적 사유를 극복하기 위한 방안으로 그들은 노장학의 만물 평등적 자연 질서에 바탕을 두고 거기에 현실사회의 유가적 인간 질서를 하나로 융합시키자고 시도하였다.[29] 그리하여 노장사상을 근간으로 '자연과 명교(名教)'의 조화를 꿈꾸었던 위진현학(魏晉玄學)이 그때 당시에 논리적 전제로 새삼 환기되어 있었다. 아울러 한국의 삼국시대로부터 전해온 삼교회통사상 또한 이와 함께 확산·심화의 계기를 맞이하게 되었다.

....
29 원정근, 「도가사상의 전개」, 『자료와 해설 한국의 철학사상』, 고려대 민족문화연구원 한국사상연구소 편, 예문서원, 2001년, p300. 참조.

이규보(李奎報, 1168~1241)는 죽림고회와의 일체(一體)적, 계승적 관계[30] 하에서 자라난 일대의 '통유(通儒)'요, 문호(文豪)로서 '三敎奧旨'[31]에 두루 정통(精通)하고 있는 가운데, 그의 존재론적 성찰에서 제기된 '만물일류(萬物一類)'의 사상과 이에 수반된 상대론적인 수평적 인식은 노장 특히 장자사상의 한국적 수용에 있어서 남다른 발자취를 남겨 놓았다. 뿐만 아니라 이규보의 글에서 이러한 장자적 세계관과 인식론을 표출하기 위한 우언 글쓰기의 묘한 활용도 문학대가(大家)로서의 기질을 잘 반영하는 동시에, 다른 한편으로 '寓言十九, 藉外論之'의 장자와 가까이 근접하는 모습 또한 은근히 보여주기도 한다. 이규보처럼 장자의 철학적 깨달음과 문학적 정신을 한 몸으로 명백히 드러낸 인물은 찾아보기 여간 어렵지 않다. 그만큼 이규보에 의한 장자와의 결합은 융성기에 접어든 고려시대의 장자수용의 한 정점(頂点)이라고 해도 과언이 아니다. 내우외환(內憂外患)이 겹치는 고려후기에 와서는 혼란한 현실에 대한 불만과 반항의 숨결이 깃들어 있는 은일·피세의 도가적 풍조[32]가 여말의 지식인 사이에 여전히 만연되고 있는 한편, 이

---

30 심호택, 「고려중기 문학론의 발전--이규보의 主氣적 문학론」『고려중기 문학론연구』, 계명대학교 한국학연구원, 1991년, pp.139-146. 참조.

31 " '英英我公, 一代儒宗···三敎奧旨,無不該通." 鄭芝, 「誄書」, 『東國李相國集後集卷終』(『標點影印 韓國文集叢刊 2』, 민족문화추진회, p.258)

32 여말의 문인의 호를 보면 陶隱, 牧隱, 圃隱, 冶隱, 遁村 등 '隱'이나 '遁'의 글자를 많이 쓰고 있음을 볼 수 있다. 그 밖에 養眞, 逸齋, 足庵 등의 호와 여타 인물들의 자나 堂號들도 모두 도가적 취향이 士林間에 점고되어 간 어간의 사정을 짐작케 한다.

시기에 유입된 성리학으로 말미암아 노장과 불교에 대해 엄정한 벽이단(闢異端)의 태도가 공식적으로는 대두하기 시작하였다. 물론 이러한 비판적 목소리를 드러낸 당대 성리학자들에게도 노장이 부정적으로만 보이는 게 아니다. 도가적 요소가 비판적으로 수용된 성리학 성립 자체에서 보여진 듯이, 노장에 대한 성리학자의 전면적인 거부는 처음부터 한계가 있을 수밖에 없는 일이었다. 그러므로 한국에 전래된 성리학이 학문적으로 성숙화되는 과정에서 수반된 노장의 비판과 수용은 자연히 노장학의 한국적 전개에 있어서 보다 복잡하고 심화된 국면을 가져왔을 것이다. 이에 대해서 조선시대에 지배적 이념으로 정착된 성리학이 시기에 맞게 변화·발전되는 궤적을 염두에 두어지면서 비판과 수용의 경계에서 펼쳐진 노장학의 전개 윤곽이 대략 잡힐 것이다.

조선의 건국과 함께 성리학이 국시로 채택된 것은 한국사의 전개에 있어서 분수령(分水嶺)적 의미를 지니고 있다. 숭유억불(崇儒抑佛)의 정책에 입각한 성리학의 제시와 이에 기초한 사회 체제의 확립은 한국 중세사회의 재편에서 한 시대적 징표가 된 것으로 보이기 때문이다. 여기서 성리학의 발흥 자체로부터 바라볼 때 원래 도·불사상 특히 배불(排佛)의지를 바탕으로 형성된 성리학은 여말선초에도 뿌리를 내림에 따라 전왕조의 사상적 기반이었던 불교를 배척하기 위한 적극적 대안으로 점차 강구되어지게 된 것이었다. 더욱이 성리학의 관학화(官學化)로 인해 전에 유학과 동등시되던 노장과 불교는 더 이상 유학과 경쟁할 수 있게 허용되지 않기에 이르렀다. 따라서 국가이념으로서의 성리학의 학적 기반을 마련하고, 그 원유(原有)의 유가적 도통의식을 강조하기 위한 작업의 일환으로는 성리학 자체가 지닌 엄정한 벽이단 정신의 고양과 함께, 이단시되는 불교와 노장에 대한 학문적 이해 위에서야 가능한 철학적 비판과 분석은 동시에 이루어져 나갔다. 선행 연구에서 규명된 '한국도가철학에 있어서의 학적 성립의 시단(始端)'[33]은 바로 노장이 이단의 대상으로 받아들여져 비판되는 것으로부터라 한다. 주지하듯이, 조선시대에 '리(理)'와 '기(氣)'를 기준으로 전개된 이단관(異端觀)에서 노장사상의 근본성격을 '기'로 규정·파악하였다. 이런 비판적 시각은 근본적으로 주자학적 이학의 전통 특히 '理貴氣賤'이라는 입장에 근거한 것이라 볼 수 있다. 주자에 이르러 한결 체계화된 노장의 학문적 비판은 여러 층면에서 전개되었지만, 한마디로 노장이 인륜(人倫)을 무시한다는 점에 귀착될 수 있다.[34] 이에 대해서 퇴계 이황(退溪 李滉, 1501~1570)은 선조(宣祖)에게 올린 상소에서 노장이 허탄(虛誕)을 가끔 즐겨 숭상하

---

33 宋恒龍,「韓國道家哲學에 있어서의 學的成立의 始端」,『한국종교』제10집, 원광대학교 종교문제연구소, 1985년, pp.59-68.

34 노장에 대한 주자의 윤리적 측면에서의 비판은『朱子大全』권61,「答林德久」제6서와『朱子大全』권67,「養生主說」그리고『性理大全書』권57,「諸子一·老子」등에서 찾아질 수 있다.
　윤천근,「송왕조 시대 성리학자들의 도가사상에 대한 태도」,『퇴계철학을 어떻게 볼 것인가』, 온누리, 1987년, pp.124-125. 참조; 조민환,『노장철학으로 동아시아 문화를 읽는다』, 한길사, 2002년, pp.194-195. 참조.

여 성인을 모독하고 예의를 멸시하는 기풍이 이따금 일어난다[35]고 지적했다. 또 택당 이식(澤堂 李植, 1584~1647)은 노장을 '後來의 異學이 모두 여기에서 유래하였다'라 하여 '侮聖之風'을 퍼트리는 이단의 시초로 보았다.[36] 특히 장자의 종지(宗旨)에 대하여 그는 '성현을 업신여김에 꺼림이 없는' 것으로 파악했으며, 당시 문풍의 폐단도 이러한 '虛誕怪奇之文'을 배운 데서 비롯되었다고 설파하였다.[37] '文以載道'로 대변되는 유가적 문학관의 지배 하에서 노장의 허구성과 회궤(詼詭)함은 '聖賢義理'를 고취하는 도학자와 고문가에게는 도저히 용납될 수 없는 것이었다. 성균관의

---

35 "老莊之虛誕。或有耽尙。而侮聖蔑禮之風間作." 『퇴계선생문집』권6, 「戊辰六條疏」(『퇴계전서(국역)』3, 퇴계학연구원, 1989년, p.78(29)). 알다시피 퇴계는 주자 이후 주자학 역사 속에서 가장 중요한 존재이다. 그는 주자학의 전통을 계승하는 까닭에 이단에 대한 태도 역시 가장 적극적이다. 許美淑(1551~1588, 許篈의 字, 號는 荷谷, 許筠의 형)과의 문답 (『퇴계선생문집』권33, 「答許美叔」, 『퇴계전서(국역)』8,퇴계학연구원,1989년, pp.172-173(59))에서 정주(程朱)가 모두 장자를 대수재(大秀才)라고 여긴 것에 대해서 퇴계는 '대수재라고 한 것이 이미 천하게 여기고 밖으로 젖혀 놓는 말'이라고 지적하였다. 장자에 대한 정주의 칭찬은 퇴계에 의해 폄하(貶下)의 뜻으로 파악된다는 이 점에서 노장에 대한 그의 단호한 비판의 일면은 뚜렷이 엿볼 수 있다.

36 "老佛衣食其土, 不知功德所自, 祗背先王之敎. 不但侮弄孔子, 則背本害義, 其心術已誤. 後來異學皆由此.簡意思. 兩程明道,象山私淑, 朱子著述, 草廬誦習, 皆其師也, 而欲蹈背而出其上. 此豈非老莊侮聖之風乎." 李植, 「追錄」, 『澤堂集 別集』권15, 『標點影印 韓國文集叢刊 88』, 민족문화추진회, p.526.

37 "此由近來異端邪說竝作, 至於國試科文, 亦專以莊子戰國策爲法, 此策頭行文, 乃縱橫游說之說, 而其心則只欲極頌試官, 希望入選, 乃莊子侮聖賢無忌憚宗旨也." 李植, 「乙酉九月諭舘學諸生榜」, 『澤堂集』, 『標點影印 韓國文集叢刊 88』, 민족문화추진회, pp.511-512.

학령(學令)[38]에 보면 유생(儒生)에게는 의리를 밝히기 위한 四書·五經의 학습이 가장 필수적이고, '莊老佛經·雜流百家' 등은 모두 금서(禁書)로 지목되었다. 그리고 선조·광해(宣祖·光海)연간에는 과장논책(科場論策)에서도 노장의 말은 금지되기도 하였다.[39] 이는 유가적 의리정신과 도학적 정통성을 공고히 하는 데 있어서 학교 교육과 과거 과목에 대한 국가차원에서의 철저한 사상 통제였던 것이다. 그러나 이러한 학교나 과거와 같은 제도권에서의 공식거부 입장 역시 개인의 영역에서 무의식적으로 드러난 노장에의 근접을 가로막을 수 없다. 고문독해와 문장수련을 위해서 관습적으로 이루어져 온 장자 텍스트의 강조와 읽기는 조선시대에 와서 더 깊이 있게 의식되고, 보편화된 것으로 되어 있었다. 또 현실 질곡을 벗어나기 위한 자연과의 화합 추구에는 다분히 묻어난 '自然無爲', '淸虛澹泊'의 노장적 취향은 15세기 말엽부터 50년간이나 거듭되던 사화(士禍)로 인해 등장했던 처사형(處士型)사림의 유일(遺逸)기풍과 그것이 투영된 시문학 창작에 보다 집중적으로 반

---

38 "諸生讀書先明義理···義常讀四書五經及諸史等書, 不挾莊老佛經雜流百家子集等書違者罰." 學令條, 學校考 6, 『增補文獻備考』卷207.
　장재천, 『조선조 성균관교육과 유생문화』, 아세아문화사, 2000년, p.156. 참조.

39 "先王(宣祖)酷喜莊子, 傳敎之辭, 或用其語, 或文法恰似, 故恐學者讀而溺之. 申命該曹, 科場論策。禁勿用老莊." 허균, 「惺翁識小錄 下」, 說部三, 『惺所覆瓿藁』卷24.(『標點影印 韓國文集叢刊 74』, 민족문화추진회, p.344.)
　"傳曰 科擧, 剽竊莊老文字者, 一切勿取." 『光海君日記』, 권65, 광해군 5년4월 乙亥.

영되었다. 특히나 뛰어난 문학적 상상과 표현을 통해 소요유(逍遙遊)란 최고의 이상적 정신경계를 노래한 장자는 현리(玄理)의 세계나 신선 모티프가 드러난 그들의 도가지향적 시작(詩作)에서 현실의 위안이나 혹은 유토피아 세계의 동경에 기반 둔 시적 상상력의 원천[40]으로서 수용되었다. 기본적으로 유학에 학문의 본령을 두었던 처사형 사림에게는 '潔身忘世'의 노장적 은둔이 아닌, '韜光自守, 藏器待用'[41]을 위한 유가적 현실지향의 이념이 언제나 궁극적으로 추구되는 것이다. 초월적 노장사상의 절충과 함께 은일을 통한 그들의 학문연구에의 깊은 침잠(沈潛)이 이루어지는 가운데, 이단에 몰리게 된 노장에 대해서 탄력성을 보인 학문적 태도와 이해가 대두하였다. 16세기 전반의 조선 사상계에서 처사형 사림의 대표적 인물로 꼽히는 화담 서경덕(花潭 徐敬德, 1489~1546)과 남명 조식(南冥 曹植, 1501~1572)은 바로 이면적으로 노장사상을 적극적으로 수용했던 유학자였다. 한편으로는 조선 유학사에서 '기(氣)'를 중시한 철학의 선하(先河)가 된 화담의 유기론(唯氣論)은 전체적으로 노장철학의 기론과 동일한 사유 노선을 밟았다고 할 수

---

40 성기옥, 「사대부 시가에 수용된 신선모티프의 시적 기능」, 『국문학과 도교』, 한국고전문학회 編, 태학사, p.45. 참조.

41 "若學者之不仕, 則非爲時之不可也, 非爲隱之可尙也. 誠以學術不足, 先施功業, 則代大匠斲, 鮮不傷手. 故韜光自守, 藏器待用, 尺蠖之屈, 以求伸也. 古之儒者, 多於是乎從事焉." 李珥, 「東湖問答」, 『栗谷全集』卷15, (『標點影印 韓國文集叢刊 44』, 민족문화추진회, p.317.)

있다.[42] 또 한편으로는 성리학의 이론 탐구보다 '敬義'를 통한 수양법의 실천을 중시했던 남명의 학문은 내면 수행에 있어서 노장사상에 깊이 관심을 보이고 있었기 때문에 당대로부터 이미 그가 노장 특히 장자의 설에 경도된다는 평이 널리 전해져 왔다.[43]이처럼 理氣와 연결된 존재론적 탐구나 '경의'중심의 수양철학의 실천에서 보여준 노장사상에 대한 그들의 학문적 수용은 당시로서 성리학적 理氣논쟁에서 노출된 이론적 경직성에 대하여 강한 반성의식과 극복의지를 보여주었다. 16세기 후반에 퇴계와 율곡(栗谷 李珥, 1536~1584)에 의해 완성된 성리학 체계가 조선사회에 확고히 뿌리를 내렸다. 성리학적 이단관도 이에 따라 한결 체계화되는 가운데, 율곡의 노자 주석서인『醇言』을 비롯하여 주해(註解)를 통한 노장사상에 대한 체계적인 철학적 검토와 연구가 하나 둘씩 등

----

42   송항룡, 「서경덕의 기철학과 도가철학」,『한국철학사』中卷 , 한국철학회 編, 동명사, 1987년, pp.448-459. 참조; 鮮于勳滿, 「화담 서경덕 기철학 연구」, 박사학위논문, 대전대학교 대학원, 동양철학과, 2000년, pp.115-119. 참조.

43   퇴계가 남명을 당대의 이단적 경향을 지닌 인물들 가운데서 도가 사상에 심취해 있는 대표적인 경우로서 언급하고 있는 사례는 '凡世無切己根本上做功夫底人, 卻有南冥唱南華之學, 蘇齋守象山之見, 甚可懼也.'(『퇴계선생언행록』권5 類編「崇正學」)와 '先生嘗曰, 南冥所見與莊周一串.'(동게서)에서 찾아볼 수 있다. 노장사상 특히 장자에 대한 남명의 관심과 수용에 대해서는 정우락의『남명문학의 철학적 접근』(박이정, 1998년, pp.36-55), 신병주의『남명학파와 화담학파 연구』(일지사, 2000년, pp.89-102), 성태용 ,삼포국응 ,박종현,「曹南冥과 老莊思想」(『慶南文化研究』제1집, 경상대학교 경남문화연구소, 1988년, pp.95-114.) 그리고 吳進鐸,「南冥學에 있어서 莊子思想의 位置」(『南冥學研究』제1집, 慶尙大學校 南冥學研究所, 1991년, pp.95-108.) 등에서 조명한 바가 있었다.

장하기 시작하였다. 지금까지 전해지는 노장 주석서 중에 여섯 종
의 노자 주석에 비해 서계 박세당(西溪 朴世堂, 1629~1703)의 『南華經
注解刪補』와 남당 한원진(南塘 韓元震, 1682~1751)의 『莊子辨解』, 단
두 종뿐이라는 게 유감이다. 그럼에도 불구하고 장자에 대해서 긍
정적 입장과 비판적 입장으로 바라보는 데 좋은 대조를 보이는 이
두 저술은 유가적 변용을 위한 '以儒解莊'의 서로 다른 해석 방
식을 보여주는 데에 매우 보편적 의미를 지니고 있다. 박세당은
북송의 왕안석(王安石)과 소식(蘇軾)과 같이 장자야말로 무엇보다
공자의 도를 회복하고자 했던 사람이라고 하였다. 그 반면에 한
원진은 주자의 『中庸章句』서문에서 노장과 불교를 규정하여 언
급한 것처럼, 장자의 언설이 바로 '이치에 더욱 가까울수록 진리
를 크게 어지럽히는 것(彌近理而大亂真)'[44]임을 비판하였다. 조선후
기의 실학자인 홍석주(洪奭周, 1774~1842)는 그의 『홍씨독서록』에서
박세당의 집주(集注)가 임희일(林希逸, 1193~1270)의 『莊子鬳齋口義』
와 함께 당시 조선사회에서 성행(盛行)한다[45]고 기록하고 있다. 이

---

44   "今年冬友人成君覺請授是書. 復取而讀之及覆數遍, 似有得其要領
者. 然後始見其為彌近理而大亂真也." 한원진, 「莊子辨解序」, 『南塘集』
卷31. (『標點影印 韓國文集叢刊 202』, 민족문화추진회, p.164.)

45   "世所傳者, 有郭象 呂惠卿 焦竑注, 而唯林希逸口義及本朝朴世堂集
注盛行." 홍석주 원저, 리상용 역주, 『역주 홍씨독서록』, 아세아문화사, 2006
년, p.241.
   조선시대에 임희일의 『莊子鬳齋口義』도 많이 애독되었다는 사실에 대해서
선행연구에서 이미 밝혀 놓았다. 김시천의 「이단에서 정통으로-장자 眞儒가 된
한 사이비의 역사」(『시대와 철학』제16집, 한국철학사상연구회, 2005년, p.96.
참조)에 따르면 세종(世宗)때로부터 영조(英祖)때에 이르기까지 임희일의 『莊

증언은 박세당의 장자 주석 자체가 지닌 영향력은 물론, 당대 조선 지식문인들 사이에 장자가 공자의 가르침을 밝히는 유가의 일원으로 널리 읽혀졌다는 사실도 잘 말해주고 있다. 알다시피 17세기 이래에 '임진(壬辰)·병자(丙子)'양란(兩亂)으로 인해 성리학적 지배체계 안에서 노출되어 오던 폐단들이 극대화되어 간 상태에 이르게 되었다. 현실개혁이라기보다 여전히 이념체계의 정착과 유지에만 잡착한 조선 성리학은 도리어 그 역사적 기능을 잃고 도학 정통성만을 위한 관념적이고 교조적인 권위주의적 성향으로 흘러가게 되었다. 이러면서 주자학 이외의 모든 학문이 더 심각한 탄압에 직면해야 했다. 그만큼 현실의 부조리를 바로잡을 수 있는 다양한 학문사상에 대한 관심과 모색은 이와 더불어 더욱더 절실히 요구되었다. 조선후기 성리학의 경직화에 대응하여 현실문제의 해결을 위한 개방적 학문태도에서 형성되고 전개된 '실학지풍(實學之風)'은 바로 이 시기의 주류적 흐름으로 되어 영·정조(英·正祖)시대의 '문예부흥'을 연출하였다. 다른 어떤 시기보다 이렇게 더 활기찬 지적 분위기 속에서 노장사상의 수용 특히 철학이요 문학이면서 또한 심지어 박물서(博物書)로서의 장자의 활착 모습도 이와 함께 보다 풍부히 펼쳐져 있었다. 실학의 흥성과 함께 박물다식(博物多識)의 학문적 경향도 실학자들의 한 공통(共通)현상으로 부각된 것은 주지하는 바이다. 지봉 이수광(芝峯 李睟光, 1563~1628)

『子膚齋口義』가 여러 차례에 걸쳐 간행되었고, 심지어 한국식의 토를 단 현토본(懸吐本)까지 나올 정도로 많이 애독된 것으로 지적되어 있다.

의『芝峯類說』과 성호 이익(星湖 李瀷, 1682~1764)의 『星湖僿說』그리고 오주 이규경(五洲 李圭景, 1788~1856)의 『五洲衍文長箋散稿』처럼, 박학다식의 경향이 완전하게 구현된 이러한 백과전서류(百科全書類)의 저술들은 종래의 성리학은 물론 天文·地理·人事·農工商·動植物에 관한 것이라든가, 심지어 당시의 이단사상까지 모두 소개하였다. 그 중에 장자도 이런 '과감한 학문적 개방성[46]'으로 인해 지식의 대상으로 고구(考究)되었다.[47] 뿐만 아니라 명물고증학(名物考證學)이라는 학문적 측면에서도 장자에 나온 내용은 인증(引證)자료로 쓰이는 경우[48]가 종종 있기도 하였다. 이처럼 조선후기

----

46 윤사순,「이규경 실학에 있어서의 전통사상」,『亞細亞研究』제16집, 고려대학교 아세아문제연구소, 1973년, p.127. 인용.

47 장자가 지식의 대상으로 소개되는 내용은 이수광의 「諸子」,『芝峯類說』(남만성 역,『지봉유설(上)』, 을유문화사, 1994년, p255-259.), 이익의 「詩文門」,『성호사설』권28,29(『성호사설 XI』, 민족문화추진회, 1977년, p198, p141.), 이규경의 「莊子讀法辨證說」『五洲衍文長箋散稿』권44.(『五洲衍文長箋散稿 下』, 동국문화사, 1959년, p.433.)

48 이런 경우는 이 세 저술에 많이 산견되어 있었다. 대표적 사례가 다음과 같다.
　"〈續博物志〉에 말하기를 하늘과 땅 사이의 거리는 一七만八천五백리라고 하였다. 이것을 가지고 말한다면,〈장자〉의 소요유편에서 말한 회오리바람을 타고 九만 리를 올라간다고 한 것은 하늘 거리의 반쯤을 가리켜 말한 것이 된다." 이수광,「天文部」,『芝峯類說』권1(남만성 역,『지봉유설(上)』, 을유문화사, 1994년, p.18.)
　"〈장자〉에 말하기를, 천자를 모시는 여인들은 귀를 뚫지 않는다고 하였다. 대체로 귀를 뚫어 귀고리를 다는 것은 옛날부터 그러하였던 것으로서 홀로 우리나라만의 풍속은 아니다." 이수광,「諸國部」,『芝峯類說』권1(남만성 역,『지봉유설(上)』, 을유문화사, 1994년, p.98.)
　"影者, 物之陰. 卽陽之反對, 無物則無影. 無光則無影. 凡氣映之影朦朧, 水攝之影髣髴. 鏡照之影分明, 氣水鏡三者. 皆有光. 故能攝物生影.

의 실학 풍조는 장자의 한국적 수용에 있어서 미증유(未曾有)의 새로운 국면을 열어주었다. 또한 실학시대가 장자에게 부여한 현실적 의미는 이 시기의 여러 변화상을 논하면서 흔히 언급된 '상대주의적 인식론'[49]에서도 거듭 확인될 수 있다.예컨대 조선후기의 실학이 성장·발전하는데 중요한 계기를 마련했던 북학파의 논리에서 담헌 홍대용(湛軒 洪大容, 1731~1783)의 '인물균(人物均)'과 연암 박지원의 '인물막변(人物莫辨)'에 반영된 '관점의 상대화'[50]는 가치의 절대성에 대한 부정을 통해서 인식 및 가치평가의 객관성을 확보하고자 하였다. 이는 세계에 대한 '객관적 관점의 확립'이라는 점에서 장자 특유의 상대주의적 인식론과 접합(接合)하고, 나아가 전래의 중국 중심적 세계관에 입각한 화이지분(華夷之分)을 타파하는 데 북학론의 이론적 근거로서 작용하였던 것이다. 또 진리의 상대성에 입각한 공안파(公安派)의 개성주의적 성령(性靈)문학

....
而氣之體太虛, 故雖噏物生影. 糢糊不類, 水之體太淸. 故能攝物生影. 玲瓏成象, 鏡之體太明. 故能照物生影, 瑩澈逼眞. 氣影則如睡, 水影則如夢. 鏡影則如覺, 是余强自摸捉而言也. 言如氣映之影, 朦朧未瑩也. 細究其理, 則如小孩之照鏡. 啞然而笑者, 然理在其中矣. 漆園叟先我而得, 實獲我心. 其言罔兩問影之喻注, 謂罔兩是影旁蒙曨氣. 凡日中兩物生影也, 推兩影漸近. 未及相接, 先有蒙曨氣來襲. 影外必有生影之微氣." 이규경「影法辨證說」『五洲衍文長箋散稿』권16.(『五洲衍文長箋散稿 上』, 동국문화사, 1959년, p.485.)

49 이승수, 「조선조 지식인의 장자수용과 憤激의식--三淵 金昌翕을 중심으로」, 『도교문화연구』제15집, 동과서, 2001년, p.310. 참조.

50 김인규, 「北學思想 硏究 : 學文的 基盤과 近代的 性格을 中心으로」박사학위논문, 成均館大學校 大學院: 東洋哲學科, 1999년, pp.25-36. 참조.

은 조선후기 특히 18세기의 '진(眞)'의 추구를 표방한 조선의 문단[51]에서 파천황(破天荒)격으로 유행하고 있었다. 그러므로 공안파가 주장한 '獨抒性靈, 不拘格套'에 근원적으로 영향을 끼친 장자의 '法天貴真, 不拘于俗'의 추구[52]도 이와 아울러 새삼 환기될 계기가 마련되었을 것이다. 장자나 공안파의 초연한 '率性任眞'의 이면에는 기실 '衰世·亂世'의 일체 속박과 유속(流俗)에 대한 격렬한 비판과 고민 및 분격(憤激)의식이 깊이 깔려 있었던 것이다. 상대적으로 중세의 모순과 폐단이 가중되었던 조선후기에 '성령', '진정(眞情)', '천기(天機)', '진(眞)'에 대해 진지하게 추구하는 지식문인들 사이에도 사실상 그러한 현실사회에 대한 비판과 분노가 그들의 세계인식의 기저에 도사리고 있음은 어렵지 않게 발견될 수 있다. 그 중에 세계에 대한 장자의 대응자세를 분격(憤激)으로 읽는 이가 적지 않게 등장했는데 이것은 조선시대에 있어서 난세를 산 장자와 비슷한 체험이나 정서를 공유했던 지식문인들에게 와서야 가능했던 것으로 보인다. '천기론'을 바탕으로 '不拘格套의 시학'을 펼친 삼연 김창흡(三淵 金昌翕, 1653~1722)은 '憤世人'로서의 장자와 공감했던 비판의식을 주위 사람들과 공유하려고 노력하였다.[53] 또 '自得之眞'의 '務求'를 통해서 공안

<hr>

51 이지양, 「18세기의 '眞' 추구론과 性靈설」, 『한국한문학연구』제24집, 한국한문학회, 1999년, pp.245-272.

52 劉紹瑾, 『莊子與中國美學』, 廣東高等敎育出版社, 1989年, pp.208-217. 참조.

53 이승수, 「조선조 지식인의 장자수용과 憤激의식--三淵 金昌翕을 중심으

파의 본격적 수용을 성취한 동계 조귀명(東谿 趙龜命, 1693~1737)은 스스로가 장자에서 얻은 것이 많다고 하면서, 장자란 존재가 유가와 구별된 노자와 달리 유자(儒者)인 동시에 또한 격분(激憤)했던 자(者)라고 강조하였다.[54] 그 이외에 '진'에 대한 추구를 비평적 사고의 핵심 사안으로 부각시킨 연암 박지원이나 형암 이덕무(炯庵 李德懋, 1741~1793) 또한 장자의 행문(行文)에 감추어진 '憤世嫉俗', '憤而時激'[55]을 읽어내기도 하였다. 특히 연암은 장자의 분격의식을 당대 조선사회에 대한 자신의 고민으로 전환하는 데 그치지 않고, 나아가 장자산문의 핵심양식인 우언을 빌려오고 당대의 암울한 현실을 날카로운 풍자와 유연한 해학으로 폭로하는 데 장자에 못지않게 기막힌 성공을 이룩하였다. 연암 문학 가운데 풍자문학

로」, 『도교문화연구』제15집, 동과서, 2001년, pp.328-329. 참조.

   이승수, 「三淵 金昌翕 研究」, 박사학위논문, 한양대교 대학원, 국어국문학과 1997년, pp.333-341. 참조.

54 "世之學者, 常倂稱曰老莊, 不知其道本源之不相混也. 莊子, 儒而激者也, 老子則別於儒矣." 趙龜命, 「讀老子」, 『東溪集』卷7. 『標點影印 韓國文集叢刊 215』, 민족문화추진회, p.148.

   강명관, 『공안파와 조선후기』, 소명출판사, 2007년, pp.240-243. 참조.

55 "世間所有佛書, 都是南華經箋註. 南華經乃道德經之傳疏彼皆天資超絶. 情量卓異, 豈不知仁義禮樂俱爲治天下之大經哉. 不幸生値衰季, 蒿目傷心於質滅文勝. 則慨然反有慕于結繩之治, 其如絶聖棄智剖斗折衡之類, 皆憤世嫉俗之言也." 박지원, 「佛書・口外異聞」, 『열하일기』(리상호 옮김, 『열하일기 下』, 보리, 2004년, p.198.(574).

   "莊子休, 邵堯夫, 俱豪傑巨人也. 然莊君, 憤而時激者也. 邵公, 樂而自得者也. 又曰, 莊雖激, 亦有自得者. 逍遙遊三字, 萬古至樂." 이덕무, 「耳目口心書」, 『靑莊館全書』卷48. (『標點影印 韓國文集叢刊258』, 민족문화추진회, p.376.)

으로서 최고봉을 보여준 걸작(傑作)이 다름 아닌 「호질」인 것임은 주지의 사실이다. 그만큼 이 작품에서 주요 특징으로 나타난 장자류(莊子類)의 반유가적 역설[56]과 그것을 위한 장자적 우언 글쓰기의 구현 또한 이와 함께 극치를 이루었다는 것이다. 사실 조선시대 특히 조선 중·후(中·後)기에 와서 장자류의 역설적인 또는 철학적인 사유와 장자적 우언 글쓰기를 당시의 한문학창작에서 적극적으로 수용한 것은 일반화된 흐름으로 형성되고 있었다. 더욱이 이규보로부터 본격적으로 시작된다고 할 수 있는 이런 장자수용의 양상은 조선시대에 내려 와서 이미 더 세련되고 성숙한 모습으로 나타나고 있었다. 그 이유는 주로 이 조선 중·후기란 역사적 단계에서 세상과 소통할 수 있는 글쓰기를 꾸준히 실천했던 사대부에게는 사유와 문체를 조화롭게 이루는 장자 글쓰기가 삶의 방향을 새롭게 개척하기 위한 하나의 효용적 방안으로 비쳐지는 데에 있다고 보기 때문이다.

요컨대 삼국시대부터 고려·조선조에 이르기까지 약 1500여년에 걸친 장자의 한국적 수용 역시 시대의 발전에 따라 다양한 차원에서의 전개·홍성·심화의 과정을 밟아 왔다. 유교를 중심으로 하는 사회체계 속에서 도가로서의 장자는 노자와 함께 늘 비판적 수용대상으로서 사상계에서의 상대적 위상을 지니고 있다. 하지만 최소한 개인적인 문학 영역에서만큼은 장자가 언제나 독보적

----

56 정학성, 「〈호질〉에 대한 재성찰」, 『한국한문학연구』제40집, 한국한문학회, 2007년, pp.233-238. 참조.

존재로서의 절대적 지위를 차지하고 있다. 특히 엄격한 배타적 도학의 정통이념이 지배하는 조선시대에서 이단으로 지목된 장자가 비판과 수용의 팽팽한 경계 사이에 몰리게 되었거니와, 철학적 검토라기보다는 장자로의 문학적 접근은 당시로서 내면의식의 표출통로를 탐색하는 데 있어서 보편적으로 관심이 되는 문제점이라고 한다.

2. 寓言 글쓰기와 莊子 寓言의 特徵

우언은 한마디로 직설이 아닌, 돌려 말하기이다. 말하고자 하는 본 뜻을 바로 말하지 않고 다른 데 빗대어서, 즉 가탁(假託)과 비유를 통해 넌지시 나타내는 '우의적인 이야기'[57]로서 우언이 지니고 있는 최대 특징은 바로 여기서 도출된 것이다. 이른바 장자로부터 본격화된 우언에 대한 비평, 즉 '藉外論之'라는 우언론은 지금까지도 동아시아의 우언 글쓰기에 대한 기본 논의로 간주되고 있다. 이는 제 자식에 대한 친아비의 칭찬이 남의 칭찬만 못한다는 장자의 일상적 일깨움에서 보여준 것처럼, 화자인 '나'와 청자(廳者)간의 소통적 장애(우매·시기·의심 등)를 극복하기 위해 또 다른 '서술자'의 목소리를 끌어들여 청자를 납득시켜 보려는 의지

---

57 정학성, 「우언 양식의 서사구조와 비판정신」, 『東洋學』제38집, 단국대학교 동양학연구소. 2005년, p.30. 참조.

에서 비롯된 소산이라 하겠다. 물론 장자가 우언에서 염두에 두었던 것은 비단 이러한 소통이나 설득의 효용에만 있는 것이 아니다. 초월적 존재인 '도(道)'를 위한 언어표현의 한계 극복과 함께, 시비와 아집에 말려 올바른 말(莊語)이 행할 수 없었던 혼탁한 세상에 대한 장자의 비판의식 또한 그의 우언 글쓰기를 촉발시키는 주된 요인으로 작용하고 있었다. 따라서 이 네 글자로 이루어진 장자의 '藉外論之'에는 당시로서 우언이 새로운 담화방식 혹은 서술방식으로 강구될 필요성에 대한 상당한 인식의 무게가 실려 있다고 본다. 그만큼 이 정의적 개념에서 핵심이라 할 수 있는 '藉外'란 우의적 표현방식을 구사하는 데 있어서, 장자는 그 우언의 전범을 보여주면서 아울러 문학 영역에서의 나름 독보적인 위상을 이룩하였다.

알다시피 장자에서 삼언(三言)이란 담화방식 중 하나로 논의된 우언은 오늘날 문학양식으로 지칭된 우언과 동일(同一)한 것이 아니다. 장자의 10여 萬言을 가리켜 대저 우언이라고 강조했던 사마천(司馬遷)은 '指事類情(世事와 情理에 합당하게 잘 비유를 든다)'이라는 장자 우언의 의미를 부연 설명함으로써 그것의 우의적 비유의 성격을 돋보이게 하였다. 또 장자 우언에 대한 사마천의 이러한 평어를 중히 여겼던 임희일은 그의 장자에 대한 문학적 독해 중에서 기탁하여 구속됨이 없는 우언을 가상 인물의 설정에 의한 우의적 이야기 방식으로 풀이하였다.[58] 우언을 두고 역대로 전해지는 여러 명칭이나 지칭대상이 있었다. 하지만 그 가운데 대체적으로 우언을 특정 양식이라기보다 비유나 가탁을 동원하는 수사 방식 또는 넓은 문맥에서 이러한 수사 기법에 기초한 담화나 글쓰기 방식으로 간주하는 경향은 전통적인 흐름으로 형성되어 있었다. 이는 사실상 장자가 말한 원래의 '우언'의 성질, 즉 비유와 기탁이라는 성질을 강조하는 것과 상통하는 것으로 보인다. 지금은 동사시아 보편적 전통 글쓰기로서의 우언을 하나의 양식으로 인정하고 그 양식상의 본질적 특징을 규명하고자 하는 연구 성향이 전체적으로 장르로서의 이론적 근거를 수립한 단계에 이르렀다. 중국의 우언연구에 있어서 우언이라는 장르적 존재에 대한 인식은 지배적이었다. 이에 비해 한국의 경우는 우언을 수사학적 차원과 양식 규정이라는 시각에서 파악하려는 시도가 크게 두 가지 병존(竝存)한다. 여기서 짚고 넘어가야 할 점이 있는데, 우언 범주를 둘러싼 이 두 가지의 논의는 결코 대척점에 서 있지 않음이 그것이다. 지금도 우언의 기초적 이해에 관한 문제가 완전히 해결됐다고는 할 수 없지만, 이른바 '비유·기탁적 주제 전달'과 '단형(短形)의 허구적 이야기 구조'가 우언의 기본 요건으로서 공통으로 작용한다는

---

58 "太史公謂其: '善屬書離辭, 指事類情, 用剽剝儒墨, 雖當世宿學不能自解免也. 其言洸洋自恣以適己.' 此數句真道着莊子." 林希逸 著, 周啓成 校注,『莊子盧齋口義校注·胼拇』, 中華書局, 1997年, p.145.
  윤주필,「한문문명권의 우언론 비교연구」,『동아시아 우언론과 한국의 우언문학』, 한국우언문학회, 집문당, 2004년, pp,16-17. 참조.

것은 비교적 널리 인지(認知)되어 있다. 때문에 우언이라는 존재의 뿌리로 받아들여진 이 양대(兩大)성질은 여타 문학 양식이나 비양식화된 비유적인 수사법과 구별되는 경계선이 된 셈[59]이다. 물론 이러한 우언의 본질적 구성 요소는 일반 문학창작에서 흔히 발견된 것이다. 이로써 볼 때 여타의 문학 양식에 드러난 우언의 강한 '침투성'[60] 및 우언 자체가 지닌 양식상의 '중간·혼합적 갈래'[61]의 성격 또한 바로 '인접점(隣接点)'이라고 할 수도 있는 이 '경계선'에서 나온 것으로 이해될 수 있다. 따라서 다른 문학과의 이러한 우언의 줄기찬 교섭에 대하여 그 실상을 보다 적절히 파악하기 위해서는 각 문학 양식이나 갈래에 녹아드는 우언 글쓰기의 성향을 체계적으로 폭넓게 조망해야 할 필요가 절실히 요구된다.

독립 양식으로서의 우언의 규명은 기본적으로 서사와 논설의 결합이라는 시각[62]에서 출발한 것이라 한다. 우언은 의미전달을

59 陳蒲清 지음, 윤주필 옮김, 『세계의 우언과 알레고리』, 지식산업사, 2010년, p.90. 참조.

60 陳蒲清 지음, 윤주필 옮김, 전게서, pp.86-89, 참조.

61 윤주필, 「동아시아 고소설의 우언 활용의 비교고찰」, 『고전문학연구』제26집, 한국고전문학회, 2004년, pp.72-73, 참조.
    ---, 「향후 10년간의 우언 연구를 위한 영역 설정과 과제」, 『우언의 인문학적 위상과 현대적 활용』, 한국우언문학회 편, 박이정, 2006년, p.10. 참조.

62 한국에서 우언을 하나의 양식으로 정립시키려는 노력은 유종국, 이종묵 그리고 윤주필, 양승민 등에 의해 이루어졌다.(이런 연구경향에 대해서 윤승준의 『동물우언의 전통과 우화소설』(월인, 1999년. pp.22-25)과 양승민의 『우언의 서사문법과 남론양상』(학고방, 2008년, pp.21-24.)는 정리한 바가 있었다.) 우언을 두고 이종묵은 서사단락과 논설단락이 긴밀히 연결되면서 서로 대등한 비중을 가지고 있는 양식이라고 하며, 윤주필은 허구적 담화방식에 의한 의론과

위한 설득의 담론으로, 교술문학적 성격[63]을 지니고 있지만, 그 창작에서 효과적인 우의(寓意)전달을 위해 구사하는 가상설정, 토의구조, 쟁변화소 등이 본연의 '교술성'을 뛰어넘어 서사문학의 속성인 허구성 내지 창조성을 연출하는 데서 정채를 발하였다. 따라서 서사문학, 특히 허구적 서사양식의 전개에 있어서 일찍부터 창작을 거듭하여 발달해 온 우언은 한 선행의 문학적 관습으로 작용한다고 볼 수 있다. 근간 한국학계에서 형성기의 고전소설에 관통된 우언문학과의 교섭양상을 우언의 양식사적 맥락에서 이해하려는 연구경향[64]이 대두되었다. 이는 우언문학에 대한 고찰은 물론 고전소설의 형성과 행방을 조명하는 데에도 새로운 연구의 시각과 방법을 제공하였다는 점에서 연구사적 의의를 지니고 있다. 하지만 아직도 하나의 양식으로서의 우언에 대한 정연한 이론적 논리가 더 뒷받침되어야 할 상황 속에서 결국 이로 인해 그 적용 대상자료의 선정(選定)으로부터 야기된 논란은 면할 수 없다. 한국

서사의 복합체(복합갈래)라고 정의하였다.

이종묵, 「〈부휴자담론〉과 우언의 양식적 특징」, 『고전문학연구』, 한국고전문학연구회, 1990년, pp.189-195.

윤주필, 「우언의 전통과 조선전기 몽유기」, 『민족문화』제16집, 민족문화추진회, 1993년, p.34.

---, 『한국 우언문학 감상 틈새의 미학』, 집문당, 2003년, p.15, 참조.

63 조동일, 『세계문학사의 전개』, 지식산업사, 2002, p.314, 참조.

64 윤주필, 「우언문학사와 초기소설의 관련 양상」, 『고소설연구』제24집, 한국고소설학회, 2007년, 참조.

장효현, 「형성기 고전소설의 전개와 우언문학」, 『고소설연구』제20집, 한국고소설학회, 2005년, 참조.

우언문학사에 있어서 순수히 독립 양식으로서 부각된 우언에 비하면, 다른 기존의 문학 양식이나 혹은 더 큰 서술문맥에 침투하여 우언의 정신과 수법을 보다 두드러지게 드러낸 창작 경향이 일반적이었던 것으로 보인다. 앞에서도 언급하였지만, 전통적 견지에서 인식된 우언이라는 용어는 그 외연이 상당히 넓었다. 대개 우리의 고대문학비평론의 현장에서는 우언의 논의가 기본적으로 소박하게 '비유적 서술'이라는 점을 암시하는 데 그쳤던 것[65]이다. 오늘날 우언의 문학적 해석을 위해 끌어들인 서구문학의 몇몇 유사한 개념[66]으로 보아 논의의 다양성에도 불구하고, 허구적 서사성의 지향이 비교적 보편적인 경향으로 드러나고 있었다. 알다시피 서구의 우언문학에 있어서 허구적 이야기 방식으로 양식화된 우언의 창작은 일찍부터 보다 뚜렷한 사(史)적 발자취를 남겨 놓았다. 이는 물론 유럽 우언의 효시이자 전범(典範)인 『이솝우화』

....

65 윤주필, 「한문문명권의 우언론 비교연구」, 『동아시아 우언론과 한국의 우언문학』, 한국우언문학회, 집문당, 2004년, p.15, 인용.

66 陳蒲淸의 연구에 의하면 '우언'이라는 어휘는 실제로 영어의 페이블(fable), 패러블(parable), 알레고리(allegory)의 세 가지 체재를 포괄하니, 대체적으로 영어로 'allegorictale'로 대역할 수 있겠다고 한다. 그는 일단 미국 뉴욕의 표준참고독서물출판사의 1963년판 『표준 참고 백과전서』를 예로 삼아 이 세 가지에 대한 정의에서 추출된 각각 특징을 밝혔다. 그 중에 허구적 서사성이 공통된 특징으로 드러나고 있다. 여기서 陳蒲淸은 이 세 가지 유형을 두루 문학적 양식으로 간주하였다. 사실상 페이블과 패러블에 비하면 알레고리는 비유법의 하나로서 전략적 수사로 취급되는 전통이 더 강한 듯하다.(Terence Hawkes 著, 沈明鎬 譯, 『隱喩(Metaphor)』, 서울대학교 출판부, 1980년, 참조) 따라서 '우언'과 연관된 서구문학의 개념에 대해서 더 세밀하고 전면적 연구시각이 필요하다.

의 막대한 영향과 직결되어 있다. 세계우언사적 맥락으로 볼 때 이른바 인류에게 가장 심오한 역사의 기점으로 된 '차축(車軸)의 시대(die Achsenzeit)'[67]부터 세계 우언의 체계가 기본적으로 확립되어 갔다. 그만큼 동·서양을 막론하고 하나의 보편적 글쓰기로서의 우언은 오랜 전통을 지닌 채 발전을 거듭하는 가운데 특정한 양식을 창출하기도 하였고, 아울러 여러 수법을 개발하면서 문학적 관습을 조성하기도 하였다.[68] 앞에서 우언의 속성을 두고 말한 '침투성'이나 '중간·혼합적 갈래'나 모두 우언의 개별성과 보편성을 동시에 고스란히 반영하는 것으로 보인다. 장르론적으로 규정된 '우언'은 보통 좁은 의미로서의 개념으로 간주된다. 그렇다고 문학 양식이나 장르라는 차원에서 이루어진 우언의 이해가 제한적인 것으로 오해되어서는 안 될 것이다. 역사적으로 존재해 온 문학 장르의 내부에서 일어난 장르운동의 복잡한 양상 그 자체[69]는 그야말로 보다 포괄적이고 체계적인 고찰의 시각을 필요로 하고 있기 때문이다. 엄연한 '양식', '장르'로 창작되어 온 서구우언에

----

67 칼 야스퍼스(Karl Jaspers, 1883-1969)는 그의 『역사의 기원과 목표』(백승균 옮김, 이화여자대학교 출판부, 1986년, pp.20-22.)에서 BC 800년부터 BC200년까지 약 500년경의 시기를 차축시대라고 불렀다. 그는 "이 차축시대에 있어서 새로운 것은 중국, 인도 그리고 서양이라고 하는 3세계의 인간들이 자기자신을 전체 속에 있는 존재로 알게 되었고, 자기자신을 참으로 알게 되었으며 자신의 한계를 알게 되었다는 사실이라며, 아울러 이 시기의 인간들은 "마침내 최고의 목적을 설정하는가 하면 무제약성을 자기존재의 깊이와 초월성의 확실성 속에서 경험하게 되었다"고 지적하였다.

68 윤주필,『틈새의 미학』, 집문당, 2003년, p.13, 참조.

69 조동일,『한국문학의 갈래 이론』, 집문당, 1992년, pp.276-277, 참조.

비하면 기본적으로 '비유체계'로 인식됐던 한문 문명권의 우언은 수사적 차원은 물론 양식사적 층위에서도 다양한 창작 양상을 보여주었다. 따라서 우언의 어느 일방적 측면만을 향해 단순한 수사기법이나 정형을 지닌 양식으로 규정지으려는 연구 경향은 바람직하지 못하다. 한국에서 우언이란 정체를 둘러싼 규명 문제는 여전히 논란거리다. 논의의 편향성으로 인한 것이라기보다 이러한 논쟁점은 연구의 시점마다 달라진 강조점에서 나온 것으로 이해되어야 마땅하다. 우언의 전통에 맞닿는 가전체와 몽유록을 논함에 있어, 의인화 형태나 몽유라는 '의장(意匠)'을 통한 우의적인 형상화는 주로 우언적 성격 즉 우언이 지닌 비유·가탁적 수사 방식과 그것의 의미에 초점을 맞추어 파악된 것이다. 그런가 하면 독립 양식으로서의 우언이라는 존재를 의식하며 그 양식적 특질을 해명하고자 하는 일련의 연구에서 다른 문학양식과 근본적으로 구별되는 우언의 전형을 규정하면서, 나아가 그것으로부터 확산된 다른 여러 우언의 전통과 변용을 양식사적 맥락에서 함께 조망할 수 있는 틀을 제시하려고 노력하였다. 여기서 이런 거시적인 고찰을 작동시킬 수 있는 요인으로는 역시 무엇보다 우언 자체에 대한 보다 포괄적인 이해를 지적할 수 있다. 우언은 '단순 수사가 아니고 그 이상의 서술원리이며, 동시에 그것이 독립된 작품으로 구현되면 양식으로서 기능한다'[70]고 보아야 할 것이다. 선행 연구

....
70 윤주필, 「우언의 전통과 조선전기 몽유기」, 『민족문화』제16집, 민족문화
추진회, 1993년, p.28, 인용.

에서 논자에 따라 우언은 '서술원리'와 '담화방식' 그리고 '이야기 방식'과 '전략적 담론' 등으로 표현되고 있었다. 비록 여러 용어로 인한 개념상의 혼란감이 있겠지만, 우언을 수사 기법 이상의 층위에서 하나의 글쓰기 전략으로 폭넓게 파악하려는 시각이 그것들 사이에 공유된 것으로 보일 수 있다. 이는 한국의 '우언창작 현장'에 입각하여 취해진 것이며, 또한 우언에 대한 편협(偏狹)한 인식을 지양해야 한다는 반성의식에서 나온 것이라 할 수 있다.

　서구의 전통 수사학에서 사물 간의 유비(類比)적 관계를 통해서 의미론적 '전이(轉移)'를 실현하는 비유언어(比喩言語, Figurative Language)[71]는 근본적으로 언어와 예술의 모방론의 문맥에 놓여지고 있다. 비유적 성격을 근간으로 가탁물과 우의의 대비적 관계를 이루는 우언에 있어서 기존의 사물을 모방하여 작품적 질서로 재구성하는 것은 무엇보다 우언적 사유의 시작이자 기초라 할 만큼 중요하다.[72] 모방론이라면 문학과 그 소재(대상)와의 관계를 두고 논하는 것이다. 여기서 우언 창작에 적용된 이 '모방의 원리'를 말할 때, 그 모방의 대상이 된 사물이란 범주 안에는 자연물은 물론 인물과 역사적 사건 그리고 철학적 개념 내지 전범적 문학 작품과 양식 등도 두루 포함된다. 우의(寓意)전달을 목적으로 하는

71　Terence Hawkes 著, 沈明鎬 譯, 『隱喩(Metaphor)』, 서울대학교 출판부, 1978년, pp.7-9, 참조.
72　윤주필, 「향후 10년간의 우언연구를 위한 영역 설정과 제언」, 『우언의 인문학적 위상과 현대적 활용』, 한국우언문학회 편, 박이정, 2006년, p.22, 인용.

우언을 지으려면 유난히 고도의 전략적 내용구상과 서술방식이 요구된다. 그러기 위해 우언창작의 소재와 형식면에서 작가가 스스로 새 것을 창출해 내기도 하고, 또한 모방을 통해 고전적 전거(典據)나 기존 문학양식을 엉뚱하게 활용하기도 한다. 여기서 결코 일방적인 의미 답습에 그치지 않고 선행 텍스트와의 비평적 거리를 전제로 새로운 의미를 도출하게 하는 모방의 원리는 물론 일체의 문학의 발전 전반을 관통하는 것이다. 그리고 이른바 전범으로서의 문학 고전 역시 이를 통해서 거듭난 불멸의 생명을 부여받게 되기도 한다.

서구에서 우언창작상의 준칙으로 받들어져 왔던 이솝우화는 그 모방의 대상으로 줄곧 부단히 재창작되었다. 그것에 비견된 만큼 단연 동아시아 우언의 전형을 보여준 장자는 후대의 창작에 풍부한 소재원(素材源)과 수사법 등을 제공함으로써 특정 계열을 이룰 정도의 우언문학적 성향의 작품들을 배출시켰다. '述而不作, 信而好古'를 숭상했던 한문문명권에서 선행 전범에 대한 습득을 통한 한문고전의 재생산은 중세 문인들이 한결같이 추구했던 것이다. 오늘날 한국의 우언 연구에서 부딪치는 핵심적인 난점은 앞에서도 잠시 언급했듯이, 우언의 정체성에 대한 규명에 있다. 개념 논란으로 인해 우언문학의 적용범위와 이와 관련된 작품론적 연구 및 문학사의 기술(記述) 등 또한 문제시되기도 한다. 따라서 우언 글쓰기의 원리와 수법을 감안하여 그 대상 범위를 총괄적으로 정하려는 노력은 시도되었다. 이외에도 동아시아 우언소통의 비교문학적 연구가 진척됨에 따라 새로운 문맥 속에서 우언의 전범을 모방한 작품들의 창작 유형을 범주화할 필요성이 제기되었다. 이같은 우언 범위와 모방 작품에 관한 연구에서 장자에 의해 본격화된 우언론은 우언 글쓰기의 논의를 위한 이론적 근거로서 거듭 거론되는 한편, 장자우언의 특성에 연원을 둔 일련의 모방 작품들의 우언적 성격은 이와 함께 부각되기도 하였다. 장자우언의 특성이라면 그 장자 자체가 이룩한 우언문학적 성취는 물론 후대의 우언창작을 가늠하고 방향지은 초시대적 전범성(典範性)까지 의미하는 것이다. 이러한 장자우언의 전범성은 다음과 같은 세 가지의 특징이 있다. 첫째, 추상사유(抽象思惟)와 형상사유(形象思惟)의 완벽한 조화이다. 둘째, 허구적인 역설적 문답의 특징이다. 셋째, 장자우언의 풍자성·골계성이다.[73]

---

73 이 문제에 대한 상세한 논의는 후고로 미룬다.

Ⅲ. 朝鮮時代 士大夫 文人의
寓言 글쓰기

우언 글쓰기는 동아시아 한문문명권의 보편적 글쓰기 중의 하나로서 오랜 전통을 가지고 있다. 이른바 '선진우언(先秦寓言)'의 방대한 등장과 함께 이미 벌써 그 창작의 '황금기(黃金期)'를 맞게 된 이 전통의 유력한 글쓰기는 대체 언제, 어느 작품부터 출현하는지에 대해 학자마다 달라지는 우언범주의 설정으로 인해 아직도 의견이 분분한 실정[74]이다. 그럼에도 우언사적 맥락으로 보면 장자로부터 독립 장르인 우언의 전형이 의도적 창작에 의해 본격화된다는 것은 보편화된 인식으로 받아들여져 있고, 아울러 장자 자체가 이룩한 나름의 우언문학적 성취와 그에 따른 전범으로서의 영향에 대해서 일치된 시각도 보이고 있다. 중국 우언사를 훑어보면 알 수 있듯이, 우언문학으로서의 장자의 숨결은 단연 각

---

74 중국 우언의 기원시점에 관한 설은 대체로 1. '商中後時期說(BC.13C경)', 2, '周易時期說 (BC.11C경)', 3. '春秋末期說(BC.6C경)'로 세 가지로 논의되어 왔다. 이에 대해서 吳秋林의『中國寓言史』(福建敎育出版社, 1999年, pp.6-12)와 권석환의 「선진우언연구」(박사학위논문, 성균관대학교 중어중문학과 중국문학전공, 1993년, pp.63-68.)에서 정리한 바가 있었다.

시기의 우언창작에 깊이 녹아들 정도로 매우 생생히 느껴질 수 있는 것이다. 이렇게 장자를 살아 있는 '우언의 고전'으로 만드는 데 중요한 기여를 한 것은 그 장자 자체의 전범 구실은 물론 그 이외에 무엇보다 각 시대와 각 집단마다 달라지는 기대시계(期待視界)[75]에서 이루어진 전통의 계승과 변용이라 할 수 있다. 한국 우언사에서의 장자란 존재가 역시 그렇다. 시기적으로 보면 한국 우언사가 삼국시대로부터 그 막을 올린 것은 비교적 늦은 편이다. 하지만 한국 우언문학의 시원으로 취급된 두 작품인 <龜兎之說>과<花王戒>에는 고스란히 드러난 우언의 전형적 구성원리와 양식특징[76]을 생각해 볼 때, 애초부터 높은 성숙한 수준에서 출발한 한국 우언문학은 전범으로서의 장자 우언과 근접할 가능성을 상당히 내포할 것으로 보인다. 더욱이 고려후기의 가전(假傳)을 거쳐 조선시대에 다양하게 산출된 몽유록(夢遊錄)과 천군(天君)소설에 이르기까지, 그간 흘러 왔던 한국 나름의 우언문학의 흐름에서 장자와 근원적으로 연계된 의인(擬人)의 수법과 꿈 모티브가 보다 뚜렷

75　이 용어는 한스 로베르트 야우스(Hans Robert Jauβ)가 사회학 비평에서 사용한 칼만하임(Karl Mannheim)의 '기대지평'이란 용어를 빌어 수용자가 지니고 있는 바램, 선입견, 이해 등 작품에 관계된 모든 전제를 총망라해 이야기하고 있다. (차봉희,『수용미학』, 문학과지성사, 1985년, pp.31-32.)
　위의 내용에 대해서 권석환 상계논문(p.23.)에서 참조.
76　이에 대해서 유종국의 「우언의 양식」,(『國語文學』제26집, 全北大學校 國語國文學會, 1986년, pp.10-18.), 참조.
과 윤주필의 「〈귀토지설〉과 〈화왕계〉의 대비적 고찰」(『고소설연구』제30집, 한국고소설학회, 2010년, pp.102-115.). 참조.

한 흔적을 남겨 놓았다. 게다가 한국 우언문학의 발전에 있어서 중요한 계기를 가져온 대표적 인물들의 우언 글쓰기에서도 장자적 풍모가 짙게 풍겨 나온 것이다. 그만큼 한국 우언문학 특히 조선시대에서 '만개기(滿開期)'에 접어든 우언 문학의 실상을 보다 깊이 있게 또 폭넓게 파악하기 위해서 장자수용에 대해 다룰 필요성이 시급하다고 본다.

1. 虛白堂 成俔의 『浮休子談論』과 莊子 寓言의 關聯 樣相

허백당 성현은 조선 전기 관각문학을 대표하는 문인이다. 그는 사림파와 다른 위치에 있으면서 건국이래 계승되는 관학파의 노선을 견지하고, 다양한 견해를 표방하였다. 특히 김종직(金宗直, 1431~1492)을 비롯한 신진사류가 등장하던 상황에서 임금을 정점으로 하는 상하관계의 질서를 확립하고 그것을 바탕으로 하는 유자의 바람직한 모습, 관료의 像을 모색 정립하는 데 진력한 인물이었다.[77]

관각문학의 주동인물답게 그가 남긴 저술 및 편찬서는 17종에 이를 만큼 많으므로 이를 통일적인 안목으로 파악하기는 쉽

---

77 윤승준, 「〈부휴자담론〉을 통해 본 성현의 군신론」, 『한국우언의 실상』, 월인, 2009년, p41, 인용.

지 않다. 그 가운데 그의 저술인 『부휴자담론』에 전례 없이 많은 우언작품을 싣고 있다. 한국문학사에서 「화왕계」이래 간헐적으로 제작되어 온 우언이 『부휴자담론』에 와서 대량으로 작품화되었다. 그리고 우언이라는 題名을 최초로 사용하고 있다는 점에서 이 책은 한국 우언사에서 중요한 위치를 차지하고 있다. 내용상 이 책은 「雅言」, 「寓言」, 「補言」 각 2권씩 총 6권으로 구성되어 있으며 3권과 4권에 해당하는 「우언」편에 37話의 우언이 수록되어 있다.

성현의 문학사상이나 시세계에 대해서는 그동안 많은 연구가 이루어졌다. 특히 조선왕조 전기의 여러 문물과 제도, 민속 관련 자료를 풍부하게 수속하고 있을 『慵齋叢話』 중심으로 출발한 그에 대한 연구는 그의 시론이나 문학사상에 대한 연구, 시세계와 필기문학에 대한 연구로 영역을 확장해 왔다. 『慵齋叢話』에 비해 『부휴자담론』에 대한 연구가 부진한 편이다. 그 이유는 작가인 성현이 관각문인으로서 당대에 실현된 도리를 재확인하고 이를 회복 유지하는 쪽으로 우의의 방향을 일관시키고 있어 교술적 의취가 지나치게 강조되고 있다는 점에서 『부휴자담론』에 대한 문학적 평가가 그다지 높지 않기 때문이기도 한다.[78]

---

78 윤주필, 「한문문명권의 우언론 비교연구」, 『동아시아 우언론과 한국의 우언문학』, 한국우언문학회, 집문당, 2004년, p.46, 참조.
  윤승준, 앞의 논문, p.42, 참조.

이종묵[79]은 『부휴자담론』의 「우언」편을 「아언」, 「보언」편과 비교함으로써 우언의 양식적 특질을 밝히려 하였다. 이를 통해서 그는 우언 양식을 '허구적인 서사단락과 작중인물의 입을 통해 주제가 표출되는 논설단락이 대등한 유형'으로 보았다. 그는 이 책을 두고 '성현의 분신인 부휴자를 작중인물로 내세워 자신의 정치적 철학적 견해를 개진한 책'이라고 하였다. 권석환[80]은 『부휴자담론』을 蘇軾의 『艾子雜說』, 劉基의 「郁離子」와 비교하여 이 세 우언집이 중세 우언의 전범을 만들었다는 점에서 상호 동질성을 유지하고 있다고 하였다. 주재우[81]는 우언이 설득 양식의 하나라는 점에 착안하여 『부휴자담론』의 「우언」편을 대상으로 우언이 지닌 표현양식상의 특징을 검토하였으며, 장진숙[82]은 『부휴자담론』에 나타난 성현의 정치적 지향과 우언의 화법 문제를 검토하여 연구의 방법론과 영역을 확장하였다. 최근 윤승준[83]은 『부휴자담론』전반에 나타난 君主와 臣僚에 대한 다양한 논의와 형상을 통해 성현이 추구하고자 했던 君臣論의 실체에 대하여 구

79 이종묵, 「'부휴자담론'과 우언의 양식적 특성」, 『고전문학연구』5, 한국고전문학연구회, 1990년.

80 권석환, 「한·중 우언의 동질성에 관한 연구 -「애자잡설」「욱리자」「부휴자담론」을 중심으로」, 『中語中文學』29, 한국중문중어학회, 2001년.

81 주재우, 「고전표현론의 관점에서 본 우언문학교육」, 『고전문학과 교육』제13집, 한국고전문학교육학회, 2007년.

82 장진숙, 「浮休子談論」에 나타난 成俔의 政治的 志向과 寓言의 화법」, 『어문연구』제35권, 한국어문교육학회, 2007년.

83 윤승준, 앞의 논문.

체적으로 고찰하였다.

그리하여 본고는 이러한 현실적 문제의식을 적절하게 고려하면서 우언문학연구 선도자의 힘을 빌어서 동아시아 우언의 본보기라고 일컫는 『莊子』와 평소 문학의 原流로서의 古學을 중시한 학자인 成俔[84]의 『부휴자담론』을 검토대상으로 고찰하기로 한다. 주지하듯 우언이라는 용어가 『莊子』<寓言>편에서 그 유래를 찾을 수 있고 莊周의 표현방식이 언급이 흔히 우언, 중언, 치언으로 되는 三言論으로 요약된다고 한다. 한편 공교롭게도 한국우언문학에 있어서 成俔의 『부휴자담론』에 포함되어 있는 우언작품은 題名을 우언으로 하는 첫 예가 되고 雅言, 補言, 寓言의 세부분으로 세목화한 것은 『莊子』의 三言論과 무관하지 않으리라 여겨진다. 이러한 일차적 차원만 해도 兩者에 대한 비교문학적 연구는 의미있는 작업이라 하지 않을 수 없다. 또한 두 작품을 함께 한데에 견주어 읽어내면서 인물형상, 주제표출, 창작소재의 활용 등 면에서도 그 영향과 창조적 수용양상은 선명하게 눈에 띈다. 그러므로 이와 같은 특성을 고찰함으로써 동아시아 우언문학의 一像을 살피며 아울러 우언문학 연구의 진폭을 넓히고자 하는 것은 바로 본고의 취지다.

------

84 이래종, 「부휴자담론 해체」, 『학술명저번역총서 동양편--부휴자담론』成俔 저/ 이래종 역주, 소명출판, 2004년, p.7.

1) 三言體의 文體形態

『莊子』의 <우언>편을 보면, "寓言을 열에 아홉으로 하고, 重言을 열에 일곱으로 하고, 卮言을 매일같이 내어 天倪로써 조화를 이룬다."[85]고 하여 이른바 우언, 중언, 치언으로 표현되는 담화 방식을 세우게 되었다.

우언에 대하여 莊子는 "열중 아홉을 차지하는 우언은 다른 것을 빌려서 논하는 것이다."("寓言十九, 籍外論之.")라고 하였다.[86] 구체적으로 풀어보면 다음과 같은 설명을 통해서 莊子가 왜 '우언'을 선호하는가에 대한 사정을 알게 될 것이다.

> 아버지가 제 자식의 중매인이 되지 않음은 아버지가 자식을 칭찬하는 일이 아버지 아닌 남이 칭찬함만 못하기 때문과 마찬가지이다. 우언을 쓰는 것은 내 잘못이 아니고, 이렇게 하지 않으면 믿지 않는 사람들 때문이다. 사람들은 자기 입장과 같으면 따르고 다르면 반대하며 자기 생각과 같으면 옳다고 다르면 잘못이라 한다.[87]

----

85 "寓言十九, 重言十七, 卮言日出, 和以天倪." 『莊子』雜篇「寓言」, 陳鼓應註譯, 『莊子今註今譯 下』, 中華書局, 1999년, p.727.

86 『莊子』에 나온 '우언'에 대한 설명에서 郭象은 "다른 사람에 기탁하여 말하면 열에 아홉을 믿게 할 수 있다"라고 한다.(《莊子注》, 郭象: "寄之他人則十言而九見信。") 그리고 成玄英도 "寓는 기탁하는 것이다. 세상사람들은 우매하고 제 마음대로 시기하므로 내가 진리를 듣고 말을 해도 의상한다. 다른 사람에 기탁하여 말하면 열에 아홉은 믿는다"라고 하였다.(《莊子注疏》成玄英: "寓, 寄也。世人愚迷, 妄爲猜忌, 聞道己說, 則起嫌疑, 寄之他人, 則十言而信九矣。")

87 "親父不爲其子媒。親父譽之, 不若非其父者也. 非吾罪也, 人之罪也. 與己同則應, 不與己同則反. 同於己爲是之, 異於己爲非之." 앞의 책, pp.727-728.

이처럼 莊子의 고백 속에서 사람들이 이치를 따지기 전에 인간관계를 먼저 고려해서 상대방의 믿음성을 가늠한다는 현실적 사정에 대한 공감의 목소리가 들릴 수 있다. 이에 대해 윤승준은 "우언이 필요한 이유는 화자의 말을 청자로 하여금 믿게 하기 위해서라는 것"[88]이라는 해석을 내렸으며 김영은 "莊子는 자기가 진실을 전달하기 위해 우언을 사용하게 된 것은 부득이한 것으로 직접적으로 말하는 것보다 다른 사물을 빌려 우의적으로 표현한 것이 훨씬 효과적이라고 믿기 때문이"[89]라는 견해를 피력하였다. 이렇게 보면 우언은 결국 복잡한 인간관계망으로 엮어진 사회 속에서 상대방을 설득시키기 위해서 동원된 담화방식의 하나로서 자신이 문면에 나서서 발언하지 않고 제삼자나 다른 사물 등에 기탁하여 우회적으로 말하는 방식이라고 하겠다. 물론 여기에서 나온 우언은 오늘 관점에서 규정하는 문학적 장르로서의 우언을 가리킨 것이 아니라 단지 우의의 전달을 전제로 莊子의 철학적 사상을 담고 있는 담화방식을 일컫는 용어일 뿐이다.

　　중언은 『莊子』에서 말한 것처럼 "열중 일곱을 차지하는 중언은 번다한 말을 그치게 하기 위함이니, 그것은 노인들의 말이 권위가 있기 때문이"[90]라고 한다. 현대적 의미에서 해석해 보면 중

88　윤승준, 『동물우언의 전통과 우화소설』, 月印, 1999년, p.35, 참조.
89　김영, 「〈莊子〉와 〈亡羊錄〉의 寓言文學的 聯關性-〈老婆의 五樂〉을 중심으로」, 『한국문학연구의 한단계』, 도서출판 역락, 2005년, p.260, 참조.
90　"重言十七, 所以已言也. 是為耆艾."『莊子』雜篇「寓言」, 陳鼓應註譯, 『莊子今註今譯 下』, 中國, 中華書局, 1999년, p.728.

언은 화자의 말을 비중 있게 전달하고 청자로 하여금 확고히 믿도록 만들기 위해서 연륜과 덕망을 갖춘 고인[91]의 입을 빌어 말하는 방식이다. 이로써 볼 때 기탁적 대상의 도입은 곧 『莊子』에서 나온 우언과 중언이라는 개념 성립에 필수적인 조건이다. 그러므로 그 대상의 범주에서 보면 소위 『莊子』에서 말한 "耆艾"는 "籍外論之" 중의 하나이기 때문에 중언은 우언에 속하는 하나의 하위개념인 것으로 여겨진다. 이와 같은 맥락에서 다시 "寓言十九, 重言十七"로 빚어지는 숫자문제를 생각하면 그 "十九"로 인해 남은 "十一"을 어떻게 "十七"로 변하는가를 개념從屬이라는 관계를 통해서 이해할 수 있다. 또한 언어적 효용성에 입각하여 우언과 중언의 상호관계를 고려하면 중언의 사용은 마침 『莊子』에서 "以重言爲眞"고 말한 것처럼 청자로 하여금 더 굳게 믿도록 하기 위해서 진실성의 색채를 칠하는 데에 목적을 두고 있으므로 "나와 창자간의 소통적 장애(우매, 시기, 의심 등)를 극복하려"는 차원에서 우언과의 보완적 상호관계를 맺게 된다. 하지만 우언보다 사실성이 더 있어야 한다는 중언이 진실에서 멀어지는 경우도 『莊子』에서 종종 보인다. 왜냐하면 莊子는 단지 古人의 이름만을 빌리기 때문에 이를 제거하면 자기 나름대로 가필해 넣은 허구적 이야기만 남아 있게 되기 때문이다. 이러한 허구와 사실이 혼합된 중언식 언술방식은 후대의 우언문학창작에 큰 영향을 끼친다.

---

91 "年先矣, 而無經緯本末, 以期來者, 是非先也." 앞의 책, p.728.

이어서 치언은 莊子가 "늘 사용하는 말인데, 이는 天倪로써 衆論을 한결같이 조화시키고 이에 따라 물이 번지고 나무뿌리가 뻗어 나아가듯 무궁히 변화하여 자연에 맡긴 채 소요하며 天壽를 다하기 위함이[92]"라는 것이다. 이렇게 보면 치언은 莊子가 당대에 번잡한 논쟁으로 인한 시비에 들볶이는 상식 세속을 초월하고 나아가 逍遙自在, 無爲自然의 경지에서 인생을 즐기고 싶은 마음을 밝히는 자연적 표출[93]이다. 그래서 "큰 도는 이름 붙일 수 없고, 큰 말씀은 말로 전달할 수가 없다[94]"는 진리에 눈을 뜬 莊子에게 있어서 치언은 언어라는 겉옷으로 입힌 것이 아니라 莊子의 사상 자체를 대변하는 음성이다. 결국 莊子가 자기의 사상을 표현하는 모든 언어는 치언으로 볼 수 있으며, 우언과 중언은 궁극적으로 치언에 귀속되는 담화방식이다[95]. 그러므로 莊子가 늘 사용하던 언어는 치언이었는데 그 중 우언은 9할을 차지하며 중언은 7할을 차지한다는 의미이다. 또한 『莊子』는 辯論體 哲理산문에 뿌리를 두고 있으므로 '莊語'로서의 치언은 기본적으로 교술적 의론문의 성격을 가지게 된다. 이렇게 해서 敎化를 목적으로 하는 치언으로 엮어지는 『莊子』에서 우언과 중언은 교술성을 높

---

92 "巵言日出, 和以天倪, 因以曼衍, 所以窮年." 앞의 책, p.728.

93 陳鼓應, 『老莊新論』, 五南圖書出版公司, 2006년, p.265.

94 "夫大道不稱, 大辯不言." 『莊子』內篇 「齊物論」, 陳鼓應註譯, 『莊子今註今譯 上』, 中國, 中華書局, 1999년, p. 7 4.

95 윤승민, 「우언의 서술방식과 소통적 의미」, 고려대 석사논문, 1996년, p.18.

이기 위한 하나의 언어적 방편으로 치언의 보충적 역할을 수행한다고 하겠다.

따라서 莊子가 三言體 형태를 구축하는 근원적 동기는 그것들이 서로 보완하는 상호 관계를 통해서 자기의 언어적 표현과 현실의 인간관계와의 충돌을 잘 해결하기 위한 노력의 소산이 아닌가 생각된다.

『莊子』의 三言體가 나온 2000여년 이후, 조선전기에 살았던 成俔은 그의 잡문집인『부휴자담론』에서『莊子』의 그것과 恰似한 三言體 즉 아언, 우언, 보언으로 구성되는 문체형태를 취해서 자기의 정치적 철학적 견해를 피력하였다.

『부휴자담론』에 나온 우언은 주로 논리적 문답 방식으로 이루어진다.『莊子』에 나온 우언에 비하면 비록 그 협의의 범주에 속하지만 그 중 허구적 인물의 등장, 問答적인 대화방식의 활용, 서사적 이야기의 꾸밈, 또한 윤리적 견해에 대한 우의적 표출 등 우언으로써의 전형적 성격은『부휴자담론』에서 적극적으로 재현되므로 한국우언문학사 속에서 논리적 담론방식을 통해 우의를 드러내는 우언의 전범으로 자리매김하고 있다. 특히 조선전기의 현실 문제를 다루면서도 중국의 춘추전국을 배경으로 한 이야기를 자아내며, 작중인물을『좌전』이나『사기』등 중국 고전에 나온 옛 인물, 혹은 의식적 창작에 의해 탄생한 허구적 인물로 설정하는 우언적 글쓰기는『부휴자담론』의 <우언>편의 한 특징이라고 한다.

『부휴자담론』의 우언에 비하면, 여기에 나온 아언이라는 용어의 淵源은『논어』의 <述而>편으로 거슬러 올라간다[96].『논어』
의 編者는 공자가 평소에 하던 말씀을 기술할 때 대개 그 서두에
'子曰'이라는 어구를 사용했던 것처럼 40개의 글로 구성되는 아
언 중에 '浮休子曰'이라는 서두로 시작하여 정치 사회적 문제를
자기의 변신인 부휴자[97]를 통해서 직설적으로 진술하는 양식으로
된 이야기는 29개가 있는가 하면 다른 나머지 11개는 다른 사람
의 질문을 받고 부휴자가 그에 대해 답변하는 양식으로 전개되어
있다. 이처럼 자기의 변신인 부휴자를 大智者의 이미지로 내세워
발언하는 형식을 취하다 보니 아언은 우언과 달리 기탁적 대상이
아닌 자기 자신을 등장시켜 자기의 주관적 견해를 설파한 직설적
인 논변문의 어법에 가까운 성향을 지니고 있다[98]. 하지만 자기의
논설의 설득력을 얻기 위해서 다양한 역사 고전이나 속담 등을 끌

---

96   "子所雅言, 詩, 書, 執禮, 皆雅言也",「述而」,『論語』,(楊伯峻 譯註,
『論語譯註』, 中華書局, 1980年, p71.)

97   자신의 변신인 부휴자에 대하여 成俔은「부휴자전」이라는 인물 전기를 지
었다.「부휴자전」은 부휴자라는 다른 사람에 대해 적은 글이면서 成俔 자신
의 인생관을 밝힌 것이기도 한다. 또한 자기의 호를 스스로 부휴자로 지으면서
"태어나서 세상에 몸을 붙여 산다는 것은 물에 떠다니는 것과 같고 죽어서 세상
을 떠나는 것은 쉬는 것과 같으니 떠다니는 것이 또한 무엇이 영광이겠으며, 쉬
는 것이 또 무엇이 슬픈 것이겠는가?"라고 하였다.
   이종묵,「成俔과 〈부휴자담론〉」, 成俔 저, 이종묵 옮김『부휴자담론』,홍익
출판사, 2002년,

98   아언 부문에서 논자가 인용한 두 논편(蓄財論과 入養無報論)은 우언 양
식이라 볼 수 있으나 아언의 대부분은 주로 부휴자를 화자로 내세워 君道, 重
名器, 治民, 用人 등의 문제를 직설적으로 논하여, 서술방식에서 이야기구조
를 활용하고 있지 않다.
   沈慶昊,「〈부휴자담론〉과 우언의 양식적 특성」에 대한 질의문, 참고.

어들여 담론이면서도 지루해지지 않도록 하는 배려는 일반적 논변문과 구별되는 점이다.

아언과 달리 논설자가 안 나오는 보언은 『左傳』, 『史記』같은 한문고전의 선행 텍스트에 기록되는 역사적 史實을 배경으로 하여 당대 현실을 권계할 의도에서 역사 무대에 등장한 인물들의 대화를 통해서 이야기를 전개하였다. 그 가운데 상당 분량의 이야기를 작자는 역사적 현실과의 개연성을 갖고 있는 창의적 상상력에 근거하여 가필해 넣었다. 이와 같은 眞假史實 서로 어울러 섞이는 가필로 成俔은 기존의 역사적 인물이나 새롭게 등장시키는 인물의 입을 빌어서 사회전반에 걸친 문제들을 우회적으로 밝히는 한편 또한 독자들로 하여금 역사적 교훈을 받게 하는 동시에 상상력으로 펼쳐진 이야기의 生動感과 新鮮感을 어느 정도로 살리기도 한다. 따라서 직설적인 비판보다 우회적인 비판을 위해 역사에 가필하여 담론을 개진하는 보언이 우회적 표현방식에 있어서 우언의 외연을 확장한다고 하겠다.

이렇게 해서 우언과 보언이 아언과의 구별이 나게 된다는 점을 보면 당대의 현실적 사회문제를 어떤 글쓰기의 양식을 취해 지적하는 것은 작자가 먼저 고려해야만 하는 문제이다. 成俔이 살았던 시대로 돌아가 보면 바로 세조찬탈 이후 오히려 정치적으로는 불안정한 분위기에 놓여 있었던 시기였다. 이러한 사회질서가 문란해졌던 상황 속에서 成俔은 현실문제에 대한 직설적인 언술로 말미암아 생길지 모를 화를 여념에 두지 않을 수밖에 없었을

것이다. 특히 연산군 10년 成俔의 死後에는 평소 바른 말이 많았
다는 이유로 부관참시 당했다는 사실은 당대의 끔찍한 사회 분위
기를 입증할 수 있다[99]. 따라서 우언과 보언이라는 이야기 방식을
동원하여 자기의 정치적 철학적 견해를 피력한 것은 그가 당대의
현실적 상황을 대응하기 위한 하나의 전략이 아닌가 싶다. 내용과
주제 면에서 우언과 보언에서는 정치적인 문제나 사회적인 병리
에 대한 비판이나 풍자를 핵심으로 드러내는 데에 비하면, 직설적
인 논변 성격을 지닌 아언에서는 당위적인 주제를 말하는 것이 대
부분이다.

『莊子』三言體의 혼용[100]보다 『부휴자담론』에 나온 三言體
는 표현방식과 내용 면에서 분명한 구별이 있다. 그러나 이런 구
별은 三言을 제각기의 역할을 따로 수행하게 하는 요소가 아니라
오히려 서로 보완하기 위해 그것들을 한데 뭉치게 하는 원동력이
된다.

이제까지 두 작품에 나온 三言體의 원론적 개념과 그것들 사
이에 형성되는 보완적 상호관계를 살펴보았다. 이상에서 분석
한 바에 의하면 『부휴자담론』에서 아언, 우언, 보언의 세 부분으
로 세목화한 것은 『莊子』의 三言體과 무관하지 않으리라 여겨
진다. 『莊子』의 치언과 『부휴자담론』의 아언은 논변문과의 상관

---

99 沈慶昊, 앞의 논문, 참고.

100 張黙生은 "우언과 중언은 모두 치언 속에 포함되어 있으므로 삼위일체
다"라고 주장했다. 張黙生의 견해는 권석환 『선진우언연구』 박사논문 참고.

성에서 같은 성격을 지니고 있고, 중언과 보언은 역사에 가필하여 역사적 인물의 담론을 개진한다는 점에서 같은 목소리를 내므로 우의를 기탁하기 위한 간접적, 우회적 이야기 방식이라는 점에서 우언의 외연범주에 속한다고 하겠다. 우언의 서술방식에서 보면『부휴자담론』우언의 두드러진 특징은 논리적 문답의 방식으로 이루어진다는 점이다. 따라서 허구적 인물을 등장시켜 문답방식을 통해 우의를 전달한다는 협의의 우언範疇에서『부휴자담론』우언은『莊子』의 것에 속한다. 이외에 시대적 상황과 언어적 표현에 입각하여 이루어진 三言體의 보완적 상호 관계에서 成俔은『莊子』에서 창작적 슬기와 계발을 받아서 조선전기라는 역사적 문맥에서 새롭게 변용된 三言體를 구사한 것으로 볼 수 있다.

2)人物形象과 主題表出 樣相

다른 선진 우언에 나온 "宋人", "富人", "齊人" 등 인물들보다『莊子』에 등장한 인물형상에 관한 設定은『莊子』우언의 특징이자 인물형상화에 있어서 큰 진보라고 할 수 있겠다. 중국학자인 蔣振華의 연구[101]에 의하면『莊子』에 나온 人物寓言[102] 중

---

101 蔣振華,「關於《莊子》寓言定分種種」, 湖南敎育學院學報(1999.2.20) 第１７卷, 第１期.

102 인물우언과 동물우언으로 분류될 수 있는『莊子』의 우언에 비하면『부휴자담론』에 나온 우언은 두루 인물우언에 속한다. 따라서 인물 형상에 대한 비교고찰에 있어서 본고는 논의의 편의상 단만『莊子』의 인물우언을 비교대상으로 하기로 한다.

역사적 인물 236명, 전설적인 인물 69명, 허구적 인물 103명, 합계 408명으로 방대한 人物群像이 형성된다고 한다. 그 중에 춘추전국시대의 學者, 賢人와 帝王諸侯로 구성되는 역사적 인물, 그리고 신화와 전설에서 나온 神人이나 奇人으로 등장하는 전설적 인물 이외에도 지명이나 관직으로 명명하는 '南郭子綦', '大宰蕩', 직업으로 이름 지은 '庖丁', '輪扁', 또한 성격이나 형체 외모로 형상화하는 '王駘', '叔山無趾' 등을 비롯한 허구적 인물의 출현은 『莊子』우언에 예술적 감화력을 부여한다. 따라서 작자의 의식적 창작에 의해 탄생한 추상적 인물 개념은 이러한 인물 형상의 設定을 통해서 형상적 예술효과와 함께 산출된다.

이와 같이 『부휴자담론』의 인물 형상 設定도 『莊子』에서의 수법을 활용하여 풍부하게 이루어진 것으로 볼 수 있다. 이 작품에 나온 「우언」편은 두 권으로 나누어 총 37회로 구성되어 있다. 그 중에 등장한 인물들은 다양하지만 기본적으로 중국의 선진 산문에서 나타난 인물형상을 참고로 역사적 인물과 허구적 인물, 그리고 자기의 변신인 부휴자 형상[103] 세 가지의 유형으로 구분될 수

----

103 『부휴자담론』에서 부휴자라는 인물이 자주 등장하지만 항상 동일한 성격을 가지지도 않는다. 「우언」편에서 부휴자라는 인물이 등장한 우언은 4편이 있다. 주인공으로 등장하는 우언으로, 「부휴자와 의원」을 들 수 있다. 남의 물음에 답하는 방관자이자 평론자로 나온 예로 「완과 부휴자」와 「주대부와 동문수」가 있다. 또한 「동문류와 그의 처첩」에서는 부휴자는 단순한 평론자의 자격으로 나타난다. 『莊子』에서는 莊子라는 인물로 많이 등장한다. 하지만 내편에서 莊子가 주인공으로 등장한 우언은 「惠子謂莊子」와 「莊周夢蝶」두편밖에 없다. 외편과 잡편이 莊子가 아닌 후학자들이 지은 거라서 자기 자신의 변신이

있다. 時空적 배경이 중국의 춘추전국시대에 한정된 전제 아래에서 역사적 인물은 그 당대에 살았던 실존 인물로 등장하는가 하면, 또 한편에서 허구적 인물은 작자의 상상력에 의해서 제각기의 성격, 형체, 직업, 성씨 및 거주지 등과 상관되는 특징으로 명명하여 형상화된다. 인물형상의 설정을 잘 파악하기 위해서 본고는 『부휴자담론』의 「우언」편에 나온 인물을 대략 정리해 보면 다음과 같다.

아니라 역사적 인물로 차용되는 것으로 보아야 한다. 또한 莊子라는 인물은 주로 작중인물로 나오고 논설자의 인분으로 나올 경우가 있지만 이럴 때는 담화가 아닐 뿐 아니라 "故事性"도 없어서 우언이라고 여겨지지 않는다. 따라서 본고는 이번의 試論에서 부휴자 인물을 고찰대상에 넣지 않는다. 같은 인물이라도 나오는 인분이나 자격이 다름으로써 전달하는 우의가 다르다는 점에서 보면 『부휴자담론』의 부휴자 형상과 『莊子』의 孔子 형상은 일치한 점을 지니고 있다. 하지만 이러한 수법이 『莊子』의 영향이라기보다는 蘇軾의 『애자잡설』과 劉基의 『욱리자』의 영향을 받았다는 것은 더 확실한다고 한다. 이에 대해서 앞으로의 과제로 지속적인 관심을 가질 것이다.
　권석환, 『한중우언의 동질성 관한 연구 --「애자잡설」, 「욱리자」, 「부휴자담론」을 중심으로』 참고.

『부휴자담론』의 〈우언〉편에 나온 인물들

역사적 인물	제왕, 제후	齊宣王, 楚莊王, 衛靈公, 燕昭王, 晉平公, 魏文侯, 武靈王, 魏昭王, 中山王, 孟嘗君
	신하	淳于髡, 孫叔敖, 籧伯玉, 劇辛, 師曠, 田子方, 趙成, 公子革, 魏成子
허구적 인물	지명	華陰선생, 華陽子, 東皐子, 莎丘丈人, 東丘선생, 東門柳, 東郭선생, 江上老人
	형체	東門수, 앉은뱅이
	직업 신분	어부, 鹿皮翁(은자), 제자, 군졸, 醫員, 侯선생, 무사, 손님, 동료, 선비, 처첩, 優人, 어떤 노인
	성씨	朱氏, 猗氏, 卜氏, 田生
	성격, 재능	樗散生, 白珪, 緩, 葛公, 玄成子
	관직	朱大夫, 史馬期, 大夫成, 어떤 대부, 匡平子, 鄭大夫, 上官大夫, 宋大夫
	기타	子封, 子柳, 周舍
自我 인물	부휴자	

　　먼저 역사적 인물이 등장한 우언을 보면 中山王과 公子革의 부자 겸 군신의 雙重관계를 드러내는 작품을 제외하고는 다른 나머지 7편[104]은 두루 단순한 임금과 신하 사이에 이루어지는 내용이다. 중세에 이루어진 봉건적 사회의 인간관계에서 군신관계가 으뜸자리를 차지하는 사실은 잘 알려진 바 있다. 특히 통치계급 내부의 黨派之爭으로 빚어지는 혼란 상태 속에서 治國의 바른 길을 향한 군신간의 의사소통은 더욱 시급하다. 앞에서 이미 언급했지만 成俔이 살았던 조선전기는 바로 훈구파와 사림파의 충돌

----

104 「楚莊王과 孫叔敖」, 「衛靈公과 籧伯玉」, 「武靈王과 趙成」, 「齊宣王과 淳于」, 「燕昭王과 劇辛」, 「晉平公과 師曠」, 「魏文侯와 田子方」

로 인한 정치적 위기 속에 놓여 있었다. 따라서 지배 관료층을 대변하는 成俔은 정치적 혼란으로 문란해진 사회질서를 바로잡기 위해 중국의 춘추전국시대에 살았던 임금과 신하를 모델로 해서 그들 사이에 벌어지는 군신문답의 장면을 연출함으로써 임금의 통치술과 신하의 바른 도리에 대해서 설파하려는 간절한 마음을 피력하였다.

【자료 1】「魏文侯와 田子方」
위나라 임금 문후가 전자방에게 물었다.
"옛사람이 이르기를. '임금이 어진 이를 구할 때에는 힘이 들지만 어진 이를 등용한 뒤에는 일신이 편안하다'고 하였습니다. 그것이 무슨 말씀입니까?"
전자방이 대답하였다.
"요가 순을 등용할 때 그는 홀아비로 살고 있었으며, 순이 우를 등용할 때 그는 물을 다스리고 있었습니다. 당이 이윤을 등용할 때 그는 농사를 짓고 있었으며, 고종이 부열을 등용할 때 그는 성을 쌓고 있었습니다. 그리고 문왕이 태공망을 등용할 때 그는 낚시질을 하고 있었으며 제환공이 관중을 등용할 때 그는 옥에 갇혀 있었으며, 진목공이 백리해를 등용할 때 그는 장사를 하고 있었습니다. 저 임금들은 현인을 찾아내기 위해 하루 이틀 애를 썼던 것이 아니며, 현인을 방문하기 위해 한두 시간을 고생했던 것이 아닙니다. 기필코 어진 인재를 얻어 그와 함께 정사를 의논하려고 많은 힘을 기울였던 것입니다. 그것이 이른바 '힘이 든다'는 말의 뜻입니다.
저 임금들은 자신이 부른 인물이 진실로 어진 사람이었을 경우, 빈천하다 하여 소홀하게 대하지 않았으며, 관리로 임용한 다음에는 의심을 하지 않았으며, 정사를 맡긴 다음에는 의혹에 찬 눈초리로 바라보지 않았습니다. 그러므로 윗사람은 마음을 놓았고 아랫사람은 편안하게 따랐습니다. 사방의 백성들이 생각하는 대로 다스려졌으므로 임금은 머리에 端冕을 쓴 채 전혀 금심할 것이 없었습니다. 그것이 이른바 '일신이 편안하다'는 말의 뜻입니다……(중략)……".

문후는 마침내 위성자를 재상에 임명한 뒤 그에게 정사를 맡겼다[105].

以上은 魏文侯의 물음에 대답하는 田子方의 諫言을 통해서 인재등용에 관한 방법을 밝히는 우언이다. 이것은 魏文侯가 田子方의 올바른 用人之道를 받아들이고 마침내 賢人인 魏成子에게 政事를 맡기게 된 것으로 결말을 짓기 때문에 智者인 田子방의 諫言이 관철된 것으로 볼 수 있다. 여기서 작자의 의론은 田子方이라는 역사적 인물이 대신하므로 신하의 입장에서 諫言을 토로하는 작자의 존재는 노출될 염려가 없다. 당시의 임금을 우회적으로 권계할 의도에서 成俔이 우언적 글쓰기를 택한 것으로 엿볼 수 있다. 물론 이와 같은 간언의 효용성과 반대로 신하의 諫言을 거절하고 망국의 재난을 초래한다는 우언도 나오기도 한다. 하지만 신하의 諫言을 받아들이거나 거절하거나 간에 우리는 이와 같은 군신관계를 통해서 작자가 임금에게 用人之道가 治國의 成敗를 좌우한다는 보편적 진리를 우회적으로 전달하는 의지를 읽어낼 수는 동시에 또한 겸손한 태도를 가지고 신하와의 관계를 개척하면서 政事를 꾸준히 물어봐야 하는 임금의 자세를 암시하는 조짐을 감지하기도 한다. 成俔이 官界에서 벼슬을 맡은 시

....
105   成俔 저, 이래종 역주,『부휴자담론』, 소명출판, 2004년. pp.180-182.

기는 주로 成宗(1457-1494)때였다. 조선 초기는 '君의 지시를 따르는 것이 신하의 도리'라는 이념으로 통치의 專制성향을 보이는 경우가 많았다. 그러나 이러한 성향은 成宗代에 이르러 '君命이라도 무조건 좇을 수 없다는 것이 신하들의 보편적 인식으로 나타나 事君形態의 변화를 보였다[106]. 또한 성종은 훈구파 학자들과 대립 관계에 있는 사림파를 과감하게 발탁하는 데에도 힘을 기울였다. 이러한 정치적 변화로 인한 물결 속에서 훈구파로써의 成俔이 理想的 군신관계를 조명한다는 우언을 현실적 대안으로 제시함으로써 임금으로 하여금 君臣之道와 人才登用에 대한 자아성찰을 인식하게끔 만드는데 목적을 두고 있는 것으로 이해할 수 있다. 특히 「아언」편에서 제출된 신하의 종류를 통해서 우리는 成俔의 군신관계에 대한 이해와 인식을 알 수 있다.

"무릇 신하 노릇을 하는 자는 다섯 부류로 나눌 수 있다. 먼 곳에서 바라보면 엄숙하고 가까운 곳에서 만나면 따뜻하며, 의표를 조정에 드러낸 채 무위의 교화를 이루는 자를 사신(師臣)이라 한다. 지혜가 솟아나는 샘물과 같고 권모는 퍼붓는 소나기 같으며 기이한 계책을 내어 변화하는 상황에 맞게 대응하면서 좌우에서 임금을 보좌하는 자를 우신(友臣)이라 한다[107]. ……"

이와 함께 「우언」편에서 등장한 역사적 군신 인물 형상도 成

106 李禧柱, 「조선초기 군신도덕에 관한 연구-- 『조선왕조실록』의 관련 기록을 중심으로」, 박사논문, 이화여대, 1999년. 참조.
107 成俔 저, 이래종 역주, 『부휴자담론』, 소명출판, 2004년. pp.52-53.

倪이 자신의 군신관계에 대한 이상적 구상을 호소하는 意圖를 입증할 수 있다. 왜냐하면 역사의 기록을 보면 위에서 예로 든 魏文侯와 田子方은 단순히 보통적인 군신관계에 머무르는 것이 아니라고 하기 때문이다.『資治通鑑』에서는 "魏文侯가 卜子夏, 田子方을 스승으로 삼으며 段干木의 집을 지나갈 때마다 馬車에서 손잡이를 잡고 머리를 숙여 경례를 한다[108]"라고 기록된다. 이것을 통해서 그들 사이에 얽히는 師·友型 군신관계[109]를 알 수 있다. 이외에도「우언」편에 나온 楚莊王과 孫叔敖, 晉平公과 師曠 등 같은 다른 군신 인물 형상도 임금과 신하의 師·友型 군신관계를 잘 반영하는 대표적 예라고 한다.[110] 이처럼『莊子』에는 이러한 君臣인물 형상을 세워 그들 사이에 주고받는 대화를 서술하는 우언도 30개에 가까울 정도로 큰 비중을 차지하고 있다. 그 가운데 師·友型 군신관계가 반영되는 우언이 적지 않다고 볼 수 있다[111]. 대표적 예로『莊子』의「德充符」에 실리는 <魯哀公問哀

---

108 "魏文侯以卜子夏' 田子方為師。每過段干木之盧比式." 司馬光 著『資治通鑑』卷第一, 中華書局出版, 1995년, p.17.

109 "古人知朋友所係之重, 故特加師字與友之上, 以見所友無不可師者. 若不可師, 即不可友. 大概言之, 總不過友之一字而已, 故言友則師在其中矣", 李贄「真師二首」,『焚書』권2. (김혜경 옮김,『분서』I , 한길사, 2004년, p.509.)

110 『呂氏春秋』에는 楚莊王이 孫叔敖를 스승으로 삼다(楚莊王師孫叔敖)는 기록이 있다. 晉平公과 師曠의 師·友型군신 관계에 대해서『한비자』의「晉平公釋師曠」과『說苑』의「晉平公問于師曠」을 통해서 알아볼 수 있다.

111 于雪棠 (北京師範大學교 中文系 敎授)「《莊子》寓言故事中師友型君臣關係模式」, 東北師大學報(哲學社會科 學版), 1 9 9 6年 第 6 期

駘它于孔子>를 들 수 있다. 이 글에서 魯哀公은 애타타라는 醜
男의 所謂 "덕을 마음 속에 지니며 몸 밖으로 퍼뜨리지 않는다(內
保之而外不蕩)[112]"의 기품에 대한 공자의 해석을 듣고 나서 "나와 孔
丘의 사이는 임금과 신하가 아니고 덕으로 사귀는 벗일 뿐이오
[113]"라고 하면서 감탄을 금치 못하였다. 여기서 나온 德友란 바로
추상적 師友型 군신관계를 형상화하는 현실적 표현이라고 하겠
다. 따라서 군신인물 형상의 설정을 통해서 이와 같은 새로운 군
신관계를 구사하는 점에서 『부휴자담론』에 보이는 『莊子』의 영향
과 공통된 요소를 볼 수 있다. 하지만 이러한 공통점에도 불구하고
그 관계 구사의 시사점과 강조점이 다르다는 점은 더욱 주목되어
야 한다. 이를 잘 파악하기 위해서 우선 『莊子』의 「田子方」편에
나온 「魏文侯와 田子方」 우언이야기를 살펴볼 필요가 있다.

【자료 2】「魏文侯와 田子方」
전자방이 위나라의 문후를 모시고 앉아 거듭 계공의 칭찬했다. 그러자 문후
가 물었다. "계공은 당신의 스승이오?" 전자방이 대답했다. "아닙니다. 제
고향 사람입니다. 도를 말하면 곧잘 이치에 맞으므로 저는 그를 칭찬하는 겁
니다". 문후가 물었다. "그러면 당신에게는 스승이 없소?" 전자방이 대답했

(이 논문에서 論者는 춘추전국시대의 尊師風潮에 입각하여 莊子에 나타난
師友型君臣關係模式에 대해서 協調型과 衝突부터 融合까지의 轉換型 두
가지 형태로 분류하여 논술하였다.)

112 『莊子』內篇「德充符」, 陳鼓應註譯, 『莊子今註今譯 上』, 中華書局,
1999年, p.144.

113 "吾與孔丘, 非君臣也, 德友而已矣." 앞의 책, p.157.

다. "있습니다." 문후가 "당신의 스승은 누구요?" 하고 물었다. 전자방이 대답했다. "동곽순자입니다." 문후가 물었다. "그럼 당신은 어째서 한 번도 그를 칭찬하지 않소?" 전자방이 대답했다. "그 분의 사람됨은 참되며 사람의 모습을 지녔으나 하늘의 마음을 지녔고 만물에 순응하면서도 천진함을 간직하며 청렴하면서도 널리 만물을 포용합니다. 남이 무도한 짓을 해도 말로 나무라지 않고 다만 스스로의 모습을 올바르게 하는 것으로써 저절로 그를 깨닫게 하고 그의 사악한 마음을 없어지게 해줍니다. 저 같은 것이 어찌 이런 분을 칭찬할 수 있겠습니까? 전자방이 나간 뒤 문후는 멍하니 온종일 말이 없다가 이윽고 앞에 서 있는 신하를 불러 말했다. "순자와 같은 덕이 온전한 군자는 그 덕이 깊고 멀어서 도저히 헤아릴 수가 없다. 처음 나는 성인이나 지자의 말과 인의의 행동을 지극한 것이라 생각했지만 이제 전자방의 스승 이야기를 듣고 보니 내 모양은 멍청해져서 움직이고 싶지도 않고 입은 다물어진 채 말하고 싶지도 않으며 "내가 지금껏 배워온 것도 다만 흙사람처럼 공허한 것에 지나지 않는다. 대저 내가 다스리는 위나라란 게는 참된 본성을 해치는 장애가 될 뿐이다.[114]"

이처럼 魏文侯가 田子方의 스승 이야기 속에서 가르침을 받고 도를 깨달았다는 우언 이야기를 통해서 우리는 그들 사이에 깔려 있는 師友型 군신관계를 한걸음 더 확인할 수 있다. 하지만 이를 『부휴자담론』의 「魏文侯와 田子方」과 함께 한데 묶어 비교할 때 같은 인물 형상의 설정과 같은 군신권계의 구사를 보여주면서도 그 것들을 통해 표출하려는 意圖에서의 차별성은 명확히 부각된다. 『莊子』에서 田子方의 意圖는 당시의 仁義라는 도덕관

념을 비판하고, 임금으로 하여금 소위 賢人智者의 언론을 잊도록 만드는 데에 초점을 두고 있다면 『부휴자담론』은 조선전기의 혼란한 정치상황에 비추어 임금에게 仁義라는 이념으로 인재와 나라를 다스려야 한다는 권계를 되새기게 하고 있다. 이와 같은 차별성을 드러내는 '코드'를 해독하자면 작품에 투영된 창작자의 사상적 기반에서 그 답을 찾을 수 있다. 莊子의 눈에는 군신간의 師·友型 관계가 세속에서 벗어나 逍遙自由를 추구하는 道家 사상의 理想적 표현이라고 할 것이다. 그러나 成俔의 師·友型 군신관계에는 經世濟民의 실현을 위한 실천적 탐색과 노력이 가시화되고 있다.

以上에서 언급한 군신 인물을 중심으로 다루는 역사적 인물형상에 비하면 『부휴자담론』의 「우언」편에 등장한 허구적 인물형상은 『莊子』의 등장인물에 대한 設定수법을 활용하여 다양하게 창작된다고 할 수 있겠다. 『부휴자담론』은 교술적 논변문의 성향을 강하게 지니므로 사리를 분석하고 시비를 변별할 때 메마른 설교로 쉽게 될 위험성이 없지 않을 것이다. 따라서 이러한 문제를 해결하는 意圖 하에서 작자가 다양한 허구적 인물 형상을 동원하여 그들의 특징에 따라 인물을 명명·분류함으로써 작품의 사상성과 예술성이 인물 형상 가운데 담겨져 있다는 수법이 하나의 전략으로 쓰이는 것이 아닌가 생각된다.

『莊子』에 등장한 허구적 인물 형상 중에 당시 사회 하층에서 생활한 노동자와 醜陋외형을 지닌 畸形人은 가장 주목을 받는 인물이라고 할 수 있다. 요컨대, 「養生主」에서 소를 잘 잡는 庖丁, 「徐無鬼」에서 도끼를 잘 쓰는 匠石, 그리고 「德充符」에서 추한 몰골을 지녔음에도 불구하고 내적으로는 도덕적인 충실함으로 정신상의 아름다움이 드러나는 右師, 支離疏와 같은 畸形人 등이 있다. 당시 周代禮樂制度를 반영하는 정통적 가치관과 윤리사상 하에서 출신貧賤과 외형적 缺陷 등 같은 외재적인 요소는 개체인격의 존재와 생명의 의의에 대한 肯定여부를 가늠하는 관건이다. 따라서 현실적 생활맥락에서 보면 『莊子』에 나온 노동자와 畸形人들은 원래 천대를 받아야 했던 '소수자집단[115]'으로써의 존재였다. 하지만 莊子는 고정된 정통적 세속관념에 얽매이는 현실에 대항하는 입장에 서서 그들을 기술적 분야나 정신적 추구에서 최고의 경지에 이른 得道과정을 구체적으로 형상화시켜 추상적 道의 세계과 그들의 智人 이미지를 보여주는 데에 성공하고 있다. 따라서 문학적 예술성이 사상성과의 조화를 이루는 점에서 당시 하층에 있는 群衆形象에 시선을 던지기 드문 다른 선진 우언보다 『莊子』의 우언은 진보적 의미를 지닌다고 아니할 수 없다. 이렇게 확립된 허구적 인물 형상의 전통은 후대 학자들에 의해 꾸준히 제작된다.

이와 같은 영향은 『부휴자담론』에 나온 허구적 인물 형상의

---

115 그 시대의 사회·문화적 구도 속에서 主流 집단의 지배적 문화로부터 배제되거나 차별받는 집단이다. 김홍규, 「소수집단 문학과 한국문학사 전망」, 『고전문학연구』 第29집, 2006년, 참고.

設定에 있어서 잘 반영된다. 위의 圖表에서 보여준 것처럼 위로는 帝王諸侯부터 아래로는 평민백성에 이르기까지 成俔의 필치는 광범하게 펼치고 있다. 그 가운데 어부, 군졸, 優人 등 하층군중과 동문수, 앉은뱅이 등 같은 장애인에 대한 주목은 사대부로써의 成俔문학의 한 특징이라고 할 수 있다. 『莊子』에서 나온 것처럼 평범한 하층민 내지 畸形人의 모습에서 반사된 智人의 이미지는 成俔의 붓끝에서도 되살아난다. 예를 들면 「공동자와 어부」에 나온 '고기를 잡는 늙은이'는 음악에 대한 깊은 조예를 바탕으로 하여 "음양이 서로 교차하여 四時의 질서가 문란해지지 않는 이치"를 전달하며, 「田生과 앉은뱅이」에 등장한 '守門躄者'는 "꽃은 봄에 피지만 국화는 가을에 핀다"는 자연 時運으로 "어떤 사람이 知遇를 받거나 받지 못하는 것은 시운의 소치(所致)일 뿐"이라는 이치를 말해준다. 이렇게 함으로써 莊子와 成俔이 모두 하층민과 장애인과 같은 소수자에 관심을 둔 것은 그들이 지닌 智人의 이미지를 형상화함으로써, 당시 하층민과 장애인에 대한 사회적 소외와 신분적 차별의식을 전복시키려는 의도가 아닌가 생각된다. 하층계급의 궁핍한 생활을 체험한 莊子에 비하면 成俔은 관료층의 문인이면서도 비편적 안목을 잃지 않아서 사회의 모순과 하층계급의 생활을 여념에 두고 있었던 인물이[116]기 때문이

---

116 成俔의 사회시에는 농촌의 소박한 생활정조와 어울려 농민의 통곡을 묘사한 작품이 남겼다. 김태안, 「成俔의 문학관 소고」 안동대학 논문집 vol.10 .1988년. 참고.

다. 따라서 成俔이 '經世濟民'의 현실의식을 지닌 사대부의 입장에서 하층계급을 전면적으로 내세우는 것은 불합리한 世態를 풍자하고 이에 대한 반성적 성찰을 자극하는 데에 목적을 두고 있는 것으로 보인다.

이와 같은 공통점을 확인함과 함께 문예에 반영된 철학적 논리가 다름으로써 두 작품에서 펼쳐 보이는 등장인물의 지극한 경지를 통해서 표출하는 주제면에서의 차별성도 주목할 필요가 있다. 『莊子』의 「養生主」에 나온 우언 <庖丁解牛>에서 포정이 소를 잡는 놀라운 재능과 그러한 경지에 이르기까지의 과정을 세밀하게 서술함으로써 養生을 얻기까지의 수련과 얻은 후에 드러난 경지를 비유적으로 묘사하고 있다. 여기서 莊子는 포정의 입을 빌어서 "제가 반기는 것이 도이다(臣之所好者道)[117]"라고 하면서, 남에게 누구나 자연의 이치를 따라 본래대로 행동하면 神技에 이를 수 있다는 도가의 진리를 선포한다. 한편, 成俔은 『莊子』에 나온 庖丁을 빌려왔지만 그 인물에 투영된 주제는 『莊子』의 것과 다른 맛을 살리고 있다. 「아언」편에 나온 <인재등용>이라는 대목에서는 "소를 잡는 것은 기술 중에서도 천한 기술이다. 그렇지만 庖丁이 아니면 칼질이 서툴러 제대로 소를 잡을 수 없다[118]"라고 지적하면서 "사람에 따라 그 재능에 능한 부분이 있고 능하

---

117 『莊子』內篇 「養生主」, 陳鼓應註譯, 『莊子今註今譯 上』, 中華書局, 1999年, p.96.

118 成俔 저, 이래종 역주. 『부휴자담론』, 소명출판, 2004년. p.32.

지 못한 부분이 있으므로 사람을 등용하는 데에는 물망(物望)에 오르는 사람을 쓰는 것보다 더 좋은 방법이 없다[119]"는 用人之道를 밝힌다.

이렇게 보면 우리는 成俔이 莊子의 영향을 받으면서도 역사적 문맥과 철학적 입장에서 새롭게 변용된 면을 통해서 당시 조선 전기의 정치적 혼란으로 인한 사회문제와 민중들의 실상을 구체적으로 감지할 수 있다.

3) 故事題材의 活用 및 指向

다양한 인물이 나올 만큼 五彩繽粉한 생활체험 속에서 얻은 풍부한 창작소재는 『莊子』우언의 전범성을 체현하는 일환으로써 후대의 우언문학창작에 큰 영향을 주고 있다. 위에서 문체와 인물 형상을 통해 본 창의적 수용 외에도 成俔의 붓 끝에 넘치는 『莊子』의 '이야기 흔적'도 『부휴자담론』의 곳곳에 선보인다고 한다. 요컨대, 자기의 주장을 설득력과 어울려 생동력을 갖기 위해서 『莊子』에 나온 '庖丁解牛', '梓慶削木', '痀瘻承蜩'등 이야기 原型도 논설에 끌어들였다. 이는 작자가 『莊子』를 모범으로 공부한다는 사실을 입증할 수 있지만 창의적 수용 단계에 이른다는 수준을 말해줄 수 없다. 따라서 이와 구별함과 함께 創作素材의 活用문제를 잘 파악하기 위해서 『부휴자담론』에 나타난 소

----
119   앞의 책, p.33.

재와 내용구성의 흡사함에 불고하고 전달하는 寓意가 서로 다르다는 예가 주목될 필요가 있다. 비록 영향관계가 입증된다고 할지라도, 그것을 통해서 새로운 寓意를 개척한다는 점에서 독창적인 가치가 훼손되지 않는 작품임이 재확인될 수 있기 때문이다.

먼저 우리는 두 작품에 나온 '二妾'을 소재로 한 우언부터 살펴보기로 한다.

【자료 3】「逆旅二妾」

양자(陽子)가 송나라에 가시 여인숙에 미물렀다. 여인숙 주인은 첩이 둘인데 한 명은 미인, 다른 한 명은 추녀였다. 그런데 그 못생긴 첩이 귀여움을 받고 미인은 미움을 받고 있었다. 양자(陽子)가 그 까닭을 물었다. 여인숙 주인이 대답했다. "저 미인은 스스로의 아름다움을 자랑하므로 저는 오히려 아름답고고 느껴지지 않습니다. 그러나 못생긴 여자는 스스로 추하다는 걸 알고 있어서 공손하므로 못생겼다고 생각되지 않습니다." 이 말을 듣고 양자가 말했다. "제자들이여, 이것을 명심하라. 어진 행동을 하면서도 스스로 어질다는 태도를 없애면 어디로 가건 어찌 사람들로부터 사랑받지 않겠는가?[120]"

「逆旅二妾」은 『莊子』의 「山木」편에 나온 것이며, 남편의 아름답고 추한 妻妾 두 명에 대한 상대적 인식를 통해서 인생의 이

----

120 "陽子之宋, 宿於逆旅. 逆旅人有妾二人, 其一人美, 其一人惡, 惡者貴而美者賤. 陽子問其故, 逆旅小子對曰: "其美者自美, 吾不知其美也. 其惡者自惡, 吾不知其惡也." 陽子曰: "弟子記之。行賢而去自賢之心, 安往而不愛哉!" 『莊子』外篇「山木」, 陳鼓應註譯, 『莊子今註今譯中』, 中華書局, 1999年, p.526.

치를 깨닫게 된다는 우언이다. 莊子는 이러한 부부생활에 초점을 맞추어 양자의 입을 빌어 '遺形重德[121](형체를 두고 도덕을 중요시한다)'이라는 도가적인 처세관을 우회적으로 표현한다. 즉 세상의 모든 아름다운 것은 자신의 아름다움을 의식하여 자랑하지 않아야만 남에게 귀염을 받는 법이라고 말하고 있으며, 이런 것만이 참다운 아름다움을 유지하는 최대의 비결이라는 것이다.

　이처럼『부휴자담론』에는 같은 소재로 다루는 우언도 나온다.

【자료 4】「一妻一妾」

동대문 밖 버드나무 아래에는 한 집에서 처와 첩을 가가 하나씩 거느리고 사람이 있었다. 그의 처는 아름다운 여자였고 첩은 추악한 여자였다. 그런데 그 사람은 첩을 사랑하면서 처를 가까이하지 않았다.

어떤 사람이 부휴자에게 물었다. "동대문 밖에 사는 사람의 처는 얼굴이 매우 아름답고 성품이 유순하며 집안을 다스림에 법도가 있습니다. 그런데 그는 그녀를 미워하여 원수처럼 여기고 있습니다. 그의 첩은 얼굴이 추하고 성품이 고약하며 또한 살림을 잘 할 줄을 모릅니다. 그런데 그는 비할 바 없이 그녀를 사랑하고 있습니다. 대개 사람은 아름다운 자를 좋아하고 추악한 자를 싫어하기 마련입니다. 그런데 그 사람의 성품은 그와 정반대입니다. 그것은 무엇 때문입니까?"

부휴자가 대답하였다. "아름다운 자를 좋아하고 추악한 자를 미워하는 것은 정상적인 경우이고, 아름다운 자를 버리고 추악한 자를 좋아하는 것은 특수한 경우이다. 그런데 정상적인 경우에도 그 정상적인 상태가 불변하는 것은 아니며, 특수한 경우에도 그 특수한 상태가 불변하는 것은 아니다. 그 처한

121　陳蒲淸,『古代中朝文學關係史略』, 湖南人民出版社, 1999年, p.102, 참조.

상황이 어떠한가에 따라 사랑이나 증오가 발생하기 때문이다. 아름다운 여자와 추한 여자가 따로 없으니 그저 내 자신의 눈에 들면 아름답게 보일 따름이다. 선한 사람과 악한 사람이 따로 없으니 그저 내 자신의 마음에 들면 선하게 보일 따름이다.

단지 여색의 경우만 그런 것이 아니다. 임금과 신하의 관계도 또한 그와 다름이 없다. 속언에 이르기를 '지란이 초야로 쫓겨나고 잡초가 우대를 받으며, 천리마가 짐을 나르고 노둔한 말은 어가를 끈다'고 하였다. 또 '서시'가 눈물을 흘리고 모모(嫫母)는 웃음을 지으며, 어진 인물은 물러나 은거하고 아첨하는 자가 벼슬길로 나아간다'고도 하였다. 만일 사람들이 모두 선악을 구분할 줄 앎으로써 거취를 바르게 할 수 있다면 저들은 모두 요, 순 같은 훌륭한 사람이 될 수 있을 것이다. 하지만 그렇게 하지 못하기 때문에 집안이나 나라를 망치는 일들이 꼬리를 물고 일어나는 것이다[122]."

여기서 두 우언작품은 아름답고 추한 妻妾을 두고 남편이 오히려 미인 아닌 추한 첩을 더 사랑한다는 반전적인 내용을 소재로 하고, 그것을 寓意의 수단으로 삼고 있음에는 同調하고 있다. 그러나 이러한 공통점에도 불구하고 그것들 사이에는 본질적인 차이가 존재한다. 『부휴자담론』의 「一妻一妾」에서 成俔이 자기변신인 부휴자의 말을 빌어서 이러한 부부관계를 가지고 당대의 혼란한 정치사회의 병리증상을 비판하였다. 권석환은 이 우언의 主旨에 대해서 다음과 같이 분석한 바 있다.

'부휴자'는 정치적 식견이 매우 높은 사람으로 달관의 경지에 올라있는 듯하

---

122   成俔 저, 이래종 역주. 『부휴자담론』, 소명출판, 2004년. pp.173-174.

다. 어떤 면에서 보면 군주의 잘못된 인재등용을 둘러서 풍자한 것 같지만 정치의 높은 경지를 표현하고 있다. 정치에 있어서 선이 항상 옳아야 하는 것이 진리이지만 현실은 간혹 선악이 전도되기도 한다는 것을 강조하였다[123].

이렇게 볼 때 莊子는 이와 같은 夫婦관계를 소재로 하여 자기의 철학적 사상을 우의적으로 선포하며 혼란한 세태를 헤치고 나가는 지혜로운 처세술을 제시하는 데 비해, 成俔은 오히려 이것을 보면서 임금의 인재등용에 대한 성찰을 촉진하는 의도에서 당대의 정치적 사회 현실의 부당성을 역설적으로 비판하고 풍자하였다. 이와 같이 소재가 같다는 점에서 『莊子』의 「逆旅二妾」은 成俔의 「一妻一妾」과 같은 우언작품을 산출하게 된 계기를 마련해준다고 할 수 있다. 하지만 같은 소재이라고 하면서도 그것을 대하는 시각과 본질적으로 다르기 때문에 우언을 통해 작자가 전달하고자 하는 궁극적 우의의 차이가 생겨나기 마련이다.

以上에서 본 소재는 일상생활에 투영되어 인간에서 가장 가까운 夫婦 인물 형상을 등장시킴으로써 이루어진다는 것이라면 다음에 살펴볼 소재는 같은 道家사상에 주목되어 '借樂明道(락을 빌어서 도를 밝힌다)'의 이야기 형식을 동원하여 형성된 것이다.

成俔은 관료문인으로 성리학에 입각한 정치적 주장을 펼치고 있는 한편 또한 道家 老莊사상을 수용하는 열린 마음을 가지

---

123 權錫煥,「한중우언의 동질성에 관한 연구--〈艾子雜說〉,〈郁離子〉,〈浮休子談論〉을 중심으로」,『中語中文學』, 2001년. 제29집, p.422. 참조.

기도 한다. 이에 대해서 한·중 양국의 학자들은 이미 밝힌 바[124] 있다. 따라서 성리학을 존중하면서도 도가사상에 심취했던 그는 도교정신을 담고 있는 글을 많이 남겼고, 특히 노장사상의 체현을 위한 우언 창작에서 가장 큰 성과를 이루었다. 중국학자 陳蒲淸은 『부휴자담론』의 「우언」편에 실린 <동구선생과 손님>에 대한 분석을 통해서 成俔이 "淸心寡慾(마음을 비우고 욕망을 줄인다)"이라는 道家의 정신境界를 추구한다는 점을 지적하였다. 필자는 본고의 과제를 논증함과 함께 成俔이 道家사상을 영향을 받았다는 사실을 考證하는 데에 또 하나의 논거를 보태기 위해 老子의 『도덕경』(41장)에 나온 "大音希聲[125](큰소리는 소리가 잘 들리지 않다)"을 반영한 「晉平公과 師曠」이라는 우언을 예로 들겠다.

【자료 5】「晉平公과 師曠」

진나라 임금 평공이 사광에게 물었다. "나는 음악을 매우 좋아합니다. 그렇지만 일찍이 음악에 조예가 깊은 사람이 나를 찾아온 적이 없었습니다. 내가 음악을 좋아한다는 소리가 멀리까지 퍼져나가지 않기 때문일 것입니다.

사광이 대답하였다. "저는 임금께서 하시는 말씀과 다른 이야기를 들었습니다. 임금께서 좋아하시는 것은 소리 가운데 작은 것입니다. 하지만 제가 들

---

124 陳蒲淸,「韓國 古代寓言의 人文學的 位相」, 우언문학총서 제5집 『우언의 인문학적 위상과 현대적 활용』, 한국우언문학회 편, 2006년, p.59. 참조.
　이종묵,「成俔과 <부휴자담론>」, 成俔저, 이종묵 옮김 『부휴자담론』,홍익출판사, 2002 p.335, 참조.
125 "大方無隅,大器晚成,大音希聲,大象無形." 朱謙之 撰 『老子校釋』, 中華書局,1996年, p.171.

은 이야기는 소리 가운데 큰 것입니다."

평공이 다시 물었다. "감히 묻겠습니다만 그것이 무슨 말씀입니까?"

사광이 대답하였다. "무릇 현악기에서 나는 소리는 대문 이상을 나아갈 수 없고, 관악기에서 나는 소리는 마을 이상을 나아갈 수 없습니다. 종에서 나는 소리는 현악기나 관악기에서 나는 소리보다 큽니다. 그렇지만 그 소리도 십리 이상을 나아갈 수 없습니다. 소리 가운데 가장 큰 것으로는 천둥보다 더한 것이 없습니다. 그렇지만 그 소리 또한 근교 백리 정도를 나아가는 데 불과할 뿐입니다. 저들은 모두 다른 물체를 빌어서 나는 소리입니다. 따라서 진정한 소리라고 할 수 없습니다. 진정한 소리는 그 소리가 없으므로 멀리까지 나아갈 수 있고, 그 형체가 없으므로 멀리까지 다다를 수 있습니다. 큰 경우에는 광대한 천지의 끝까지 퍼져나가면서도 막히는 수가 없습니다. 작은 경우에는 날아다니는 곤충이나 기어다니는 벌레 따위의 생명체들까지 그 은택을 받으며 즐겁게 살아가게 합니다. 옛날에 요, 순이 소리를 발하자 그 소리가 바다 연안까지 퍼져나갔으며 하나라 임금이 소리를 발하자 그 소리가 사해 끝까지 퍼져나갔습니다. 은나라가 소리를 발하자 천하 구주의 질서가 정연하게 되었으며 주나라가 소리를 발하자 동서남북의 모든 곳에서 신복하지 않는 자가 없었습니다. 그것이 바로 소리 가운데 큰 것입니다. 저 거문고, 축, 퉁소, 피리 등에서 나온 온갖 소리를 세간에서는 비록 소리라 부르고 있지만 군자는 소리라 일컫지 않는 법입니다[126]."

이 우언에는 師曠은 樂과 治國의 관계 하에서 晉平公에게 세상에 가장 큰 소리가 무엇인가에 대해서 설명하였다. 진정한 소리는 그 소리가 없으므로 멀리까지 나아갈 수 있고, 그 형체가 없으므로 멀리까지 다다를 수 있다. 이는 老子의 "大音希聲"과 같은

126 成俔 저, 이래종 역주. 『부휴자담론』, 소명출판, 2004년. pp.156-157.

문맥상에서 이어지는 것으로 볼 수 있다. 老子는 소리가 없는 큰 음성으로 도를 비유한 것인데, 이것이 자연만물과의 조화 속에서 이루어지고 들리지 않고 보이지 않는 가운데 작용한다고 한다. 따라서 老子가 무위사상을 바탕으로 하여 자연만물의 조화 속에서 이루어지는 도를 통해서 세속을 떠나는 지름길을 찾는다면 成俔이 정상적인 인간 사회 질서의 확립을 위한 입장에 서서 老子의 도를 빌어 임금과 백성들의 조화를 이룰 수 있는 대안을 모색한다고 할 수 있겠다. 이렇게 볼 때, 이 우언은 바로 그가 여러 글에서 피력한 정치적 '中和'사상[127]을 반영한 것이다.

以上에 언급한 老子의 "大音希聲"에 대해서 莊子는 일찍이 이어받아 「齊物論」편에서 '天籟'소리로 부상시킴과 동시에 「天運」나온 <咸池之樂>이라는 우언을 통해 樂에 실리는 道에 대한 형상적 해석에 있어서 하나의 모범을 보여주었다.

【자료 6】「咸池之樂」

북문성이 황제에게 물었다. "제왕께선 함지의 음악을 동정의 들판에서 베푸셨습니다만 저는 처음에 듣고는 두려워졌고 다시 듣자 그 두려움이 사라졌으며 마지막에 듣고는 뭐가 뭔지 알지 못하게 되었습니다. 정신은 흔들리고 말도 나오지 않아 통 나 자신을 어떻게 할 수가 없었습니다. "

황제가 말했다. "자네 아마 그랬을 테지. 나는 먼저 인간 세상에 따라 연주

127 中和사상은 바로 成俔이 강조한 군왕의 절대적 권위와 신하의 계급적 질서관 확립의 논리를 뒷받침하는 사상이다. 이에 대해서는 洪順碩의 『成俔문학연구』(한국문화사, 1992년, pp.69-104.)에서 거론한 바가 있었다.

하고 자연을 좇아 악기를 울리며 예의 질서에 의해 그것을 밀고 나가고 맑은 자연의 근원에 그것을 세웠다. 사철이 차례로 바뀌고 만물이 따라 생겨나듯이 혹은 높아지고 혹은 가라앉아 부드러운 소리와 딱딱한 소리가 잘 조절되어서 혹은 맑게 혹은 흐리게 음성과 양성이 조화되며 그 소리는 차츰 널리 흘러 퍼진다네. 동면하는 동물이 움직이기 시작하면 나는 그것을 천둥소리로 놀라게 하지. 홀연히 끝나고 홀연히 끝나고 홀연히 시작되며, 그쳤는가 하면 다시 살아나고 쓰러졌는가 하면 또 일어나네. 대하는 것이 끝없이 변하여 전혀 예측을 할 수 없지. 자네는 그래서 두려워진 걸세.……(중략)……자연 그대로의 마음이 작용이 겉에 나타나지 않아도 사람으로서의 감각은 모두 잘 활동하며 말없이 있어도 마음은 즐겁다네. 이것을 하늘의 즐거움이라하지. 그래서 유염씨도 노래를 지어 읊었다네. '들으려 해도 그 소리 들리지 않고 보려 해도 그 모습 보이지 않네. 온 천지에 가득 차고 넓은 우주를 감싸네.' 자네도 이 음악을 들으려 하나 들을 수가 없지. 자네는 그래서 뭐가 뭔지 알 수 없게 된 걸세.……(생략)……[128]

「咸池之樂」에서 莊子는 그가 이상적으로 생각하고 있는 음악이란 어떤 것인가를 黃帝와 北門成의 문답을 통해서 알아보는 것이다. 인간의 음악 중에 가장 훌륭한 黃帝의 '咸池'라는 음악은 하늘의 음악, 곧 天樂이라고도 한다. 이것은 '들어도 그 소리를 들을 수 없고 보아도 그 모양을 볼 수 없으며 천지에 가득 차있고 육극을 싸고 있다(聽之不聞其聲, 視之不見其形, 充滿天地, 包裹六極)'고 칭송되어서 "大音希聲"의 철학적 변용으로써 자연과 인간의 조화를 상징한다. 얼핏 보면 두 우언 작품은 내용 표현에서는 차

---

128   안동림 역주, 『莊子』, 현암사, 2000년, pp.373-377.

이를 보이고 있으나 '借樂明道'의 이야기 형식을 빌어서 老子의 명제인 "大音希聲"을 체현하는 변용적 내용을 중심으로 미룬다는 점에서 일치한 步調를 맞추고 있다고 하겠다. 그러나 위에서 분석한 것처럼 寓意전달에 입각한 궁극적 관조의 시각이 서로 다르므로 그것들이 갖고 있는 제각기 다른 신선함을 맛볼 수 있다. 따라서 역사적 문맥과 정치적 입장을 고려하면 莊子의 「咸池之樂」속에서 우리는 세속을 버리고 자연의 호흡과 함께 일어나는 율동적 리듬을 느낄 수 있다는 데에 비해, 成俔의 '樂之論'를 읽으면서 당대 현실 문제의 해결을 위한 대안을 儒·道 세계에서 찾는 긴박감과 조바심을 절감할 수 있다고 하겠다.

이 장에서 『莊子』와 『부휴자담론』의 비교연구를 위한 試論이다. 『莊子』의 우언문학에 대한 수용과 창조를 살피기 위해 三言體 형태, 인물형상과 주제표출, 및 창작소재와 고사 양식 등 면에서 『莊子』를 비교대상으로 삼아 『부휴자담론』을 고찰하였다. 조선전기에 살았던 成俔은 관료문인으로서 성리학을 존경하면서도 老莊사상에 심취했던 인물이다. 그는 우언적 글쓰기를 즐겨 하면서 한국우언문학사에서 문답방식으로 이루어지는 전형적 우언집인 『부휴자담론』을 남겼다. 그래서 이 작품이 『莊子』의 영향을 받은 것으로 엿볼 수 있다. 우선 문체 형태에서 『莊子』와 『부휴자담론』은 두루 三言體 형태를 취하고 있다. 莊子와 成俔에는 2000여년 세월의 간격이 있지만 그들은 시대적 상황과 언어적 표현에 입각하여 우언적 글쓰기를 즐겨 하면서 서로 보완하는 층면에서 三言體를 구축하는 데에 時空을 넘는 같은 인식을 갖고 있다고 할 수 있겠다. 다음, 인물형상에 있어서 자기의 변신인 부휴자 형상을 제외하고는『부휴자담론』의「우언」편에 나온 인물은 기본적으로 역사적 인물과 허구적 인물로 구성되어 있다. 역사적 인물에서 주로 임금과 신하가 등장하고 그들의 군신관계를 반영하는 우언은 창작되었다. 그 중 임금과 신하의 관계를 개선하기 위한 師·友型 군신관계를 구사하는 의도는 두 작품에 두루 보인다. 하지만 이와 같은 공통점과 아울러 작자의 사상적 기반에서 기인한 차별성은 선명히 나타난다. 莊子의 눈에는 군신간의 師·友型 관계가 세속에서 벗어나 逍遙自由를 추구하는 道家사상의 理想적 표현이라고 할 것이다. 그러나 成俔의 師·友型 군신관계에는 經世濟民의 실현을 위한 실천적 탐색과 노력이 가시화되고 있다. 역사적 인물형상에 비하면『부휴자담론』의「우언」편에 등장한 허구적 인물형상은『莊子』의 등장인물에 대한 設定수법을 활용하여 다양하게 창작된다고 할 수 있겠다. 특히『莊子』에서 나온 당시 하층에 살고 있었던 군중형상(노동자와 기형인)에 대한 배려와 관심은『부휴자담론』에도 잘 드러난다. 하지만 문예에 반영된 철학적 논리와 정치적 입장이 다름으로써 두 작품에서 펼쳐 보이는 등장인물의 지극한 경지를 통해 표출하는 주제 면에서의 차별성은 선보인다. 道家의 입장에서 莊子는 남에게 누구나 자연의 이치를 따라 본래대로 행동하면 神技에 이를 수 있다는 도가의 진리를 선포하는 데 비해, 成俔은 "사람에 따라 그 재능에 능한 부분이 있고 능하지 못한 부분이 있으므로 사람을 등용하는 데에는 물망에 오르는 사람을 쓰는 것보다 더 좋은 방법이 없다"는 用人之道를 밝혔다. 이렇게 해서 우리는 成俔이 莊子의 영향을 받으면서도 역사적 문맥과 철학적 입장에서 새롭게 변용된 면을 통해서 당시 조선전기의 정치적 혼란으로 인한 사회문제와 민중들의 실상을 구체적으로 감지할 수 있다. 창작소재와 고사양식에 있어서 흡사한 소재와 이야기 양식을 취한다는 점을 보면 비록 영향관계가 입증된다고 할지라도 그것을 통해 새로운 우의를 개척한다는 점에서 『부휴자담론』의 독창적인 가치가 재확인될 수 있다.

2. 谿谷 張維의 莊子哲學的 理解와 文學的 變容

계곡 장유는 조선중기 漢文學四大家 중 一人이며, 한국 문학사의 본령(本領)에 자리했던 고전적 문인이며 학자였다. 그가 살았던 조선중기는 외침과 당쟁으로 인한 사회적 진통과, 이를 극복하기 위한 역동적 변혁이 함께 동반되었던 시기였다. 조선건국 이래 사회의 모든 분야에서 절대적 지위를 누려왔던 주자학은 '與時俱進'의 시대적 정신 추구하기보다 오히려 구체적 현실과 떨어지는 관념적 체계에 빠져들어 결국 사회변화 대응을 위한 기능을 잃어버리고 말았다. 그 와중에 일군의 선진적 문인들이 당대

知性界의 경직성을 타개하기 위해 주자학 이외에 이단으로 몰렸던 老·佛 등의 사상에 대한 포용 방안을 모색하기 시작하였다. 대표적으로『장자』의 경우 철학적 이해는 물론 문예적 심취도 눈에 쉽게 띈다. 예컨대 이 시기의 문학관으로서의 莊子철학을 배경으로 한 天機論의 등장,[129] 그리고『莊子』읽기를 통한 노장사상에 대한 학적 연구의 배출[130], 도가의 정신적 자유와 해방을 주제로 한 遊仙문학의 흥기[131] 등 시대적 문화를 특징지은 방면에서『莊子』에 대한 접근을 어렵지 않게 발견할 수 있다. 이처럼 변혁 요청에 젖어든 조선중기의 학문적 분위기 속에서 이루어진『莊子』의 풍미는 근본적으로 그 텍스트 자체가 哲學性과 文學性의 원만한 결합을 이루면서 낳은 결과라고 할 수 있다. 본고에서 거론하게 될 계곡 장유는 바로『莊子』의 이러한 조화로움에 대해 깊

---

129 '天機'의 최초 출처는『莊子』이다. '천지의 機密·造化의 작용'이란 뜻이다. 조선문단에서 서경덕과 성현이 '천기'를 언급한 후로 허균은 '弄天機奪玄造'를 시의 본질로 제시하였고, 이수광은 '得於天機 自運造化之功'을 좋은 시의 요건으로 꼽았다. 장유는 '詩의 本質은 眞이며, 眞은 곧 天機'라고 하여 '天機'를 본격적으로 시론에 도입하였다. 이들의 '天機' 주장은 실은 莊子의 '萬物與我爲一'의 '無爲自然' 사상과 일맥상통한 것이다.
정연봉,「張維 詩文學硏究--莊子의 천기론을 중심으로」, 고려대학교 국문과 박사논문, 1990년. 참조.
최석기,「계곡 장유의 시론연구--천기론의 중심으로」, 성균관대학교 한문학과 석사논문, 1986년. 참조.

130 朴世堂(1629~1703)은『南華經』과『道德經』의 註解를 주자의 학설에 이의를 제기하고   노장사상에 관심을 기울여 도가사상의 유가적 변용 방안을 탐색하였다.

131 정민,「도교 , 낭만적 상상 세계로의 탈출 - 16,17세기 유선 문학을 중심으로 -」,『종   교연구』,한국종교학회, p.122. 참조.

이 玩味했던 인물이었다. 지금껏 『莊子』와 함께 놓고 논해온 장유 연구의 현황을 보면 그의 『莊子』에 대한 문학적 수용 논의보다 철학적 변용과 그 의미 탐색에서 이루어진 연구가 주류를 차지하고 있다. 그 이유는 장유문학의 주체성과 자율성을 강조하는 데에 있는 동시에, 그동안 한국문학사에서 『莊子』의 문학적 수용 문제를 소홀하게 다루고 있다는 데에서 기인하기도 한다. 물론 장유와 『莊子』에 관한 논의가 철학사상의 측면에 그치는 것이 아니다. 莊子의 천기론을 장유 문학론의 기반으로 보고 있는 鄭然峰의 박사학위논문 『張維 詩文學硏究--莊子의 天機論을 중심으로』는 장유문학과 『莊子』의 관련성을 밝히는데 있어서 獨步的 연구 성과를 거두었다고 평가할 수 있다. 이 연구는 그동안 단편적인 지적에 지나지 않았던 천기론이 莊子적 미의식이 반영된 창작문학이론의 총괄적 개념으로서의 詩論임을 밝힘으로써 장유의 시 세계에 담겨진 莊子적 사유의 문학적 형상화를 집중적으로 조명하는 데에 의미가 있다고 할 수 있다. 이 논문은 장유의 시문학을 작품분석과 함께 본격적으로 다루는 가운데 『莊子』의 우언적 글쓰기를 즐겨 구사하는 장유 문학의 특징을 처음으로 제기한 것이다. 그렇지만 『莊子』우언의 수용 양상에 관하여 단편적 언급하는 데에 그쳤을 뿐, 본격적 작품분석에까지는 나아가지 못하였다. 그런 점에서 이 장에서는 기존 연구 성과들을 참조하여 『莊子』우언의 수용이라는 측면에서 장유의 우언작품들에 대한 구체적 분석을 시도하고자 한다. 먼저 장유의 『莊子』우언문학 수용양상을 분석함으로써 그의 우언창작의 일단을 보여주고, 또한 이를 통해 우언작품에 담겨 있는 그의 내면의식을 밝혀 보려고 한다.

1) 朝鮮中期의 讀書傾向과 張維의 莊子受容

조선시대 성리학자들의 독서경향은 사상적 측면에서 유가 경전에 경도되어 이루어지는 독서와 詞章능력의 향상을 위해 경전 이외의 제자백가 등의 책을 숙독하는 독서로 나눌 수 있다. 실제로 성리학자 중에는 뛰어난 문장력을 바탕으로 문인으로서 활동했던 인물들이 많았다. 장유가 살았던 16세기 후반부터 17세기 초반까지의 시기는 穆陵盛世를 이어 왕성한 文運을 누린 시기였다. 이러한 문화적 융성기를 맞아 가장 민감하게 반응했던 영역은 문학이었다. 문학을 餘技로 여겼던 주자학적 도덕주의 문학론이 주조를 이루는 한편, 문학의 가치와 독자성을 존중했던 새로운 문학관이 그 대척점에 섰다. 이에 따라 당대문인들의 독서경향도 자연스럽게 分岐되어 주요 쟁점 사항으로 떠올랐다. 이 시기 이단외서로 몰렸던 『莊子』를 다시 案頭의 대상으로 부각시키고자 한 문예지향적 사조는 '人間性情 문학'[132]을 내세웠던 허균(1569년~1618년)과 이수광(1563~1628)의 문장론에서 확인할 수 있는 바,[133] 이들의 평가

----

132 김영, 『조선후기 한문학의 사회적 의미』, 집문당, 1993년, p.347, 참조.

133 "論學文章 須要熟讀韓文 先立門戶 次讀左氏以致簡潔 次讀戰國策 以肆縱橫 次讀莊子以究出沒 韓非呂覽以暢支流 考工檀弓以約志氣 最要 熟看太史公以張其橫放傑出之態." 許筠, 「鶴山樵談」, 『惺所覆瓿藁』卷26, "李白之樂府古詩, 少陵王維之五言律詩, 沈宋王岑之七言律詩, 王昌齡

는 대체로『莊子』의 풍부한 상상력, 호탕한 문장 기세, 교묘한 우언창작과 같은 문학적 가치를 염두에 둔 것으로 볼 수 있다. 이처럼『莊子』에서 이루어진 문학적 성취와 묘미는 실상 문학의 본질을 찾기 위한 발언에서만 생각할 수 있는 것은 아니다. 문인들에게 있어서『莊子』읽기는 문장력의 양성에 있어서 가장 좋은 공부로 자리를 굳히고 있었기 때문이다. 공적 영역에 있어서『莊子』에의 접근은 용납되지 않았지만 사적 영역에서의『莊子』는 문인들에게 있어 친밀한 읽을거리였던 것이다. 이 시기에 많은 문인들이 주자학적 분학관을 떠나『莊子』의 탐독 및 이와 관련되는 문학창작 행위를 보여주었다.[134] 이와 같이 사적 영역에서 나타났던『莊子』의 선호풍조 속에서 장유 또한 知友였던 澤堂(1584~1647)의 우려를 살 정도로『莊子』에 대한 깊은 경도를 보이고 있었다.

李白之絶句, 韓柳之雜著, 左氏班馬之敍事, 莊周之寓言, 屈原之賦騷皆文章之妙也." 李睟光,「文章部一」,『芝峯類說』卷8.

134 이와 관련하여 이승수는 17세기 莊子 수용의 몇 층위에 대한 분석을 통해서 東溟 鄭斗卿(1597~1673), 拙修齋 趙聖期(1637~1689) 등의『莊子』에 대한 선호풍조를 예로 밝힌 바가 있었다. 또한『莊子』의 우언적 글쓰기를 수용·창작하는데 있어서 이현호와 조상우는 조선중기의 문인인 靑泉 申維翰과 石川 林億齡의 우언 글쓰기를 통해 시도한 바가 있었다.
　이승수,「조선조 지식인의 莊子 수용과 분격 의식 -三淵 金昌翕을 중심으로-」,『도교문화연구 』제15집, 한국도교문화학회. 2001년, pp.313-315. 참조.
　이현호(2004).「申維翰 산문의 擬古性과〈莊子〉패러디」,『동양한문학연구』제20집. 동양한문학회.
　조상우,「息影亭記의 우언글쓰기와 문학사적 의의」,『온지논총』, 第16집, 온지학회. 2007년, pp.115-119. 참조.

張公은 천품이 순수하고 아름답고 일생동안 지조를 지켰으며 그 학문에 博과 約을 모두 다하였으니 만약 얼른 보면 누가 큰 선비로 여기지 않겠는가? 그러나 그의 논의가 오직 육, 왕을 주장하여 무릇 선유의 이론을 세우고 또 말하기를 '불학이 비록 이단이라 하지만 그 학이 몸과 마음에 도움이 있으니 공격하고 배척할 수 없다' 하였다. 이것이 바로 내가 말하는 배우지 않은 것만도 못하다는 것이다. 그 사람은 비록 어질지만은 그 말은 배격하여야 한다. 대개 젊을 때 문장을 배우고자 하여 『老子』, 『莊子』를 숙독하다가 갑자기 합하고 깨달은 것이 있는 것이니, 이것이 진실로 고명함을 인하여 잘못 들어간 것이니 참으로 가석한 일이다.[135]

이처럼 문장공부로부터 老莊을 접촉하기 시작했던 장유는 老莊사상뿐만 아니라 佛學, 陽明學까지 섭렵했던 개방적인 학문 자세를 지니고 있었다. 정치적 격변과 戰亂의 소동으로 얼룩졌던 시대적 배경 속에서 장유는 당대의 현달한 관료문인으로서 상당한 정치적 영향력을 발휘하기도 하였지만 다른 한편으로는 그로 인해 심한 좌절을 감내하기도 하였다.[136]이와 같은 정치적 부침에도 불구하고 그는 스스로 문형의 책임감을 느끼면서 '先儒定說'[137]에 대한 객관적 인식으로부터 출발하여 당대 학문적 침

....

135 "張公天資粹美, 一生操持其學. 博約兩盡, 若驟見之. 則孰不以爲大儒也. 顧其論議, 專主陸, 王. 凡先儒訓說定論. 逐節立異, 又謂佛學. 雖曰異端, 其學有補於身心. 未可攻斥也. 此正吾所謂不如不學者. 其人雖賢, 其說可闢也. 蓋其少時. 欲學文章, 熟讀老, 莊。忽有契悟. 此誠因高明而誤入者. 可惜可惜." 李植, 「追錄」. 『澤堂集』別集卷15.

136 장유의 생애에 대해, 池斗煥의 「谿谷 張維의 生涯와 思想」(『泰東古典研究』,翰林大學校 泰東古典研究所, pp.3-8, 참조)

137 "先儒定說, 本當恪守,心有所疑, 亦宜講究." 張維, 「中庸章句中有疑

체성을 극복하기 위한 합리적 방안을 탐색하려고 애썼다. 그렇지만 장유의 이와 같은 시도는 사회적 비판과 경계의 목소리를 부른 계기가 되었다. 장유의 이단사상 몰입에 대해서는 택당 이식 외에도 장유의 스승인 月汀 尹根壽(1537년~1616년)의 충고[138], 또한 玄石 朴世采(1631~1695)의 비판[139] 등을 볼 수 있다. 주자학의 현실 긍정적 세계관에 고착되어 있었던 문인들에게 있어서 이단사상에 대한 장유의 과감한 포용력은 전통적 도학사상체계를 안으로부터 무너뜨릴 수 있는 위협일 수밖에 없었다. 현실의 사상적 질곡에 부딪혔던 장유는 사회적 실천 대신 문학인의 본색을 선명하게 드러내는 문학창작을 통해 자기의 논설을 스스로 분출시키는 場을 마련하였다. 이 점에서 『莊子』에 대한 장유의 철학적 수용이 그의 문학론과 詩, 文으로 구체화되어 나타난 것은 주목된다. 「蛙鳴賦」에서 장유는 『莊子』에 나온 '天機'에 깨달아 개구리의 울음소리를 통해 '物我一致'[140]의 기쁨을 획득하였다. 또 「支

者三」『谿谷集』卷1.

138 "則古今文章凌駕陽明者不少矣。奚獨取於陽明之文乎。當左右無卯酉之任。篤志學問之日。乃枉費功夫, 潛心於可絶之書, 甚爲無益而有害. 故敢遂言之。如未相契. 幸一言示之." 尹根壽,「答張翰林維書」,『月汀集』, 卷5.

139 "業文章者, 喜讀老莊諸書。其氣質過高。又多轉而求道於釋氏之門。唐宋諸賢是也. 至我朝, 平時則金乖崖。近世則張谿谷, 皆不能免.···(中略)···殆澤堂李公植乎。蓋其初入頭。專在經書訓詁上。又頗染指於程朱書。故能卞異學肯綮。其次爲, 二公。雖習文章讀莊老書, 而不受其毒者也." 朴世采,『南溪集』卷57,「記少時所聞」.

140 "蓋未通乎人理之變。與夫物性之適者也. 芒蕩大包., 萬類竝生, 裸形

離子自贊」에서 그는 '하늘이 어쩌면 고달픈 내 삶 측은히 여기는가'[141]라고 하는 인생감회에서 『莊子』에 나타난 支離疏의 삶을 연결시켜 자기의 말면 생활 양상을 自述하였다. 이와 같이 장유의 작품에서는 『莊子』의 철학적 사유가 형상화되는 한편, 『莊子』문학의 虛構性과 象徵性 등이 침윤되어 있었음을 볼 수 있다. 결국 당대에서 인정받지 못한 주장을 펼쳤던 장유는 사상적·문학적으로 『莊子』를 수용하면서 세상과의 소통적 장애를 극복하기 위한 우언적 글쓰기를 구사하였던 것이다. 또한 왕조사회에서 筆禍를 예방하기 위한 말이나 글의 표현 문제는 정치권에서의 문인들에게 있어서 공통된 고민이었다. 정치적 좌절과 함께 사상적으로 경계와 비판의 대상으로 지목받았던 장유는 현실적 긴장감을 느끼지 않을 수 없었다. 이에 그가 자기의 철학적 지향을 『莊子』에 나온 인물형상에 기탁하여 우회적 표현을 동원했던 것은 禍를 자초하게 될 직언의 위험성을 피하기 위한 하나의 대안이라고 볼 수 있다. 이렇게 보면 장유의 문학세계에 있어 『莊子』우언의 수용은 그의 사상표현과 당대현실 대응을 위한 구원으로서

受氣, 天機自鳴. 各率其性而宣其情.···(中略)···無求於人。不忤於物, 縱喧鬧之可厭. 亦何異夫吾人之叫呼而譁譃. 蓋物我之一致. 各自安其所而樂其適." 張維,「蛙鳴賦」,『谿谷集』卷1.

141 "支離兮其形貌。錯莫兮其神鋒。優游乎事物之外。棲息乎藥餌之中。天豈閔余之勞生。未老而佚我以沈痾。明窓煖屋兮香一炷。早粥晚飯兮度生涯。海山兜率兮非所慕。淸濟濁河兮休管他。淹速去來兮符到奉行。造物小兒兮於我何." 張維,「支離子自贊」,『谿谷集』卷2.

매우 큰 가치를 지니는 것이라고 할 수 있다. "莊子 사상의 영향만큼 바로 그만큼 우언의 영향도 크다"[142]라고 한 바와 같이 추상적 철학사상의 형상화에 있어서 『莊子』우언이 그의 사상과 견줄만큼의 가치를 가지고 있는 것으로 보인다. 비록 현대적 해석이지만 이는 장유의 『莊子』우언에 대한 인식을 대변한다고 봐도 좋을 것이다.

2) 莊子 寓言의 再創造와 그 意味

'寓言十九'와 '大抵率寓言也'에서 드러나듯이 『莊子』는 대체로 우언으로 구성되어 있다. '以天下爲沈濁, 不可與莊語'라는 莊子의 고뇌를 미루어 볼 때 '藉外論之'를 하는 것은 곧 이와 같은 사회적 분위기에 대응해 보려는 의지의 소산이라고 할 수 있다. 이에 우의적 표현을 통해 세상의 진실을 더 효과적으로 전달하기 위해 『莊子』에서는 처음부터 끝까지 기존의 좁은 생각과 상투적인 관념을 전복시키는 놀라운 이야기들과 아울러 다채로운 표현수법까지 두루 동원한다. 풍부한 상상력과 낭만적 기질로 형상화한 다양한 인물들, 의인화·과장법·비유·풍자 등 수법이 가미된 묘사와 표현, 思辨과 機智 그리고 생활의 지혜가 담겨 있는 고사의 활용 등 실로 내용과 형식 모두 면에서 『莊子』의 우언적 글쓰기는 최고의 지적 전략과 미적 성취를 보여주고 있다고 할

----

142 陳蒲清 쏨, 오수형 옮김, 『중국우언문학사』, 소나무, 1994년, p.62, 참조.

것이다.

　지금껏 장유의 우언작품과 관련되는 소개는 아직 斷片적 지적
에 머무르고 있다. 이는 그의 우언작품이 현재 문집에 흩어져 존
재한다는 것과 그 창작량이 그리 많지 않다는 실정과 무관하지 않
다. 하지만 다른 우언작품들 장유의 우언창작에 莊子의 우언창작
특징이 더욱 선명하게 드러난다는 점은 주목하지 않을 수 없다.
필자가 거칠게나마 정리한 바에 의하면 장유의 우언작품들은 다
음과 같다.

> 詩,賦:「蛙鳴賦」,「鴟得腐鼠嚇鵷鶵賦」,「蟻戰十韻」,「戲作四禽語」,「弔
> 混沌氏詞」,「問造物」,「造物答」,「戲作四禽語」
> 文:「寓言」2수[143],「設孟莊論辯」,「筆說」,「曲木說」,「氷壺先生傳」

　이처럼 제목만 보아도『莊子』와의 관련성이 쉽게 눈에 띈다.
물론 이는 莊子적 사유에 대한 장유의 적극적인 형상화로 말미암
아서다. 以上의 작품들 중에서「寓言」2수,「設孟莊論辯」,「蛙
鳴賦」등은 많이 논의되는 작품인 한편,「蟻戰十韻」은 처음으로
거론되는 것이다. 따라서 새로운 자료의 소개와 아울러 대표적 작
품들을 새로이 고찰한다는 의미에서 본고는「蟻戰十韻」,「設孟
莊論辯」그리고「寓言」2수 중의「寓言-無極子之巧」를 대상으

---

143 「寓言」2수는 無極子의 예술정신을 말하는 1수와 '物의 有而非有'에
관한문답하는 2수로 구성되어 있다. 본고는 논의주제를 강조하기 위해「寓言
1」를「寓言-無極子之巧」로 명명하기로 한다.

로 장유의 우언창작의 일면을 살펴보기로 한다.

(1)現實의 諷諭: 觸蠻戰爭의 聯想

무려 이천 여 년이라는 시간적 차이가 존재함에도 불구하고 장유와 莊子는 정치적 혼란과 무질서로 얼룩진 시대를 살았다는 점에서 공통점을 지니고 있다. 이와 같은 난세 속에서 莊子는 한 편으로는 자기가 몸담아 살고 있는 혼란한 현실을 부정하고 통치 자의 흉포하고 잔학한 본성을 폭로하면서, 다른 한편으로는 정신 의 자유와 해방에 도취하여 '獨與天地精神往來, 而不敖倪于萬 物'[144]라고 말하였다. 이것은 곧 莊子철학이 부조리한 현실을 부 정·비판하는 데에서 출발하여 무위자연 속에서 삶의 안식처를 모 색한 것이라고 할 수 있는 부분이다. 장유는 莊子로부터 많은 사 상적 영향을 받았지만, 혼탁한 현실세계에 염증을 느낀 나머지, 현실도피와 荒誕에 빠졌던 문인들과 달리 현실적 시각을 견지하 고 있었다. 그는 주자학적 사고만으로 해결할 수 없는 내면적 갈 등을 老莊 등 여러 사상과, 시 혹은 詞賦와 같은 문학작품의 형상 화를 통해 극복·승화시키는 대안을 진지하게 모색하고 있었다. 특히 문인이자 정치인으로서 그가 일련의 정치적 시련과 환란을 겪으면서 느꼈을 비애와 갈등, 그리고 이를 극복하고자 하는 의식 들은 그의 창작의 의식기저로 작용하고 있음이 그의 작품에서 많

---

144 "獨與天地精神往來而不敖倪於萬物, 不譴是非, 以與世俗處." 「雜篇· 天下」, 『莊子』.

이 발견된다. 이와 함께 이러한 내면적 의식 파동을 자극했던 현실세계가 또 장유의 작품 안에서 어떻게 형상화했는가를 동시에 주목해야 한다. 먼저 장유의 우언시인 「蟻戰十韻」을 살펴보기로 한다.

꿈틀꿈틀 벌레들도 생기(生氣) 품부 받았나니
현구 역시 천지간에 생을 영위하는도다
누린내 좋아하니 먹고살기 쉬울텐데
알갱이 이고 다니다니 목숨을 가벼이 여기누나
군신 간의 의리를 대략 갖고 있을테니
이해 관계 쟁탈전이 어떻게 없을손가
봉토(封土)를 나눠 받고 전권(專權)을 행사하며
약자를 기만하고 서로 집어삼키나니
소 싸우듯 함성 소리 천지를 진동하고
물고기 비늘처럼 군진(軍陣)을 횡으로 펼쳤도다
티끌 날려 속사포 계속 쏘아대고
지푸라기 보루(堡壘) 삼아 만리장성 이뤘는데
삽시간에 나뉘어진 승자와 패자
강하고 약한 형세 금방 눈에 들어오네
서로 버틴 것은 광무와 같고
살륙전 벌인 것은 장평과 비슷
만촉의 전쟁 결코 허전(虛傳) 아니요
괴안국(槐安國)의 고사 역시 놀랄 만한 일이어라
예나 지금이나 바람 불고 비 오는 곳
어딘들 전쟁 놀이 그만둘 수 있으리요

蠢動均函氣　玄駒亦攝生
慕羶求易足　戴粒命偏輕
略有君臣義　能無利害爭
分封專國土　欺弱互兼幷
牛鬪軍聲振　魚麗陣勢橫
吹塵騰急礮　壘芥作長城
欻爾分成敗　居然見脆勍
相持同廣武　鏖戰等長平
蠻觸傳非妄　槐安事可驚
古今風雨地　何處可休兵[145]

　　세상에서 상상도 못하는 웅대한 개미의 싸움은 장유의 붓 끝
에서 돌아 올랐다. ‘蠢動均函氣’라는 시구에서 드러나듯이 아무
리 작은 개미라도 氣를 부여받은 개체로서 ‘각각 자기의 성을 따
라 자기의 정을 펼치는 것(各率其性, 以宜其情)’이다. 이렇게 인간뿐
만 아니라 만물까지도 기로서 이루어지는 萬物一氣의 세계[146]는
원래 彼我의 구별과 好惡가 없는 세계이지만 실제로는 오히려 현
실적 利害 관계를 다투기에 급급하여 비참한 살육 현장으로 변했
다. 이제 알갱이만으로 배를 불릴 수 있는 개미의 세계도 전쟁으
로 뒤집혀졌다. 여기서 전쟁 장면의 ‘悲壯美’를 극대화하기 위해
서, 장유는 『莊子』의 우언세계에 흔히 보이는 비유, 과장 등의 수

─────────────

145　張維, 『谿谷集』卷29, 「蟻戰十韻」. 민족문화추진회.
146　“自一而萬, 萬各我 我我之我 我亦猶人之我.”, 張維, 「放言」, 『谿谷
集』卷3, 雜著.

법을 적극 구사하고 있었다. 전쟁터에서의 함성 소리는 소 싸우듯 천지를 진동하고, 군진대오(軍陣隊伍)는 물고기 비늘처럼 펼쳐지며, 지푸라기 만든 보루는 만리장성과 같이 견고하다. 이렇게 웅장한 전쟁 장면을 그리면서, 장유는 중국 역사에서 벌이는 廣武와 長平[147]의 전쟁 고사를 통해서 전쟁의 잔혹함을 형상화하였다. 이러한 '비장미'가 넘치는 전쟁 속에서 '大蟲食小蟲, 彊者飽弱肉'[148] 의 비참한 현실세계의 모습은 한 눈에 들어온다. 결국 우리는 장유의 이러한 풍부한 상상과 과장적 표현능력에 감탄을 금치 못하는 동시에, 달팽이의 뿔에서 전쟁의 호각소리를 울리는 '觸蠻之爭'을 자연스레 연상할 수 있게 된다.

> "그 달팽이의 왼쪽 촉각 위에는 촉씨(觸氏)라는 자가, 오른쪽 촉각 위에는 만씨(蠻氏)라는 자가 각각 나라를 세우고 있었습니다. 어느날, 그들은 서로 영토를 다투어 전쟁을 시작했는데 죽은 자가 수만 명에 이르고, 도망가는 적을 추격한지 15일 만에야 전쟁을 멈추었다고 합니다."[149]

하찮은 달팽이의 뿔에서 땅을 점유하기 위한 '伏屍數萬'의 잔혹한 전쟁이 벌어진다. 탁월한 상상력과 기발한 비유, 과장법을

---

147 廣武: 산 이름으로 초(楚) 나라 項羽와 漢 나라 劉邦이 각각 이곳에서 몇 달 동안 대치했던 일을 가리킨다. 長平: 성 이름으로 전국 시대 秦 나라 白起가 趙 나라 趙括의 군사를 대 파하고 降卒 40여만 명을 땅에 파묻어 죽였다.

148 "大蟲食小蟲, 彊者飽弱肉. 呑啖世界内. 物物相殘賊, 彊者豈常彊." 張維, 「索居放言十首」, 『谿谷集』卷25.

149 "有國于蝸之左角者, 曰觸氏, 有國於蝸之右角者, 曰蠻氏, 時相與爭地而戰, 伏屍數萬, 逐 北, 旬有五日而後反." 「則陽」. 『莊子』雜篇.

바탕으로 창작된 이 우언 이야기는 사십여 자 정도의 글자 수에도 불구하고, 전쟁의 장면을 화폭에 그리듯이 독자의 머릿속에서 펼치고 있다. 莊子는 세상에 있을 수 없는 이 허탕한 이야기를 통해서 당대 작은 이익에 쫓기는 소인배로 인해 어두워진 현실세계를 풍자하면서 이를 극복하기 위한 대안으로 초연하게 무위의 자유를 누려야 한다고 주장하였다. 비록 그 표면적 내용이 가상적인 것이지만, 그 내면에 함축된 혼탁한 현실 모습과 무한한 哲理적 眞理는 현대인들에게도 시사하는 바가 크다고 할 수 있다.

'蠻觸傳非妄'에서 드러나듯이 이러한 莊子적 '以其虛,虛天下之实'[150]의 표현수법과 창작의도는 장유의 이 시에서 다시 나타난다. '古今風雨地, 何處可休兵'이라는 당대 현실에 대한 장유의 외침은 그의 가슴에 쌓였던 분노와 비애를 분출시키는 동시에, 點睛의 一筆로 이 시를 고도의 정신적 경계로 승화시키기도 하였다. 지금까지 이 시에 대한 관심이 부족했던 바, 이 작품의 정확한 창작 연대와 배경에 대한 연구 성과가 없다. 그러나 작품 내용에 표출된 작가의 내면적 심경을 통해서 시인이 일련의 시대적·사회적 시련을 겪고 난 후에 이 시를 창작한 것으로 추측할 수 있다. 혹은『계곡집』에 현재 남아 전하는 시의 절반 정도는 거의 安山 은거시절(1612~1624)에 지어졌다는 점[151]에서 보면 이 작품이 이

---

150   "李涂云: '庄子善用虚, 以其虚天下之实." [明]王士禎, 『艺苑厄言』卷1
151   정연봉, 앞의 논문, p.106, 참조.

시기에 창작되었을 가능성도 있어 보인다. 전쟁·사화와 같은 내우외환을 통해 여러 가지의 불행을 겪었던 장유에게 있어 이렇게 혼란하기 그지없는 현실 세계는 잔혹한 '전쟁터'와 같았을 것이다. 비록 그가 西人에 속했지만, 어떤 당파, 학파 등의 대립도 무의미하게 본 인물이었다.[152] 당대 혼란했던 時代相과 추한 인간상에 대한 분노를 안고 있었던 장유에게 있어서 현실에 대한 비판과 풍유의 정신으로 무장한 『莊子』의 우언적 글쓰기는 하나의 대안이자 구원의 통로였다고 할 수 있다. 그래서 이익을 위한 크고 작은 싸움은 개미들의 전투와 다를 것이 없었던 바, 이러한 내용들이 장유의 시에서 이야기되었던 것이다.

이 시 외에도 『莊子』에 나타난 「鴟得腐鼠」고사를 소재로 창작한 장유의 詞賦작품인 「鴟得腐鼠嚇鵷鶵賦」도 역시 우언적 글쓰기를 통한 현실에 대한 諷諭를 보여주고 있다. 이는 앞으로의 과제로 남기겠지만, 莊子의 우언적 글쓰기를 즐겨 수용하면서 그것에 구사된 과장, 비유 등 수법을 적극적으로 사용하여 혼탁한 현실 세계를 풍유한다는 것은 장유의 문학창작의 특징 중의 하나라고 할 수 있다.

(2) 哲學的 指向: 孟·莊의 邂逅

주지하다시피, 유가에서 孔子와 孟子가 차지하고 있는 위치

---

152 어수정, 「계곡장유의 문학론 연구」, 『韓國漢文學論文選集』,불함문화사, 2002년, p.4. 참조.

는 도가에서 老子와 莊子가 차지하고 있는 위치와 같다고 할 수 있다. 따라서 孟子와 莊子의 만남은 철학사뿐만 아니라 역사, 문학사에서도 역시 상당한 의미를 지닌다고 생각할 수 있다. 『史記』에 의하면 孔子가 老子에게 禮에 대해 세 번 여쭤본 적이 있다고 기록되어 있으며, 또한 『莊子』에서도 스승과 제자의 관계에 놓였던 老子와 孔子의 假想的인 만남을 여러 번 다루고 있다. 이것이 사실이든지 허구든지 간에 老子와 孔子의 만남이 빈번히 다루어지는 반면, 동시대에 살았던 孟子와 莊子의 만남은 언급된 적이 없있다. 또한 『孟子』와 『莊子』에서도 상대방에 대한 언급이 전혀 보이지 않는다. 이에 대해 朱熹가 활동지역의 제한성이라는 측면에서 그들의 만남이 있을 수 없었다고 밝힌 바[153]가 있지만, 이것만으로는 왜 孟·莊의 가상적인 만남조차도 나오지 않는가에 대한 의구심을 풀기에는 부족해 보인다. 이렇게 孟·莊의 '不相見'으로 인한 아쉬움이 남아 있는 가운데 조선 문인인 장유는 孟·莊의 만남을 가정하여 그 공백으로 남아 있던 孟·莊의 만남을 이루었던 것이다. 그는 『設孟莊論辯』의 附記에서 다음과 같이 말하였다.

孟子가 변론하기를 좋아하여 양주(楊朱)와 墨翟을 물리치면서 孔氏의 도가 밝게 드러나게 되었다. 그런데 늘 괴이하게 여겨 온 것은 그가 莊周와 동시대의 인물이면서도 서로 만나지 못했고 《孟子》7편 중에도 莊周를 언급한

---

153 "孟子平生足迹只齊魯滕宋大梁之間, 莊子自是楚人, 想見聲聞不相接." [宋] 黎靖德, 『朱子語類』第八冊,

대목이 없다는 점이었다. 평소 할 일이 없을 때에 내 멋대로 이상과 같이 말을 만들어 보았는데, 이는 대개 이른바 글을 가지고 한 번 익살을 떨어 본 것으로서 이를 통해 異說을 억누르고 吾道를 일으켜 세우려는 의리를 붙인 것이라고 하겠다.[154]

과거 언급되지 않았던 孟·莊의 만남은 장유에게 있어서도 매우 흥미로운 화제였다. 따라서 孟·莊의 만남을 戲筆을 통해 나타낸다고 하였지만, '抑異說扶吾道'라고 하였다는 점에서 순전히 희필로만 보기는 어렵다. 더불어 장유의 『莊子』에 대한 포용적 수용 자세를 감안할 때, 孟·莊을 대별하여 유가를 일방적으로 추키는 태도가 아닐 듯하다. 그러면 장유가 이 글에서 자신의 입장을 어떻게 표명했는가에 대해 살펴볼 필요가 있다. 내용이 길어서 편의상 간추린 주요 논변 내용을 다음과 같이 보기로 한다.

蒙땅에 살고 있는 莊周를 鄒 땅 사람 孟子가 제(齊) 나라에서 방문하였다. 性命과 仁義의 도리를 논하는 孟子에 대해 莊子는 大道인 自然을 들어 답하였다. 孟子는 莊子 역시 생사에, 또 유가에 대한 배척을 통한 可不可에 집착하고 있다며 성인의 역할과 인위적인 제도가 불가피함을 논한다. 이에 대해 莊子는 道란 자연 그 자체로 자연을 떠나면서 갈래 많이 칠수록 도에서 멀어지고 결국 인의란 것도 자연에서 이탈하면서 생기고 성인이 예악을 일으키면서 거짓스런 행동은 늘고 문명의 이기를 만들면서 걱정거리가 줄을

154 "孟子好辯, 闢楊墨, 孔氏之道明, 然常怪其與莊周同時而不相遇. 七篇之中. 語無及者。端居無事。漫爲設辭如右. 蓋所謂以文滑稽者, 而因以寓夫抑異說扶吾道之義云." 張維, 『谿谷集』卷3, 「設孟莊論辯」,

잇고 있다고 반박한다. 孟子가 다시 仁義란 性 자체로 참다운 자연의 도요, 마음은 이치를 가지고 자연스럽게 접촉하여 발동되니 是非와 可不可 역시 자연의 원리이며, 만물이 서로 같지 않은 것이 실상이라고 반박하였다. 또 기운이 흘러 사람이 경박하고 풍속이 변하는 것이지 그것이 성인의 잘못은 아니라고 하였다. 이에 대해 莊子가 맹자에게 道가 같지 않아 서로 이야기 할 수 없으니 가보라고 하는 것으로 논쟁을 마무리하고 있다.[155]

이 글은 내용 구성에 있어 孟子와 莊子가 만물을 똑같이 보아야 하는가를 둘러싸고 각각의 입장을 제시하는 논변의 형식을 갖는다. 孟子는 莊子의 '齊物論', '死生同狀', '可與不可', '絶聖棄賢' 등이 '荒唐無端之論'이라고 논박하고, '因其勢而制其治, 通其變而適其宜'라는 자연의 道를 설파하였다. 이에 莊子는 '大道無名', '眞性無體' 등을 주장하며 천하가 크게 어지러워진 근본 원인이 성인이 일으킨 禮樂, 法度에 있다고 항변하지만, 결국 논변은 孟子의 공박에 莊子가 '道不同, 不相爲謀'의 말로 더 이상의 대응을 회피함으로써 끝난다.

이와 같이 孟·莊 논변의 결말에서 이루어진 莊子의 敷衍적 회답만을 보면 장유가 맹자의 편을 들고 있다는 느낌을 부인하기는 어려울 듯하다. 하지만 일단 부기의 서술동기와 위 글의 결말을 제외하고 그 논변과정 자체를 보면 莊子사상에 대한 장유의 깊은 이해력뿐만 아니라 『莊子』에 나타난 논변 표현수법에 대한

<hr />

155 여기서 이 요약 내용이 서울대학교 규장각한국학 연구원에서 제공한 내용을 참고하고 있었음을 밝혔다.

체득까지 엿볼 수 있다.

우선 보통의 論辯體 산문과 달리, 고리타분한 변명이나 지루한 설득이 없게 하여 독자의 흥미를 자아내고 있다. 『設孟莊論辯』이라는 제목에서 드러나듯이, 장유는 莊子가 즐겨 사용한 대화법을 이 산문에서 구사하고 있다. 이 작품에서 맹자와 莊子는 각기 논변을 통해 그들의 주장을 천명하고 있는데, 이것은 작품의 생동감을 살리고, 논변을 박진감 있게 진행시키는 데 기여하는 대화법이라고 할 수 있다. 주지하다시피 莊子의 우언적 글쓰기 중에 가장 많이 즐겨 사용되는 표현수법은 대화법이다. 劉向은 『別錄』에서 '인물을 설정하여 서로 대화하게 하여 언사를 그 사람에게 가탁하였으므로 『莊子』에 「寓言」篇이 있다"[156]라고 말하였다. 이는 莊子가 스스로 쓰는 글의 7할이 중언(重言十七)이라고 한 바와 같이, 사물의 경위와 본말을 파악하여 남보다 앞서는 인간 도리를 갖춘 사람의 말[157]을 빌려 진실을 전달하기 위하여 대화의 형식으로 우언적 상황을 배출하는 것을 의미한다는 것이다. 따라서 일반적 서사구성보다 대화 형태의 구성은 극적 효과를 높이고 사건을 박진감 있게 진행시킬 수 있다는 장점을 지니고 있다. 이

---

156 『史记』,「莊子列传·索隐」, "又作人姓名,使相與语,是寄辞於其人,故莊子有寓言篇." (劉向의 『別錄』은 당나라에 이르러 유실되었다. 여기서 史馬遷은 劉向의 말을 인용하였다.)

157 "重言十七,所以己言也。是為耆艾,年先矣,而無經緯本末以期年耆者,是非先也。人而無以先人,無人道也；人而無人道,是之謂陳人." 『莊子』雜篇,「寓言」

러한 점에서 보면 대화법의 채택은『莊子』의 우언적 글쓰기의 구사와 높은 문학적 성취가 이루어지는 데에 많이 기여하고 있다고 할 수 있다.

대화법을 구사한 莊子의 우언작품[158] 중에 莊子와 惠子의 '濠梁之辯'은 논변적 방식이 보이는 가장 대표적 예라고 할 수 있다. 이 논쟁은 반전이 거듭되고 묘미가 넘쳐나 독자들로 하여금 글을 읽는 내내 흥미진진하게 하였다. 눈앞의 상대방을 반박하기 위해서 莊子와 惠子가 처음부터 끝까지 귀류법(歸謬法:reductio ad absurdum)[159]을 사용하고 있고 있었다.[160] 장유의『設盂莊論辯』을『莊子』의「濠梁之辯」과 같이 읽으면 이러한 논변적 사유방법이 두 글에서 동일하게 동원되었다는 인식을 획득할 수 있다.

惠子왈: "자네는 물고기가 아닌데 어떻게 물고기가 즐거운 것을 아는가?"

莊子왈: "자네는 내가 아닌데 어떻게 내가 물고기의 즐거움을 알지 못하는

....

158 대화의 방식에 따라 대화법을 구사한 莊子의 우언작품은 크게 두 가지로 나눌 수 있다. 하나는 일방적인 인물의 사상적 고백처럼 보이는바, 스승과 제자 혹은 득도자(得道者)와 구도자(求道者) 사이에 주고받는 문답(問答)적 방식이며, 다른 하나는 대등(對等)적 인물관계에서 출발하여 벌어지는 논변적 방식이다.

孫克强, 耿紀平 외,『莊子文學研究』, 中國文聯出版社. 2006年, p.87, 참조.

159 소위 귀류법이란 상대방의 주장을 반박하기 위하여 고의로 먼저 상대방의 전제를 받아들인 후에 합리적인 논리적 추리를 통하여 앞의 전제로부터 그 전제와는 서로 모순되는 결론을 이끌어 냄으로써 상대방의 주장을 뒤집는 것이다.

彭鋒,「莊子와 惠施의 濠梁의 논변에서 본 철학의 근본」,『東亞文化』제41집, 서울대학교 동아문화연구소. 2003년, pp.122~125면. 재인용.

160 岑溢成,「魚樂之辯之知與樂」,『鵝湖月刊』제3卷29期. 1977年, 참조.

것을 아는가?" 惠子曰: "나는 자네가 아니라서 본시 자네를 알지 못하네. 자네도 본시 물고기가 아니니 자네가 물고기의 즐거움을 알지 못한다는 것은 틀림없네." 莊子가 왈: "자 처음으로 돌아가 말해 봅시다. 자네는 '어찌 자네가 물고기의 즐거움을 안단 말인가? 라고 했지만 이미 그것은 내가 안다는 것을 알고서 내게 물은 것이네. 나는 호수가에서 물고기의 즐거움을 알았소."[161]

孟子曰: 선생께서는 밑도 끝도 없이 황당무계한 주장을 펼치기를 좋아하시면서…(中略)…선생께서 이런 주장을 그만두고 공씨(孔氏 유가학파의 방법을 따라 선왕의 도를 밝히실 수만 있다면, 저는 제자가 되어 선생의 가르침을 받고 싶습니다. 선생께서는 이에 대해 또한 의향이 있으십니까?"

莊周가 입을 크게 벌리고 웃으면서 말하기를, "선생께서 의혹 된다고 한 것들은 내가 좋아하는 것들이고 선생께서 교시해 준 것들은 내가 하찮게 여기는 것들입니다. 그런데 선생께서는 나로 하여금 내가 좋아하는 것들을 버리고 내가 하찮게 여기는 쪽으로 나아가게 하면서 선생의 교시를 따르라고 하였습니다. 그러고는 그만 '나의 제자가 되어 나의 가르침을 받고 싶다.'고 하였는데, 가령 내가 나의 이념을 버리고서 선생의 가르침을 따르기로 한다면 이미 선생에게서 가르침을 받은 셈인데 어떻게 선생을 가르친단 말입니까."

孟子曰: 선생께서도 일찍이 작록을 가볍게 여기고 명리(名利)를 아랑곳하지 않은 나머지 천금(千金)의 재물도 사양하고 卿相의 지위도 내던진 채 차라리 진흙탕 속에서 꼬리를 끌고 다닐지언정 희생용 소가 되고 싶지는 않다고 하셨는데, 이것도 사(死)·생(生)을 염두에 두고 하신 것이 아닙니까? 또 儒家와 墨家의 주장을 물리치고 老氏의 교리를 밝히면서 자기의 정당성만 내세우고 다른 학파는 부당하다고 비난하셨는데, 이것도 가(可)·불가(不可)에 집착한 것

---

161 "子非魚,安知魚之樂?"莊子曰: "子非我,安知我不知魚之樂" 惠子曰:我非子,固不知子矣. 子固非魚也,子之不知魚之樂,全矣"莊子曰: "請循其本. 子曰: 汝安知魚樂 云者,旣已知吾知之而問我,我知之濠上也."『莊子』外篇, 「秋水」

이 아닙니까.[162]

위에서 본 바와 같이 莊子는 "자네는 물고기가 아닌데 어찌 물고기의 즐거움을 아는가"라는 惠子의 말에 대해 "자네는 내가 아닌데 어찌 내가 물고기의 즐거움을 모른다는 것을 아는가"라고 물음을 제기한다. 이에 惠子는 다시 앞에서 莊子가 제기한 바에 의거하여 "자네는 물고기가 아닌데 어찌 물고기의 즐거움을 아는가"라는 물음을 얻어낸다. 이렇게 보면 惠子는 莊子의 주장을 전제로 하여 받아들인 뒤에, 합리적 추리를 통해서 莊子의 주장으로부터 그 주장과 서로 모순되는 결론을 이끌어내고 있는 것이다. 장유의 『設孟莊論辯』에서도 마찬가지로 孟子는 莊子에게 그의 주장을 그만두고 유가학파의 방법을 따르라고 하며, 莊子가 진정으로 이렇게 할 수 있다면 스스로 제자가 되어 莊子의 가르침을 받고 싶다고 말하였다. 이 말을 듣고 난 莊子는 孟子의 요구대로 하면, 자신이 孟子의 스승이 되기는커녕 오히려 孟子에서 가르침을 받은 학생이 되고 말 것이라고 재치 있게 반박한다. 또한, 孟

162   孟子曰:"軻也嘗聞先生喜爲荒唐無端崖之論。···(中略)···先生能紲此論而遵孔氏之方。明先王之道。則軻也願爲弟子而受教焉。先生亦有意乎?"莊周呀然而笑曰:"子之所惑者。周之所樂也。子之所教者。周之所薄也。今子令周釋周之所樂。趨周之所薄。而從子之所教也。酒曰願爲弟子而受教焉。夫旣使周捨我而從子。則己受教於子矣。何以教子爲。"孟子曰:"且先生亦嘗輕爵祿遠名利。辭千金之富。棄卿相之尊。欲曳尾塗中。而不願爲犧牛者。非爲死生乎。紲儒墨之辯。明老氏之教。是吾之是而非人之非者。非爲可不可乎。"張維,「設孟莊論辯」,『谿谷集』卷3.

子도 '死生爲一條, 可不可爲一貫' 이라는 莊子의 주장을 일시적으로 전제한 위에 莊子의 "차라리 진흙탕 속에서 꼬리를 끌고 다닐지언정 희생용 소가 되고 싶지 않다"는 말이 그 자체에 이미 死,生을 염두에 두고 있다는 뜻이 숨어 있다고 지적하였다. 또 "유가와 묵가의 주장을 물리치고 老氏의 교리를 주장한다"라고 한 莊子에 대해, 孟子는 "이런 식으로 행하는 방식도 可·不可에 집착한 것이 아니겠는가?"라고 반박한다.

이처럼 장유의 『設孟莊論辯』에서 보이는 논변적 대화 양식과 귀류법이라는 사유방법은 莊子철학에 대한 깊은 이해와 그에 어우러지는 문학적 수용인식의 소산에서 비롯된 것이라고 하겠다.

「濠梁之辯」와의 관련성의 측면에서 「濠梁之辯」의 최종적 승리자가 누구인지에 대한 논의가 분분한 만큼 『設孟莊論辯』에 숨어 있는 장유의 사상적 지향을 깊이 있게 파악해야 한다. 『設孟莊論辯』과 「濠梁之辯」의 결말은 논변을 수습하기 위한 궤변적 책략이 사용되고 있다는 면에서 일정한 정도의 공통적 성격을 가지고 있다. 그렇다고 이를 근거로 하여 莊子를 敗者로 쉽게 인정할 수 있는 것은 아니다. 조선중기의 주자학적 학문 풍토를 생각하면 장유가 이러한 글을 지어 莊子의 논리를 깊이 있게 거론한 것 자체가 파격적 행위[163]라고 할 수 있다. 따라서 당대 주자학 일변도의 학풍에 벗어나, 노장 등 사상에 대한 포용적 자세를 통한

163　우응순, 「조선중기 사대가의 문학론 연구」, 고려대학교 국문과 박사논문. 1990년, p.115, 참조.

합리적, 객관적 학문 방법론을 추구했다는 점을 고려한다면, 장유가 '以文滑稽'의 서술전략을 사용해서 莊子에 대한 부분적인 긍정을 우의적·함축적으로 펼친 것이라고 할 것이다. 이러한 생각을 바탕으로 하여 더 깊이 생각해본다면 이 산문은 겉으로는 莊子철학을 배격하고 있지만 그 이면에는 莊子에 대한 긍정인식을 서로 반대로 드러내는 反語法을 사용하고 있다고 할 수 있다. 이는 또 '正言若反'[164]이라는 言語觀이 녹아 있는 莊子 우언문학과 일맥상통한 부분이라고 할 수 있다. 따라서 『莊子』에 나타난 논변예술에 대한 창의적 수용을 통해 『設盂壯論辯』에서 장유의 지적 應世 창작전략을 볼 수 있다. 아울러 『莊子』의 「濠梁之辯」에 흘러나온 '若卽若離의 寓意'[165]표현도 함께 살필 수 있다.

(3) 藝術精神의 追求: 遺形取神의 彫刻

莊子철학의 핵심개념은 道다. 莊子의 道에 대해서 무위자연, 물아일체 등 사변적이고 형이상학적 철학적 개념이라고 생각하기 쉬운데, 이러한 철학적 관념상에서 벗어나 현실 생활까지 시야를 확대시키면 그가 말하고 있는 道는 곧 예술정신[166]임을 발견할 수 있다. 예컨대 서예나 산수화 등 기타 예술분야에 莊子가 미친 영향을 보면 莊子의 道는 예술정신과 서로 통하는 면을 지니

---

164 "辞趣华深正言若反,故莫能畅其弘致."[唐]陆德明,『庄子音义』.

165 "其寓意俱在若卽若離之間", 宣潁,『南華經解·秋水』.

166 徐復觀 著 권덕주 譯,『중국예술정신』,東文選. 1993년, p.80, 참조.

고 있다는 것을 볼 수 있다. 莊子는 「達生」에서 뛰어난 악기를 만들어낸 梓慶의 우언을 통해서 최고의 예술경지에 도달할 수 있는 정신 研磨로서 '必齋以靜心'을 말하고 있으며, 「田子方」에서는 '解衣盤礴'의 畵師를 통해서 현실에 구애받지 않는 예술창작의 心境인 "凝神忘我"를 표현하였다. 이는 「人間世」와 「大宗師」에서 말한 '心齋'와 '坐忘'이라는 인간 수련과 같은 것이라고 하겠다. 莊子가 말한 최고의 예술은 최고의 인격을 대상으로 하는 것이다.[167]

장유는 개구리 떼의 울음소리를 통해서 莊子의 齊物論에의 사상적 통로를 열었다.[168] 하늘 음악(天籟)을 들으면서 '喪我'의 경지에 이른 南郭子綦처럼 장유는 개구리의 '天機自鳴' 속에서 '天籟之均寓'의 이치를 깨닫고 '物我一致'의 기쁨을 획득하였던 것이다. 그는 楚公子와 東郭先生의 문답으로 되어 있는 우언 이야기인 「寓言-無極子之巧」를 통해서 '物我一致'의 철학사상에서 한 걸음 더 나아가 '遺形取神'의 예술창작정신의 최고경지를 설파하였다.

楚 나라 公子가 교묘하게 조각하는 것을 좋아한 나머지 세상에서 솜씨가 좋다고 소문난 자에 대해서는 으레 후하게 예우하며 招致하였으므로 끌과 칼

----

167 앞의 책, 87면.
168 「蛙鳴賦」에서 장유가 말하고자 하는 것은 "天機自鳴"의 미의식과 "物我一致"의 기쁨, "達人"의 경지에 대한 설명 등으로 요약할 수 있다.
    정연봉, 앞의 논문, pp.94-96, 참조.

을 잡고 그 문하에서 일하는 자들의 숫자가 1백을 헤아렸다. 이때 국보적인 기능을 갖춘 郢 땅 사람이 공자를 찾아와서 자기 자랑을 하였는데, 公子가 그의 기술에 대해서 물으니, 그가 대답하기를, "제가 나무와 돌을 가지고 길짐승이나 날짐승, 곤충, 물고기 등의 모습을 만들면 진짜와 혼동되어 구별할 수가 없습니다." 하였다. 이에 공자가 크게 기뻐하여 풍성하게 음식을 대접하고 千金을 주면서 화려한 집에 거처하게 하였다. 그 뒤 3개월이 지나자 그가 원숭이 한 마리를 조각하였는데, 그 작품을 雲夢의 藪澤에 놔두었더니, 짝 잃은 어미 원숭이가 찾아와 의지하면서 15일이 되도록 그 옆을 떠나지 않았으므로, 공자가 귀신 같은 재주라고 생각하고는 이를 거두어 보배로 삼았다.[169]

'彫刻之巧'를 좋아하는 초공자는 木石으로 원숭이 형태를 만든 郢人의 조각을 神의 경지에 이르렀다고 판단하여 보배로 삼는다. 그러나 이러한 '亂之眞而不能辨'의 조각 성취가 과연 神의 경지에 이른 것이라고 할 수 있는 것인가? 동곽선생이 이 문제에 대한 답을 주기 전에, 우리는 莊子가 「天道」에서 말한 '刻雕衆形不爲巧'[170]를 통해서 인공적 꾸밈과 조작에서 벗어나지 못하는 초공자의 심미시각을 알 수 있다.

---

169 "楚公子喜雕刻之巧。天下有以機巧聞者。必厚禮致之。執刀鑿而處門下者以百數。郢人有國能者踵門而自衒。公子問其技。對曰。臣能以木石爲禽獸蟲魚之形。亂之眞而不能辨也。公子大說。膳以太牢。餼以千金。處之華屋之下。三月而爲一猴。寘之雲夢之藪。有母猴失其偶者來依焉。旬有五日而弗去。公子以爲神。收而寶之." 張維, 「寓言二首」, 『谿谷集』卷3.
170 "畜萬物而不爲義。澤及萬世而不爲仁, 長於上古而不爲壽, 覆載天, 地刻雕衆形而不爲巧, 此之爲天樂." 『莊子』, 「外篇·天道」.

동곽 선생이 齊 나라에서 이 지방을 지나가자 …(中略)…말하기를, "공자가 유독 無極子 기교에 대해서 들어 보지 못했기 때문에 그런 것일 뿐이다. 저 무극자의 기교로 말하면 이 세상에 그 수준을 뛰어넘을 자가 없는데, 일찍이 사람에게 일컬어진 적도 없었을 뿐더러 사람이 또한 어떻게 일컬을 수도 없다 하겠다. 공자는 이에 대해서 들어 보고 싶은가?" 하였다. 공자가 말하기를, "무극자의 기교에 대해서 들어 보고 싶습니다." 하니, 동곽 선생이 말하기를, "무극자의 기교로 말하건대, 그는 눈으로 보지 않고 손을 움직이지도 않으며 마음속으로 생각하지 않고 연장을 쓰지도 않으며 무늬나 채색 없이도 모양이 나게 하고 털이나 깃 없이도 장식을 한다. 자연을 뿌리로 삼고 무위를 몸으로 삼아 元氣를 운행시키는데, 음양을 그릇으로 삼고 오행을 재료로 삼아 사계절에 따라 행하게 하면서 바람과 비로 변화를 주고, 날개를 달아 주어 하늘을 날게 하는가 하면 다리를 붙여 주어 대지를 달리게 한다. 그리하여 나무뿌리, 풀뿌리, 꽃, 열매 등속과 깃 있고 털 있고 비늘 있고 딱지 있는 부류들에 있어, 情性이 막히고 통하게 하고, 구멍이 열리고 닫히게 하고, 모나고 둥글고 길고 짧은 모양을 이루게 하고, 희고 까맣고 검붉고 노란 색깔을 띄게 하나니, 어떤 물건이든 빠짐없이 갖추어져 하늘과 땅 사이에 가득 차게 하는 것은 모두가 무극자에 의해 이루어지는 일이다. 그럼에도 불구하고 무극자는 스스로 기교가 있다고 한 번도 생각해 본 적이 없다."[171]

위의 글에서 동곽선생은 초공자의 이러한 '조각지교'를 末

---

[171] "東郭先生自齊過焉。···(中略)···曰。公子獨不聞無極子之巧耳。夫無極子之巧。天下無出其右。而未嘗稱於人。人亦無得而稱焉。公子其欲聞之乎。公子曰。願聞無極子之巧。東郭先生曰。夫無極子之巧。視不以目。運不以手。思慮不以心知。鐫琢不以椎鑿。無績彩而文。無毛羽而飾。本乎自然。體乎無爲。運乎元氣。以陰陽爲器。以五行爲材。行以四時。化以風雨。傅翼而飛。著足而走。根荄華實。羽毛鱗介。情性之通塞。竅穴之開闔。方圓長短之形。白黑玄黃之色。物物具備。充滿乎天地者。皆無極子之爲也。而無極子未嘗自以爲巧。"張維,「寓言二首」,『谿谷集』卷3.

로 폄하하여 '無極子之巧'를 제시한다. 무극자는 感官이나 지혜, 도구에 의지하지 않고, 꾸밈과 분식에 빠지지 않는다. 그는 자연에 근본하고 무위를 본받으며 원기에 따라 음양, 오행 등을 자유로이 부리면서 삼라만상을 천지에 충만하도록 창조해낸다. 이러한 천지만물의 운동과 생멸을 주재한 행위를 하면서 무극자는 스스로의 능력을 巧로 삼지도 않는다. 여기서 감관이나 지혜 등에 의하여 외물로부터 얻어진 관념을 덜어내어 마음을 비우는 무극자의 행위는 도를 體認하기 위해 莊子가 취하는 부정적 방법과 일치한다고 볼 수 있다. 즉 자연을 外在視하여 감관 또는 사유의 대상으로 삼아 탐구하지 않고, 도리어 자연을 內在視하여 어떤 媒介物없이 직접 자기 마음 깊숙한 곳에서 체인하려는 것이다[172]. 그러면 이러한 '無極子之巧'의 마음자세에 이를 수 있는 정신의 경지는 어떻게 성취할 수 있는 것인가?

먼저 정결하게 齋戒하며 마음을 씻어 내어야 할 것이다. 그리하여 알음알이를 물리치고 하고 싶은 것을 끊고서 私僞가 마음속을 어지럽히지 못하게 한 상태에서 고요히 홀로 神明과 거해야 할 것이니, 이렇게 3개월을 행하면 무극자의 있는 곳이 은연중에 앞에 보이게 될 것이다. 그런 다음에 또 보고 듣는 것을 순일하게 하고 동작을 한결같이 하여 모나면서도 둥글게 하고 움직임 속에 고요함이 깃들게 하면서 함이 없는 가운데 하지 않음이 없게끔 함으로써 하늘의 법칙과 합치되도록 해야 할 것이니,…(中略)…천하에 아무리 엄

172 이강수,「장자의 자연관」,『民族文化硏究』, 제15집, 고려대학교 민족문화연구소. 1980년, pp.80-81, 참조.

청난 솜씨를 가진 자라 하더라도 어떻게 여기에 짝할 수 있겠는가. 이런 것은 알지를 못한 채 그만 나무와 돌을 새기는 것을 가지고 더 이상 있을 수 없는 솜씨라고 스스로 생각을 하다니 너무나도 우매하다 하겠다."[173]

무극자의 '絜齋洗心'은 『莊子』의 「達生」에 등장한 재경(梓慶)이 말한 '必齋以靜心'과 동일한 것으로 볼 수 있다. 즉 마음을 씻어야 잡념과 욕심을 끊을 수 있고, 신명한 능력을 얻을 수 있는 것이다. 이러한 과정을 거쳐 天과 합치된다면 곧 '無爲而無不爲'라는 '無極子之巧'에 이를 수 있다는 것이다. 장유는 '無極子之巧'에 이르는 방법을 통해서 '喪我', '無我'경지를 위한 자기 수양과정을 표현하였던 것이다. 더불어 莊子가 도에 접근하기 위한 또 하나의 길, 즉 '坐忘', '心齋'를 통해서 자연과 하나가 되려는 수양방법과 일치한다는 것으로도 볼 수 있다.

이처럼 장유는 예술창작을 위한 심미적 정관(靜觀)의 면에서 도를 체인하기 위해 莊子的 수양론을 받아들이고 있다. 특히 '無續彩而文, 無毛羽而飾'이라는 언급에서 드러나듯 '無極子之巧'로 표현된 '造化之工'이라는 이상적 경지가 기교(機巧)에 매몰되지 않고 자연과 합일된다는 장유의 文學創作論의 일면을

---

173 "莫若絜齋洗心。屛思慮絶耆欲。不以私僞。汩乎其中。湛然獨與神明居。如是三月。無極子之居。隱然見乎前矣。然後又能純其視聽。一其動作。方而圓。動而靜。無爲而無不爲。以合乎天則。(中略)則凡天下之大巧。尙有侔於此者乎。不知有此。而乃以雕鏤木石。自謂巧之至也。甚矣。其昧也。" 張維,「寓言二首」,『谿谷集』卷3.

볼 수 있다[174]. 실은 이러한 장유의 예술정신의 추구는 문인의 개성을 억눌렀던 당대 학문 풍토에 대한 비판적 반응이라고 할 수 있다. 여기서 莊子的 인식론을 수용하면서 허구적 인물과 대화를 통해서 자기의 주장을 우회적으로 펼치는 장유의 우언적 글쓰기 책략을 또 다시 주목하지 않을 수 없다. 우선 장유는 莊子의 우언적 글쓰기[175] 중에서 흔히 사용되는 대립적 구조를 이 작품에서 구사하고 있다. 인공적 수준에서 실물과 구별할 수 없을 정도로 탁월한 '조각지교'와 인공적 꾸밈을 넘어 자연과의 조화에 이르는 '無極了之巧'는 대립적 구조를 이루고 있다. 이 대비는 추상적인 '無極子之巧'에 대한 표현효과를 높이고, 그것에 대한 심층적 이해를 더하는데 기여한다. 동시에 장유의 莊子的 세계관에 대한 수용 一相을 더 선명하게 말해주고 있기도 하다. 이러한 대립적 구조의 사용 이외에 이 작품에 나타난 無極子의 命名방식도 주목할 수 있다. 이것이야말로 莊子의 영향이 결정적으로 작용한 결과이기 때문이다. 『莊子』우언에서 형상화한 인물 형상들은 제각기 다양한 우의를 지니고 있다. 그 가운데는 상징적 의미와 비유적 표현에 의해 명명되는 허구적·추상적인 인물형상이 적지 않다. 순수한 본성이나 무위자연을 의미하는 '혼돈(混沌)', 무위(無爲)·무위(無謂)의 大道를 뜻하는 '무위위(無爲謂)' 등이 그 대표적

174   우응순, 앞의 논문, p.161. 참조.
175   『莊子』의「山木」에 나타난 '一妻一妾', 「秋水」에 등장한 河伯과 北海 등을 통해서 『莊子』에서 대립적 구조가 많이 사용되고 있음을 알 수 있다.

예이다. 이들은 끝이 없다는 의미에서 최고의 경지에 이른 무위자연의 주체자인 造物主를 형용한 것이라는 보아도 좋다는 점에서 장유의 無極子와 동일한 대상인 것이다.

　　이와 같이 당대 주자학의 권위주의적 사회 분위기 속에서 새로운 활로를 개척했던 장유는 사상적인 차원에서 莊子의 인식론을 포용하여 새로운 사상적 지평을 모색했던 한편, 문학적 차원에서 『莊子』의 우언문학을 적극적으로 수용했다. 여기서 거론된 이 세 작품만으로는 장유의 전체적인 우언창작 양상을 대변할 수 없지만, 그것들이 각기 지니는 나름의 성격은 장유 우언세계의 일면을 조망하는 데에 도움이 될 수 있다. 장유의 우언작품에서는 철학적 사유와 문학적 표현의 조화로운 결합이 이루어진다. 창작 緣由의 맥락에서 以上의 작품들은 내재적 관련성이 없지만, 공동적 창작특징은 보이지 않는 線으로 그것들을 하나의 '有機體'로 만든다. 「設孟莊論辯」는 장유의 철학적 지향을 보여준 哲理적 논술이라면 「寓言-無極子之巧」는 철학적 사상에 기초를 둔 예술정신의 고백이라고 한다. 또한 이들이 개인적 영역에서의 내면적 개선이라면 「蟻戰十韻」은 개인에서부터 사회까지 확산된 현실정신의 소산이라고 봄이 좋을 것이다. 이렇게 장유의 내면적 정신궤적에 대한 파악은 그의 우언작품에 대한 透視를 통해 더욱 두드러지게 나타나고 있는 것이다.

3. 燕巖 朴趾源의 莊子的 認識論과
寓言 글쓰기의 創新

연암 박지원은 조선후기의 탁월한 문학자이며 사상가이다. 그가 성장하고 활동했던 조선의 18세기는 전통과 새로움, 변혁과 갈등으로 점철된 시대였다. 그때 봉건사회의 해체가 날로 확산되면서 그에 따른 새로운 이념과 체제의 확립은 절박하게 요구되고 있었다. 그러나 이와 같은 급변된 시대상임에도 불구하고 당시 폐쇄일로 치닫는 성리학은 이미 지배이념으로서의 역사적 기능을 나하고 하나의 교조적 이데올로기로 되어 구태의연한 지배 체제를 고수하기에만 집착하였다. 이렇게 정통이념과 변화된 현실이 빚어내는 심각한 괴리 공간 속에서 비판적 정신이 드높은 일군의 선진적 문인들은 그 누적된 온갖 모순을 극복하고 민중의 입장에서 개혁 방안을 찾아 실천하려는 데 부심하였다. 오늘날 이른바 실학파로 일컫는 그들 가운데는 사상적 혁신을 문학의 장(場)에 소화해내면서, 권위세계와의 팽팽한 대결을 문학의 힘으로 이끌려고 고심(苦心)했던 한 지성(知性)이 있었으니 이는 바로 연암 박지원이다. 누구보다 연암은 철저한 문인의식을 가지고 글을 썼던 사람이었다.[176] 이때 연암에게 짊어지는 문인의식이란 그가 스스로 깊이 성찰해 온 '사(士)'로서의 자의식(自意識)에서 연유한 것이라 할 수 있

---

176 조동일, 『한국문학사상사시론』(지식산업사, 1986),p.259. 참조; 강혜선, 『박지원산문의 고문변용 양상』, 태학사, 1999년, p.13. 참조.

다. 입신양명(立身揚名)을 지향하는 과거지사(科擧之士)나 규범관념에 치중하는 도학지사(道學之士)가 아닌, 실학사상을 대변하는 독서지사(讀書之士)로서의 자아인식에서 현실에 기반을 둔 연암의 주체적 문인의식은 확립되었다. 이는 사로서의 양심적 자아를 지켜나가는 연암에게 혼탁한 정치현실과의 반항이자 또한 새로운 사유의 전환을 위한 모색의 소산이었다. 스스로 권력중심으로부터 일탈된 사회 위치에서 연암은 당시 통치계층의 허구상(虛構像)에 대해 보다 투철한 비판적 시각을 가지게 되었고, 아울러 서민세계와 가까워질 수 있는 생활 자리에서 그들의 진취적인 의식에 대해 긍정적 태도를 보여주며, 동시에 그것을 자신의 사상의 한 영양소로 흡수했던 것이다. 이렇게 지배층이나 피지배층 어느 쪽도 조망할 수 있는 중간 지점--계급적 의미가 아니라 의식의 자유부동성(自由浮動性)[177]을 확보하는 공간에서 연암의 사유의식의 폭과 깊이가 확장되면서 그에 따른 다양한 사상과 인식체계가 그의 인지(認知)세계에 자리 잡게 된 것이다. 이와 더불어 자신의 생각을 그려내는 데 역점 둔 연암의 글쓰기[178]도 그의 의식내용의 전환과 변

177　김영, 「연암의 '사' 의식과 독서론」, 『조선후기 한문학의 사회적 의미』, 집문당, 1993년, p.222. 참조.

178　"文以寫意則止而已矣。彼臨題操毫。忽思古語。强覓經旨。假意謹嚴。逐字矜莊者。譬如招工寫眞。更容貌而前也。目視不轉。衣紋如拭。失其常度。雖良畵史。難得其眞。爲文者亦何異於是哉。"(심호열, 김명호 옮김, 박지원 지음, 「孔雀館文稿 · 自序」, 『국역 연암집1』, 민족문화추진회, 2005년, p.294.[95])

모에 상응하리만큼 그 뜻을 일정한 법칙이 아닌, 합변지기(合變之機)[179]에 따른 응변원리를 꾸준히 관철함으로써 그 문학창작에 있어서의 다채로운 이채를 발하였다.

지금까지 사상·문학적으로 진행되어 온 연암 연구는 헤아릴 수 없을 정도로 방대하다. 그만큼 연암 사상과 문학의 특징을 쉽게 포착하기 어려운 것이다. 대표적으로는 탈주자냐 아니냐의 연암 사상 규명이 과거 중요한 쟁점이 된 적이 있었다. 또한 패관소품체인가 고문체인가 하는 연암 문체 물의가 그의 시대에서부터 이미 시작되었음은 주지의 사실이다. 오늘날도 여전히 이러한 문제의식이 남아 있는데, 그 이유가 연암이 기본적으로 유자(儒者)의 입장에 서 있었음에도 불구하고 다양한 측면의 성격을 모두 지녔으되, 어느 하나로 확정할 수 없는 도발적인 복합성[180]을 띠고 있는 데에 있다고 본다. 따라서 이와 같은 연암의 의식세계에의 근원적 접근을 위하여 다각적인 측면에서 드러난 여러 연암군상(燕巖群像)에 대한 균형 잡힌 조명이 필요하다. 더구나 연암 문학창작의 지침이라 할 '법고창신론(法古創新論)'은 현실적인 바탕 위에서 '고(古)'와 '금(今)', '전통'과 '혁신'의 조화를 변증법적으로 이루는 인식론적 논리로서 그의 창작뿐만 아니라 온갖 학문체제에

---

179 "故文之不工。非字之罪也。彼評字句之雅俗。論篇章之高下者。皆不識合變之機。而制勝之權者也。"(심호열,김명호 옮김, 박지원 지음,「騷壇赤幟引」,『국역 연암집1』, 민족문화추진회, 2005년, p.84.[28])

180 김도련,「고문의 문체연구--연암체를 중심으로」,『한국고문의 원류와 성격』(택학사, 1998년). p.174. 참조.

일관되어 있는 것으로 보인다.[181] 그리하여 전통에서 체득한 바를 바탕으로 새로운 것을 재창조한다는 이 '법고창신'의 정신 실체가 연암의 의식세계와 창작 실천에서 어떤 양상으로 구현되고 있는지가 연암의 여러 면모를 파악하는 데에 있어서 하나의 공통된 입각점(立脚點)으로 더욱 주목을 끌게 될 것이다.

주자학적 권위와 이로 인한 현실의 부조리 앞에서 글을 무기로 맞서는 연암은 한시라도 붓을 놓지 않았다. 현실비판과 개혁의 논리적 근거를 꾸준히 마련함과 동시에 이러한 도전과 혁신의 목소리를 새롭게 표출하자는 그의 창작 열의에 장자와의 만남이 필연적으로 요청되었던 것이다. 연암의 작가적 생애에서 남긴 많은 작품들 속에서 장자의 침윤 양상은 쉬이 발견될 수 있다. 현실비판의식이 강하게 드러난 연암의 초기 구전(九傳)에서는 풍자와 해소(諧笑)로써 드러난 양반계층의 위선적 추악상이 장자우언에 등장한 '발총지유(發塚之儒)'를 닮아 있음[182]은 한 눈에 띌 수 있

---

181 『연암집』권1, 楚亭集序, "法古者 病泥跡 刱新者 患不經 苟法古而知變 刱新而能典 今之文 猶古之文也." 이러한 옛 것을 본받되 거기 머물지 않고 새롭게 변용시킬 줄 아는 자세는 문장뿐만 아니라 학문세계에서도 그러하였다. 그 단적인 예로 『書經』의 '正德利用厚生'의 논리를 '利用厚生正德'이라는 실천적인 방향으로 재구성한 것을 들 수 있다. (김영의 앞 논문, p. 295. 참조)

182 이동환은 연암의 구전(九傳) 중에서 「마장전」의 군자, 「예덕선생전」의 불결자(不潔者), 「양반전」의 양반들, 「역학대도전」의 '유자란 이름에 의탁한 자(托儒名者), 그리고 구전(九傳) 이외에도 「허생전」의 북벌론자(北伐論者) 등이 모두 장자우언의 시례발총형(詩禮發塚型)들이라고 지적하였다. (이동환, 「박연암의 〈홍덕보묘지명〉에 대하여」, 『실학시대의 사상과 문학』, 지식산업사, 2006년, p.129.)

다. 중년에 이르러 연암의 인식체계가 많이 응축된 작품세계에서는 우언적 수법을 통해 이루어진 일련의 상대적 인식론의 형상화 표현은 장자의 사유와 화법에 더 가깝게 접근한 것으로 보인다.[183] 만년 시절에 문체반정의 물의로 인하여 연암의 문학창작은 표면적으로 다소 후퇴하는 듯한 태도를 보였다. 그러나 당시 씌어진 「공작관문고자서(孔雀館文稿自序)」[184]를 통해서도 볼 수 있듯이 그의 '법고창신'의 학문정신과 문학태도는 변화 없이 일관되게 유지되어 있으며, 그에 따라 장자와의 계속된 수용관계도 거기서 가치 인식논리의 형상화로 끌어들인 "도에 합당하다면 기왓소삭인들 어찌 버리겠는가(所可道也, 瓦礫何棄)"[185]라는 연암의 역설적 발상

....

183 중년기 연암의 산문세계에서는 장자와 연결되는 상대적 관점을 패러디하고, 또한 가공적인 인물들의 의인화된 사물들 간의 궤변적인 문답형식 등 우언적 표현방법을 통해 상식에 반(反)하는 역설적 주장을 펼치는 글이 흔히 발견된다. 그 대표적 예로 「호질」외에도 연암의 '인물막변'의 논리를 내세운 「상기」, 그리고 여러 겹의 우의적 이야기로 이루어진 「낭환집서(蜋丸集序)」등이 있다.

184 이 글은 연암의 「초정집서(楚亭集序)」, 「녹천관집서(綠天館集序)」와 함께 당대의 논란거리 중의 하나인 법고론과 창신론의 문제점과 해결책을 피력한 것이다. 이덕무(李德懋, 1741-1793)는 이 글에 대해 이런 평을 남겼다. "이 글의 대지(大旨)는 '뜻을 잘 표현하면 그것이 바로 진실한 것이다'라는 것이니, 이는 글을 짓는 법문(法門)이다. 또 자신이 아는 것과 자신이 모르는 것, 남이 아는 것과 남이 모르는 것을 총괄하여 한 편의 글을 이루었다."(박희병,『연암을 읽는다』, 돌베개, 2006년, p.399. 인용) 이 글에서 연암은 이명증(耳鳴症)과 코고는 버릇을 이용하여 '사의(寫意)' 곧 '진(眞)'을 추구하는 개성적인 문학론을 전개하였다. 이에 대해서는 박희병의 앞의 책, 김혈조의『박지원의 산문문학』(성균관대학교 대동문화연구원, 2002, pp.529-531), 박수밀의『박지원의 미의식과 문예이론』(태학사, 2005년, pp.96-101, pp.186-187.)등은 구체적으로 논의한 바가 있었다.

185 박지원 지음, 신호열, 김명호 옮김, 「孔雀館文稿・自序」,『국역 연암집

에서 확연히 전해지고 있다. 이로써 연암에게 장자는 그의 창작 일생을 두고 떼어놓을 수 없는 존재라고 해도 과언이 아니다. 물론 장자와의 연관성은 단지 연암의 창작에 그치지 않고 체계 중심에서 일탈된 그의 방달(放達)한 생활 기풍으로 이어지기도 하였다. 하지만 도가적인 풍취에서 보인 장자와의 보편적 친연성(親緣性)보다는 연암의 해학과 우언 세계에서 이룩한 장자와의 적극적 결합은 조선 문인의 장자수용에 있어서 그 남다른 존재감이 뚜렷하다.

여기서 시각을 더 넓혀 보면 알 수 있듯이, 조선시대 이래 사적인 영역에서 줄곧 잠행(潛行)하던 장자 수용이 연암 시대에 와서 점차 수면 위에서 표출될 조짐을 보이기 시작하였다. 특히 독창 정신과 개성에 입각한 만명(滿明) 공안파의 문예비평과 작품이 당시의 조선 문단에서 파천황(破天荒)격으로 유행하고 있는 가운데, 장자는 공안파와 불가분의 관계를 지닌 것으로 이러한 문예적 분위기 속에서 새삼 환기되는 계기를 맞게 되었다. 장자해석이라 부를 만한 원굉도(袁宏道, 1568-1610)의 「광장(廣莊)」은 당대 조선 문인들에게 많이 읽혀진 것이 가장 대표적이다.[186] 그리고 그의 문학이 장자에서 유래한 것임을 명쾌히 지적한 것 또한 눈길을 끈다.[187]

....
1」, 민족문화추진회, 2005년, p.294.(95).

186 강명관, 앞의 책, p.262, pp.266-267, pp.349-350, pp.376-379. 참조

187 "豪情矯矯凌空翮。秀色盈盈出水花。尺牘幾行詩幾首。無人知道自南華。"(金錫胄, 「讀袁中郎集。仍用其體却賦二絶」, 『息庵遺稿』, 『韓國文集叢刊』,145, 민족문화추진회, p.184.)
  "音亡友趙長卿爲余言明袁中郎集可觀。余今借得於農巖閣之。其學宗瞿

의고사조의 폐단을 비판해 마지않았던 연암 역시 공안파를 적극
적으로 해석하고 실천하는 과정에서[188] 장자에 대한 감오(感悟)를
새로이 획득하게 마련이었다. 장자적 상대주의에 대한 연암의 이
해는 원굉도의 「광장·소요유(廣莊·逍遙遊)」의 영향 아래에 있었음이
이미 밝혀져 있다.[189] 그리고 연암 스스로 자기 문체의 근거를 원
굉도와 김성탄(金聖嘆, 1608-1661)으로 꼽고 있었는데,[190] 이때 '부장
지진(腐莊之脣, 장자처럼 우언과 변설을 해대느라 입술이 썩는다.)'[191]이라 할 정

曇氏。其文原莊周氏。大抵非吾儒從六藝中來者也."(任埅,「書石公尺牘卷
首」,『水村集』권9,『韓國文集叢刊』,149, p.195.)

188 박지원은 공안파에 대한 지대한 관심을 가졌을 뿐만 아니라 실체창작과
문학이론의 구축에 있어서 공안파와의 긴밀한 연관성을 갖고 있었다. 유명종은
『한국의 양명학』(동화출판공사, 1983년, pp.55-68)에서 박지원의 반의고주의
가 이탁오와 원굉도의 이론 하에서 생성된 것으로 추정했던 것이다. 김도련은
'박지원이 明代前後七子의 擬古風에 반기를 들고 창신을 주장한 공안파와
같은 맥락에서 이해될 있다'라고 결론을 지었다. (김도련,「연암 고문론에 대한
소고」,한국고문의 원류와 성격』,태학사, 1998년. p159) 또한 김명호는 박지원
의 문학사상과 원굉도의 문학사상의 상관성에 주목하고, 연암이 이미 공안파의
이론을 극복한 것으로 평가하고 있다.(김명호, 앞의 책, pp.56-63)추론 단계에
그칠 뿐이라는 이상의 소론과 달리 강명관은 실증적 차원에서 공안파와 조선후
기 한문학의 관계를 전면적으로 다루는 과정에서 연암 문학에서의 공안파 수용
양상을 실체화시켰다.(강명관,『공안파와 조선후기한문학』, 소명출판, 2007년,
pp.367-399.)

189 강명관, 앞의 책, pp.375-379. pp.396-397.

190 "(燕軟)其自許文章也則云,'吾之文,有撫左公者焉,有撫馬班者焉,有
撫韓柳者焉,有撫袁金者焉.'(俞晚柱,『欽英』22책, 1786년 11월26조. 서울대
학교 규장각 영인.)

191 이는 1606년(만력 34년 병오)공안현(公安縣)에서 원무애(袁無涯)에게
지어준 글에서 원굉도 자신에 대해 말하는 내용이었다. "僕碌碌凡才耳. 嗜楊
之髓,而竊佛之膚. 腐莊之脣,而鑿儒之目. 저는 하찮은 범재일 따름입니다.
양주의 골수를 좋아하면서 몰래 불교의 겉껍데기를 훔쳤습니다. 장자처럼 우언

도로 자부한 원굉도의 문학창작은 연암의 장자적 글쓰기에서 많은 계발과 자극이 되었을 것임에도 틀림없다. 이런 점에서 다른 시기 문인들의 장자 수용양상과 비할 때 연암처럼 공안파를 매개로 하여 장자에 대한 인식 심화와 문학적 실천이 이루어진 것은 또한 특이한 점이 아닐 수 없다.

그동안 실학 중시의 편향적 연구에 대한 반성에서 출발한 연암의 노장 철학적 조명[192]은 선학들의 연구 성과에 의해 이미 체계화되는 한편, 문장가 또는 문학가로서의 연암의 장자수용양상은 문예적이거나 미학적 입장에서 진행된 연암 문학연구에 따라 새삼 부각되기 시작하였다.[193] 다만 지금 당면하는 과제는 적용 범위

과 변설을 해대느라 입술이 썩으매 유학자의 밝은 눈을 후벼팠습니다. (원굉도 저, 심경호, 박용만, 유동환 역주, 「袁無涯」, 『역주 원중랑집(袁中郎集) 8』, 소명출판, 2004년, pp.310-312.)

192   문영오, 『연암소설의 도교철학적 조명』, 태학사, 1993년.
   박수밀, 「박지원의 노장사상 수용과 신선관」, 『도교문화연구』, 한국도교문화학회 편, 2005년.   제22집
   이진경, 「연암 박지원의 철학사상에 관한 연구--도가철학적 관심을 중심으로」, 박사논문, 충남대학교, 철학대학원, 2009년.

193   임형택, 「박연암의 인식론과 미의식」, 『한국한문학연구』, 한국한문학회, 제11집, 1988년,
   김명호, 『열하일기 연구』(창작과 비평사, 1990년)
   강혜선, 『박지원산문의 고문변용 양상』, 택학사, 1999년,
   박수밀, 『박지원의 미의식과 문예이론』, 태학사, 2005년,
   김영, 「연암을 읽는 두 가지의 코드, 〈사기〉와 〈장자〉」, 『민족문학사연구』, 민족문학사학회, 제30집, 2006년.
   문범두, 「〈장자〉우언의 이야기형식과 〈호질〉」, 『영남어문학』, 한민족어문학회, 제26집, 1994년.

의 폭을 넓히고 연구시각의 깊이를 더하는 데 있다. 특히 해학과 우언을 아우르는 연암의 글쓰기에서는 장자라는 존재 역할과 위상이 그야말로 뚜렷한 편인데, 그만큼 연암의 이러한 창작 양상을 장자와 결부시켜 전적으로 조명하지 못하는 것은 아쉬움으로 남아 있다. 그 이유는 물론 연암의 우언문학 자체로서의 연구 경향과 직결된 것이다. 말하자면 「호질」처럼 우언으로서의 특성과 묘미가 두드러지는 몇몇 특정 작품에만 초점이 맞추어졌기 때문에 그 연구의 진척은 미비한 것으로 보인다. 따라서 이런 연구 국면을 타개하기 위한 노력의 일환으로시는 연암의 장자수용과 그것과 관련된 우언적 글쓰기 양상을 집중적으로 고찰하는 작업이 더욱 절실히 요청될 것이다.

1) 莊子的 思惟方式과 相對論的 認識의 內面化

장자와 관련시켜 연암의 문학창작을 바라보는 후대의 평어(評語)중에는 '오철(悟徹)'[194]이란 말이 있었다. 개인적 소견이었지만 이는 연암의 문학뿐만 아니라 사상에서도 드러난 특유의 장자수용 특성을 짚어보는 데 가장 적당한 평가로 보인다. 역동성 넘치는 주체적 자각 없이는 철저한 깨달음에 이르지 못하기 때문이다. 연암의 장자수용에 있어서는 이러한 역동적 주체의식의 표현은

---

194 "燕岩公之文, 閎深典雅, 似劉向。剛勁駿厲, 似韓愈。悟徹, 本於莊子。精切, 本於陸贄。"(「燕岩關係資料:三部, 初·重編 燕岩集 序跋 評語 其他」, 『韓國漢文學硏究』第11輯, 韓國韓文學硏究會, 1988년, p.171.)

일단 그가 스스로 말한 '자화상'으로부터 감지될 수 있다.

> "내가 나를 위하는 것은 양주(楊朱)와 같고 만인을 고루 사랑하는 것은 묵
> 적(墨翟)과 같고 양식이 자주 떨어짐은 안회와 같고 꼼짝하지 않는 것은 노
> 자와 같고 광달한 것은 장자와 같고 참선하는 것은 석가와 같고 공손하지 않
> 은 것은 유하혜(柳下惠)와 같고 술을 마셔대는 것은 유령(劉伶)과 같고 밥을
> 얻어먹는 것은 한신과 같고 잠을 잘 자는 것은 진단(陳摶)과 같고 거문고를
> 타는 것은 자상(子桑)과 같고 글을 저술하는 것은 양웅과 같고 자신을 옛 인
> 물과 비교함은 공명과 같으니 나는 거의 성인에 가까울 것이로다."[195]

취중진담(醉中眞談)이란 말이 있다. 얼근히 취한 연암은 이렇
게 개성적 인물형을 열거하면서 자신을 비의(比擬)하였다. 스스로
에 대한 해학적 표현을 곁들였지만, 세속적인 가치관에 대치하는
연암의 진솔하고 개성적인 면모는 이를 통해서 고스란히 드러나
고 있었다. 젊은 시절부터 현실의 기대와 충격으로 빚어진 정신적
고뇌가 연암에게는 여간 심각한 게 아니었다. 문란해진 정치질서
와 과거제도 앞에서 인생의 진로 문제로 갈림길에 서던 연암은 마
침내 벼슬할 뜻을 털어버리고 재야의 선비로서 살아가기로 하였
다. 타고난 문장력으로 임금의 칭찬까지 받았음에도 불구하고 은

195　"既醉乃自贊曰。吾爲我似楊氏。兼愛似墨氏。屢空似顔氏。尸居似老
氏。曠達似莊氏。參禪似釋氏。不恭似柳下惠。飮酒似劉伶。寄食似韓信。善
睡似陳摶。鼓琴似子桑戶。著書似揚雄。自比似孔明。吾殆其聖矣乎。" 박지
원 지음, 신호열, 김명호 옮김, 「酬素玩亭夏夜訪友記」, 『국역 연암집 1』, 민
족문화추진회, 2005년, pp.324-325.(104).

둔의 길을 의연히 떠난 그는 몸으로 궁핍한 인고(忍苦)세월을 감내했지만, 정신적으로 자유자적한 삶을 만끽하면서, 학문과 문학에 대한 열정을 가지고 나날의 정진(精進)을 거듭하였다. 위에 보이는 자기 고백적 술회는 바로 그의 은둔 생활이 시작한지 얼마 안 되는 전의감동(典醫監洞)시절의 일이었다. 그때 홀로 전의감동의 우사(寓舍)에 기식(寄食)했던 연암은 쓸쓸하고도 아주 소탈한 생활을 하고 있었다. 그는 끼니를 거르는 가난을 마다하지 않았을 뿐만 아니라, 양반으로서의 예속규범을 벗어 던지고 '맨발로 망건을 풀고 다리를 문지방에 걸친 채'[196]로 하층민과 허물없이 내화하기까지 하였다. 비록 남에게 파락호(破落戶)로 비쳐졌을 정도로 비웃음의 대상이 되었지만 연암은 '그럴수록 마음이 더욱 편안해진(益晏然)'[197]다며 자기의 의지대로 한적한 삶을 향유하는 만족함을 감추지 않았다. 이런 점에서 '광달하기는 장자와 같다'는 연암의 자화자찬에는 혼탁한 현실정치와 그것과 결탁된 교조적 성리학 이

196 "余訪燕岩丈人。丈人不食三朝。脫巾跣足。加股房欀而臥。與廊曲賤隷相問答。" 이서구, 「夏夜訪友記」,(이 구절은 『연암집』 「酬素玩亭夏夜訪友記」[박지원 지음, 신호열, 김명호 옮김, 『국역 연암집 1』, 민족문화추진회, 2005년, p.327.(104) 에 附로 수록된 본에서 인용함.)

197 "無供飯者。遂寄食廊曲。自然款狎。彼亦不憚。使役如奴婢。靜居無一念在意。時得鄕書。但閱其平安字。益習疎懶。廢絶慶吊。或數日不洗面。或一旬不裹巾。客至或默然淸坐。或販薪賣瓜者過。呼與語孝悌忠信禮義廉恥。款款語屢數百言。人或譏其迂闊無當。支離可厭。而亦不知止也。又有譏其在家爲客。有妻如僧者。益晏然。方以無一事爲自得。" 박지원 지음, 신호열, 김명호 옮김, 「酬素玩亭夏夜訪友記」, 『국역 연암집 1』, 민족문화추진회, 2005년, pp.322-323.(103).

념을 빈정거리는 냉소적 태도가 녹아 있었으며, 아울러 장자의 탈속한 삶의 자세에 대한 각오를 자의적인 불사(不仕)와 은거를 통해 몸소 보여주는 자긍의식 또한 깔려 있었을 것으로 보인다. 여기서 장자만이 아닌 노자와 석가와의 비견도 함께 유의할 필요가 있다. 도·불에서 소위 '허심(虛心)'에 의한 마음 닦기인 '시거(尸居)'·'참선(參禪)'에 빗대어 연암은 스스로 내면적 수양에 임하는 자기 나름의 마음가짐을 상징적으로 넌지시 드러내고 있었기 때문이다. 이는 수양 공부로써의 독서에 대한 새삼스럽고 특별한 관심이 제기되는 연암의 독서론에서 그 단서가 잡힐 수 있다.

> "아무리 그러해도 방과 들창이 비어 있지 않으면 밝음을 받아들이지 못하고, 유리알이 투명하게 비어 있지 않으면 정기를 모아들이지 못하지. 무릇 뜻을 분명히 밝히는 방법은 본래 마음을 비우고 외물을 받아들이며 담담하여 사심이 없는 데 있는 것이니, 이것이 아마도 소완(素玩)하는 방법이 아니겠는가."[198]

제자인 이서구(李書九, 1754-1825)의 문제된 독서법에 대해서 정곡을 찌르는 연암의 가르침이었다. 참된 독서를 통한 자득을 위해 마음을 비우고 사심을 버릴 것을 일깨워주었던 것이다. 이렇게 '허심'으로 독서할 자세를 요구하는 것은 사실 주자로부터 이론

---

198 "雖然。室牖非虛。則不能受明。晶珠非虛。則不能聚精。夫明志之道。固在於虛而受物。澹而無私。"박지원 지음, 신호열, 김명호 옮김,「소완정기」,『국역 연암집 1』, 민족문화추진회, 2005년, p.336.(106).

화되었고, 나아가 성리학자들의 보편적인 인식으로 자리 잡게 되었다. 그러나 이때의 '허심'이란 읽는 이에게 자기의 주견이나 입장을 세우지 말고, 오직 성현의 뜻을 이해하는 데만 천착하라는 것이다. 이는 연암이 지향하는 바와 사뭇 대조적이다. 성리학 전통의 독서관에서 '허심'을 강조하는 것은 결국 성현의 권위를 절대적으로 존중하기 위해서라면 연암이 내세운 마음 비움(虛)의 요체는 바로 이러한 권위주의적 선입관과 가치체계를 벗어던지고 세상의 생생한 참모습을 열린 마음으로 관조(觀照)하고자 하는 데 있다고 한다.[199] '천지 사이에 있는 게 모두 책의 정기(精氣)임'을 피력하면서 연암은 독서를 사물 및 현실세계와 긴밀히 연결시킬 것을 설파하였다. 그러므로 '책이라고 해서 할 말을 다 쓴 것은 아니다'고 할 만큼 문자만으로 된 책 세계에만 얽매이지 말고 책 바깥의 천지만물을 하나의 훌륭한 '不字不書之文'으로 읽어야 진정한 독서가 될 것은 연암에 의해 새삼 환기되었다. 윗글에서 다분히 장자적 발상이 가미된 연암의 발언에는 객관 세계 본연의 모습을 읽어내는 인식주체로서의 열린 마음가짐과 자세가 뚜렷이 부각되어 있다. 마음 비움의 중요성을 비유적으로 강조한 '室牖非虛,則不能受明'은 장자의 '虛室生白'을 이중부정의 표현방

199 김영, 「조선시대 성리학자의 독서론」, 『조선후기 한문학의 사회적 의미』, 집문당, 1993년. pp.163-185. 참조.
　박수밀, 『18세기 지식인의 생각과 글쓰기 전략』, 택학사, 2007년, pp.108-112. 참조.

식으로 변용하고 있음을 말할 나위가 없다. 그리고 밝은 도(道) 곧 '명지지도(明志之道)'를 성취하는 방법으로 제기된 '虛而受物, 澹而無私'는 선입관과 사심을 떨치고, 있는 그대로의 사물을 담담히 받아들이는 심경(心境)을 의미하니 이는 역시 일체의 욕망과 집착으로부터 자유로운 장자의 '虛而待物', '遊心於淡', '順乎自然而無容私'와 관련된 것으로 보인다. 말하자면 사념 없이 비운 마음을 간직하여 정신의 포용성을 키운다는 점에서는 연암의 비움의 논리가 장자와 맞닿아 있다고 한다.

이처럼 독서론과 관련하여 노출된 내면 수양 자세와 함께, 외부 세계 즉 자연·사물에 대해 객관적이고도 개방적으로 관찰하는 연암의 진지한 인식태도 또한 엿보이기도 한다. 널리 알려져 있듯, 까마귀의 날갯빛 이야기를 들려준 연암의 「능양시집서(菱洋詩集序)」는 그의 이러한 사물인식 양상을 잘 보여준 글이다. 까마귀는 검은 새이다. 그건 일반적 통념이지만 실로 진실이 아니다. 빛을 비추는 각도나 상황적 조건에 따라 까마귀가 또 다른 색깔로 보일 수도 있기 때문이다. 이렇게 까마귀를 비유로 들면서 연암은 사물 본연의 모습을 놓치는 근본적 원인이 '마음에 미리 정하는 데 있다'고 지적하였다. 다시 말해 자기의 주관적 편견이나 선입관에 얽매이는 '적은 소견(少所見)'은 올바른 사물인식에 큰 장애가 된 것이다. 이러한 편협한 소견자를 두고 연암은 속인(俗人)이라고 비판하였다. 그들은 '以鷺嗤烏, 以鳧危鶴'라고 떠들어 장자에서 자기 생각대로 사물을 대함으로써 그 대상까지 해치는

'단학속부(斷鶴續鳧)'형의 인간 존재[200]나 다름없다. 아직도 이와 같은 속인들의 기세가 심하던 당대의 세상에 연암은 안타까운 탄식을 금치 못하였다. 침묵함이 나으리라는 걸 뻔히 알면서도 도저히 말을 하지 않을 수 없다는 연암의 내면 독백에는 선비로서의 강한 시대적 사명감과 함께, 당시 비틀어진 세속사회 상황의 심각성 또한 동시에 느껴질 수 있다.

> 세상에서 떠드는 '쓸모 있는 사람'이란 반드시 쓸모없는 사람이며, 세상에서 떠들어 대는 '쓸모없는 사람'이란 반드시 쓸모 있는 사람이지요.[201]

장자의 '天之小人, 人之君子, 天之君子, 人之小人'을 연상시키는 구절이다. 이렇듯 동의반복(同義反復)으로 대조를 이루는 장자적 역설 논리는 지극히 인상적이다. 그만큼 연암의 눈에 비치는 이런 가치전도(顚倒)현상은 당대의 혼란스러운 인식체계와 세태를 잘 반영하고 있다. 여기서 '쓸모 있는 사람'인가 아닌가의 판단 문제는 기본적으로 객관 대상의 본질에 대한 파악 여부와도 직결된 것이다. 참된 인식을 위해서 대상의 존재적 가치를 발견할 판

---

200 이강수, 『노자와 장자--무위와 소요의 철학』, 도서출판 길, 1997년, pp.218-219. 참조.

201 "末世交人。當看言簡而氣沈。性拙而志約者。絶有心計之人不可交。志意廣張不可交。世所謂可用之人。是必無用之人。世所謂無用之人。是必有用之人。" 박지원 지음, 신호열, 김명호 옮김, 「答仲玉之四」, 『국역 연암집 2』, 민족문화추진회, 2005년, p.97.(32).

단기준이 어떻게 정해질 것인가는 중요하다. 연암이 지적한 대로 자기가 아는 기준만으로 대상을 재려 든 속인들은 결국 그 만물까지 모조리 모함하는 어리석음을 저지르게 된다. 그러기에 '속인'을 경계·대치하는 점에서 연암은 달사(達士)란 인물형을 제시하면서, 아집(我執)을 벗어난 사물의 입장에서 천지만물을 통찰할 것을 호소하였다. 이는 인식대상인 사물에 대한 객관적 관찰 요구와 함께, 자기중심으로 이루어지는 인식주체인 '나'의 의식적 편협성을 반성·배격한 결과로 이해할 수 있다. 다음과 같은 '물아(物我)' 관계에 대한 연암의 논리에서는 그의 이러한 인식론의 사상적 근거가 보다 근원적으로 밝혀져 있다.

> "무릇 사람이나 사물이 처음 생길 적에는 진실로 각자가 구별되지 않았다. 즉 남이나 나나 다 사물이었던 것이다. 그런데 어느 날 갑자기 자기를 들어 남과 마주 놓고서 '나'라 일컬으며 구분을 짓게 되었다. 이에 천하의 사람들이 비로소 분분히 일어나 자기를 말하고 일마다 '나'라 일컫게 되었으니 이미 그 사심을 이겨 낼 수 없게 되었다.[202]

> "나의 처지에서 저 물(物)을 볼 것 같으면 나나 저나 고루 이 기(氣)를 받아서 하나도 허(虛)하여 빌려 온 것이 없으니 어찌 천리가 지극히 공평하지 아니한가. 물의 처지에서 나를 볼 것 같으면 나 역시 물의 하나인 것이다. 그러므로

---

[202] "夫民物之生也。固未始自別。則人與我皆物也。一朝將己而對彼。稱吾而異之。於是乎天下之衆。始乃紛然。而自謂事事而稱吾。則已不勝其私焉。" 박지원 지음, 신호열, 김명호 옮김, 「愛吾廬記」, 『국역 연암집 2』, 민족문화추진회, 2005년, p.182. (63).

물을 체(體)로 삼고 반성하여 자신에게서 원인을 찾으면 만물이 모두 나에게 갖추어져 있다.(…)만물 중에 생을 누리는 것은 선하지 않은 것이 없다. 그러니 그 천명을 즐거이 여기고 그 천명을 순순히 따르면 물과 내가 같지 않은 것이 없다."[203]

사람만이 유독 귀한 존재라고 하던 속된 관념은 이제 연암이 보기에는 그저 사물에 대한 '나'의 자기중심성에서 비롯되는 것일 뿐이다. 저마다 '그 천명을 순순히 따른다'고 천명한데서는 '물·아'의 근원적 동일성이 확인되면서, 그 존재적 가치 또한 동시에 균등하게 부여·인정되기 때문이다. 그리하여 연암은 '물(物)'에 나아가 나를 보면 '나 역시 물의 하나'라고 지적하며, 사물의 이치를 체득할 때 이와 같은 자아 인식을 갖추라는 '반구제기(反求諸己)'의 자세를 강조하였다. 이렇게 주관의 개입도 없이 인식주체인 '나'를 대상인 사물과 같은 인식 의 지평에 놓는 연암의 체물(體物)법은 송나라의 성리학자인 소옹(邵雍, 1011-1077)이 주장한 '반관(反觀)', 즉 '이아관물(以我觀物)'이 아니라 '이물관물(以物觀物)'의 인식론으로부터 터득한 것으로 보일 수 있다.[204] 그리고 노론

---

203 "以我視彼。則勻受是氣。無一虛假。豈非天理之至公乎。即物而視我。則我亦物之一也。故體物而反求諸己。則萬物皆備於我。(···) 萬物之含生者莫不善也。樂其天而順其命。物與我無不同也。"박지원 지음, 신호열, 김명호 옮김,「答任亨五論原道書」,『국역 연암집 1』, 민족문화추진회, 2005년, pp.153-163.(51-55).
204 이종주,『북학파의 인식과 문학--상대주의적 시각과 역설의 미학』, 태학사, pp.91-97. 참조.

낙론계의 학문적 분위기에서 성장한 연암에게 있어서 낙론계열의 전통적 인물성동론이 그의 이러한 '물·아' 인식의 형성에는 일정한 영향을 주었음은 이론의 여지가 없다. 여기서 '물·아'의 경계를 넘는 만물평등 사상의 단초가 열려 있는 바, 이는 역시 장자의 제물사상(齊物思想)에 접목된다고 할 수 있다. 더구나 이와 관련하여 구사된 장자적 문장표현과 비유들은 연암의 물론(物論)전개에 있어서 드러난 장자와의 접근을 더욱 밀착시키고 있다.

> "하늘이 마련한 대로 본다면 범이나 사람이나 마찬가지 물건이어든, 천지만물이 살아나가는 어진 도리에서 본다면 범이나 메뚜기나 누에나 벌이나 개미나 다 사람과 함께 같이 살기 마련이지, 서로 등지고 지낼 터수가 아니렷다."[205]

연암의 「호질」에서 범의 입을 빌어 한 소리였다. 이를 통해 장자가 바라는 '지덕의 세계(至德之世)'에서 펼쳐지는 인간과 자연이 어울리는 광경이 떠오른다. 금수(禽獸)와 더불어 공생하며 서로를 해치지 않는 조화를 이루는 인간 세상이 장자에 의해 이상시되었다. 역사적 관점에서는 장자의 이러한 이상적인 사회 지향이 원시적 자연 상태로의 회귀로 보이기도 한다. 그것에 따른 역사적 복고 경향여부의 논의가 있었지만, 도(道)로써 본 '물무귀천(物無貴賤)'이라는 장자의 만물제동(萬物齊同)의 사상이 그 이면에 깊이 자

---

205 "自天所命而視之。則虎與人。乃物之一也。自天地生物之仁而論之。則虎與蝗蚕蜂蟻與人並畜。而不可相悖也。" 리상호 옮김, 박지원 씀, 「虎叱」「關内程史」, 『熱河日記 上』, 도서출판 보리, 2004년 p.375.(632).

리한 것은 두말할 나위가 없다. 장자처럼 하늘의 입장에서 '물여 아동(物與我同)'의 깨달음에 눈뜬 연암 역시 인간과 자연물의 공존 모습을 구현함으로써 만물의 평등성에 대한 강한 긍정의 의지를 보여주었다. 이렇게 '인(人)'과 '물(物)', '물'과 '나'의 동일성에 비치는 일체 만물의 평등한 존재적 가치가 다음과 같은 '물·물' 간 의 대비적 비유표현 속에도 보다 상징적으로 반영되고 있다.

> "말똥구리는 자신의 말똥을 아끼고 여룡의 구슬을 부러워하지 않으며, 여룡
> 또한 자신에게 구슬이 있다 하여 '말똥구리의 말똥'을 비웃지 않는다."[206]

장자에 나온 '蛞蜋之知'과 '驪龍之頷'을 함께 끌어와 용전 (用典)의 묘미를 살리는 내용이었다. 일반의 입장에서 보자면 말똥 구리의 말똥과 여룡의 구슬은 그 귀천이 분명하다. 그렇지만 이러 한 차별의식은 오직 인간에게만 있을 뿐이다. 자신의 것에 애착을 느끼고 남의 것에 전혀 관심을 보이지 않는 말똥구리와 여룡에게 는 제각기 누려야 할 본연의 성품보다 더 소중한 것이 없기 때문 이다. 이런 의미에서 말똥처럼 아무리 하찮은 존재라도 그 나름의 가치를 갖고 있다는 사물에 대한 인식론적 입장이 확립되고, 이에 만물의 존재적 가치를 균등하게 인정해야 마땅하다는 주장 또한

---

206 "蜣蜋自愛滾丸。不羨驪龍之珠。驪龍亦不以其珠。笑彼蜋丸。" 박지원 지음, 신호열, 김명호 옮김, 「蜋丸集序」, 『국역 연암집 2』, 민족문화추진회, 2005년, p.147(51).

새삼 확인될 수도 있다. 여기서 연암이 이러한 관점을 깨우치고자 장자에 나온 이야기를 활용한 것은 성공적이다. 뿐만 아니라 여룡의 구슬만이 좋은 줄 아는 세상을 겨냥한 이 파격적 발상 역시 '도의 보편·무차별성'을 강조한 장자의 역설적 논리[207]와 밀접하여 눈길을 끈다. 더군다나 연암의 다른 글에서도 '기왓장'이나 '똥거름' 같은 하찮은 존재가 거듭 언급되면서 그것들을 장관(壯觀)거리라는 논지까지 펼쳐지고 있다.[208] 이렇게 미천한 것에도 고상한 도(道)가 내재한다고 했듯이, 연암은 만물의 존재적 가치를 존중하고 차별을 두지 않아야 한다는 논리 전개에 있어서 장자의 역설적 사유를 원용(援用)하였던 것으로 보인다.

"고라니는 과연 파리보다는 크지만 코끼리가 있지 않소? 파리가 과연 고라니보다 작다 하지만 저 개미에 견주어 본다면 코끼리와 고라니 사이나 마찬가지이지요. 지금 저 코끼리가 서면 집채만 하고 걸음은 비바람같이 빠르며 귀는 구름이 드리운 듯하고 눈은 초승달과 비슷하며 발가락 사이에 진흙이 봉분같이 붙어 있어 개미가 그 속에 있으면서 비가 오는지 살펴보고서 나와 장을 보는데, 이놈이 두 눈을 부릅뜨고 보아도 코끼리를 못 보는 것은 어쩐

....

207 "東郭子問於莊子曰 所謂道,惡乎在 莊子曰 無所不在 東郭子曰 期而後可 莊子曰 在螻蟻 曰何其下邪 曰在稊稗 曰何其愈下邪 曰在瓦甓 曰何其愈甚邪 曰在屎溺" 郭慶藩 撰, 王孝魚 點校, 「知北遊」, 『莊子集釋 3』, 中華書局, 1985년, pp.749-750.

208 "糞溷至穢之物也。爲其糞田也。則惜之如金。道無遺灰拾馬矢者。奉畚而尾隨。積庤方正。或八角或六楞。或爲樓臺之形。觀乎糞壤。而天下之制度斯立矣。故曰瓦礫糞壤。都是壯觀。" 리상호 옮김, 박지원 씀, 「馹迅隨筆」, 『熱河日記 上』, 도서출판 보리, 2004년 p.229(600).

일입니까? 보이는 바가 너무 멀기 때문이지요. 또 코끼리가 한눈을 찡긋하고 보아도 개미를 보지 못하니, 이는 다름 아니라 보이는 바가 너무 가까운 탓이지요. 만약 안목이 좀 큰 사람으로 하여금 다시 백리의 밖 멀리에서 바라보게 한다면 어둑어둑 가물가물 아무 것도 보이는 바가 없을 것이니, 어찌 고라니와 파리, 개미와 코끼리를 구별할 수 있겠소?[209]

이와 같이 비단 사물의 귀천뿐 아니라 대소(大小)의 차별문제에 대해서도 균등하게 바라보는 연암의 인식태도 또한 다분히 장자적이다. 장자에 의하면 크다 작다는 개념은 언제까지나 절대적이 아닌 상대적 의미만 가질 따름이다. 큰 것은 작은 것보다 크지만 그것보다 더 큰 것의 시점에서 보면 작은 것이 되기 때문이다. 장자의 비유를 빌자면 천지도 돌피 알(稊米)처럼 작은 것이 될 수 있고 털끝도 산처럼 큰 것이 될 수 있다고 한다. 곧 대상을 바라보는 시점에 따라 그 인식과 가치개념이 달라질 수 있다는 점에서 천지는 크고 털끝은 작다고 단정할 수 없다는 것이다. 윗글에서 제기된 고라니와 파리의 크기문제 논의에는 이러한 대소 관계의 상대론적 인식이 관철되어 있음은 분명하다. 또한 거대한 코끼리와 미세한 개미가 상대를 볼 수 없는 것은 서로 보는 원근(遠近)

---

209 "麋果大於蠅矣。不有象乎蠅果小於麋矣。若視諸蟻。則象之於麋矣。今夫象立如室屋。行若風雨。耳若垂雲。眼如初月。趾間有泥。墳若邱壟蟻穴。其中占雨出陣。瞋雙眼而不見象何也。所見者遠故耳。象瞋一目而不見蟻。此無他。所見者近故耳。若使稍大眼目者。復自百里之遠而望之。則窅窅玄玄。都無所見矣。安有所謂麋蠅蟻象之足辨哉。" 박지원 지음, 신호열, 김명호 옮김, 「答某」, 「映帶亭賸墨」尺牘, 『국역 연암집 2』, 민족문화추진회, 2005년, p.101(34).

의 차이에 말미암은 바이지만, 피차 보지 못하는 점에 있어서 역시 장자 「추수(秋水)」에 보이는 '지극히 작은 데서 지극히 큰 것을 보면 다 볼 수 없을 것이요, 지극히 큰 데서 지극히 작은 것을 보면 분명하지 못할 것이다'[210]와 마찬가지라는 논법과 사유를 동원하는 것으로 보인다.

　사물의 상대성을 중시함과 함께 각 개체의 존재 의미와 개성을 인정하는 시각을 동시에 확보할 수 있을 것이다. 연암의 상대론적 인식은 그의 인식 기반을 이루는 매우 중요한 지점으로 이미 과잉일 정도로 지적되었다. 그만큼 상대론적 관점에 근거한 연암의 사유세계는 상대주의적 진리를 세운 장자와 맺고 있는 내적 관련 가능성이 더 많이 내포될 것으로 생각된다. 예컨대 연암의 '眞正之見, 固在於是非之中'[211]에 돋보이는 '중(中)'의 사유 양식이 대표적이다. 어디까지나 옳고 그름이란 또한 예외 없이 절대적인 것이 아니다. 어느 입장에 서느냐에 따라 달라 보이는 시비판단임에도 불구하고, 각자 한편의 주장에 고착되면 결국 진실에서 멀어지는 시비의 분쟁을 초래하고 말 것이다. 따라서 참된 식견의 획득을 위하여 연암은 시비의 양극단을 지양하면서 그것들을 공히 아우를 수 있는 중심적 위치에 설 것을 요구하였다. 여기서 인

210　"夫自細視大者不盡, 自大視細者不明." 郭慶藩 撰, 王孝魚 點校, 「秋水」, 『莊子集釋 3』, 中華書局, 1985년, p.572.

211　"참되고 올바른 식견은 진실로 옳다고 여기는 것과 그르다고 여기는 것의 중간에 있다." 박지원 지음, 신호열, 김명호 옮김, 「蜋丸集序」, 『국역 연암집 2』, 민족문화추진회, 2005년, p.147(51).

식 공간으로서의 '중'이란 모든 시비나 대립을 안고 넘어서는 포월(包越)적인 지점[212]으로 파악될 수 있다. 이런 점에서 바라본 연암의 '중'의 의미는 장자가 말한 도추(道樞), 즉 원의 중심(環中)에서 그 무궁한 시비 변전(變轉)에 대응하는 경지[213]와 일정한 사상적 맥락이 연결될 수 있다. 더구나 이러한 '중'이 집중적으로 조명된 연암의 「낭환집서(蜋丸集序)」에서 청허(廳虛)선생이라는 도가적 인물을 시비지변(是非之辨)을 아는 유일한 존재로 등장시켰다. 때문에 '중'에 대한 연암의 인식 형성에는 도가 내지 장자적 흔적이 깃들여 있는 것으로 짐작될 수 있다. 물론 '중'에 대한 연암의 이해는 비단 장자와의 단선(單線)적 관계 속에서 이루어지는 것이 아니다. 「낭환집서(蜋丸集序)」에서 '사이(間)'의 공간성으로써 '중'을 표현하는 '불리불친,불우불좌(不離不襯,不右不左)'[214]는 연암 스스로 언급한 '불즉불리(不卽不離)'의 불교논리와 통한 것으로 보인다.[215] 또 강과 언덕의 교계처(交界處)인 '제(際)'에 도가 있다는 비

<hr>

212 박희병, 『연암을 읽는다』, 돌베개, 2006년, p.412. 참조.

213 "是亦彼也,彼亦是也。彼亦一是非,此亦一是非,果且有彼是乎哉? 果且無彼是乎哉? 彼是莫得其偶,謂之道樞。樞始得其環中,以應無窮。是亦一無窮,非亦一無窮也。"郭慶藩 撰,王孝魚 點校,「齊物論」,『莊子集釋 1』,中華書局,1985년,p.66.

214 "故眞正之見。固在於是非之中。如汗之化蝱。至微而難審。衣膚之間。自有其空。不離不襯。不右不左。孰得其中。"박지원 지음, 신호열, 김명호 옮김,「蜋丸集序」,『국역 연암집 2』,민족문화추진회, 2005년, p.147.(51).

215 박희병은 '중'을 '제'와 동일한 의미로 파악하면서, 불교의 '불즉불리'에 입각해 '중'을 현상계의 양극단을 지양하고 가치의 위계화를 부정하는 균형과 포괄로써 바라보았다. (박희병,「박지원의 산문시학」,『한국의 생태사상』,

유에서 도출된 '제'란 개념은 '중'과 같은 의미로써 쓰이는데, 이를 해석하기 위해 연암이 서양의 기하학(幾何學)을 끌어들였던 것은 특이하다고 아니할 수 없다.[216] 이외에도 무엇보다 기본적으로 유자였던 연암에게 있어서 '중'에 대한 인식 역시 근본적으로 유가의 '집중(執中)' 이념과 떼어놓을 수 없는 것이다. 공자(孔子)로부터 '중도(中道)'를 잘 수행한 인물로 칭찬받았던 자산(子産)이 연암에게 '善處其際'의 '지도자(知道者)'로 꼽힌다는 것은 단적인 예가 될 수 있기 때문이다. 이렇게 여러 사상의 각도에서 파악된 '중도(中道)'만 봐도 연암 사유에 흘러넘치는 포용적 학문 수용정신은 보다 구체적으로 확인될 수 있다. 아울러 자신의 사상 전개를 위한 다양한 논리와 표현법을 활용함에 있어서 드러난 '장·불(莊·佛)에 출입했다'는 양상이 이와 함께 한눈에 포착될 수도 있는 바이다.

여기서 이단으로서의 장자와 불교를 향한 열린 시각 외에도 과학 지식의 모색에 관심을 보이는 연암의 학문경향 또한 그의 개방적인 사상 세계를 특징지은 또 하나의 요소로서 꼽힐 수 있다. 특히 기존의 관념적 의리(義理)에 입각한 성리학적 세계관에 있어

돌베개, 1999년. pp.349-355. 참조)

216 "余謂洪君命福曰。君知道乎。洪拱曰。惡。是何言也。余曰。道不難知。惟在彼岸。洪曰。所謂誕先登岸耶。余曰。非此之謂也。此江乃彼我交界處也。非岸則水。凡天下民彝物則。如水之際岸。道不他求。卽在其際。洪曰。敢問何謂也。余曰。人心惟危。道心惟微。泰西人辨幾何一畫。以一線論之。不足以盡其微。則曰有光無光之際。乃佛氏臨之曰。不卽不離。故善處其際。惟知道者能之。鄭之子産。" 리상호 옮김, 박지원 씀,「渡江錄」.『熱河日記 上』, 도서출판 보리, 2004년 pp.30-31.(553).

서는 '신형유의(信形遺義)'[217]의 실증적 정신에 근거한 연암의 과학적 천문 이해는 그야말로 파격적이고 혁신적이다. 이른바 연행 도중에 연암과 중국 문인들이 만난 자리에서 최고의 화제로 거론된 '지전월세등설(地轉月世等說)'[218]에는 전통적 지구중심·인간중심의 부정, 나아가 중화주의와 같은 중세적 세계관의 부정으로 인한 상대주의적 인식으로의 전환이 내포된 것[219]은 바로 이런 점을 말해 주고 있다. 물론 상대주의라고 해서 꼭 장자를 지목해야 하는 것은 아니다. 하지만 연암의 이러한 상대론적 우주관을 더 호한(浩瀚)하게 만드는 장자의 상대주의적 상상력에 우리는 또한 주목하지 않을 수 없다.

"말하자면 자리를 바꾸어 본다는 말인데 가령 우리들로 하여금 달 속으로 자리를 바꾸어 땅 바퀴를 쳐다본다고 치면 응당 땅 위에서 저 달을 쳐다볼

---

217 "謂地方者。諭義認體。說地毬者。信形遺義。意者。大地其體則圓。義則方乎。"리상호 옮김, 박지원 씀,「太學留館錄」,『熱河日記 中』, 도서출판 보리, 2004년 p.70.(542).

218 "余離我京八日。至黃州。仍於馬上。自念學識固無藉手。入中州者。如逢中州大儒。將何以扣質。以此煩寃。遂於舊聞中。討出地轉月世等說。每執轡據鞍。和睡演繹。累累數十萬言。胷中不字之書。空裏無音之文。日可數卷。言雖無稽。理亦隨寓。"리상호 옮김, 박지원 씀,「鵠汀筆談」,『熱河日記 中』, 도서출판 보리, 2004년 p.440(623).

219 이에 대하여 鄭聖植의「北伐에서 北學으로-담헌 홍대용」(『한국실학사상사』,한국철학사연구회 지음, 다운샘, 2000년. pp.189-191.); 구만옥의「조선후기 주자학적 우주론의 변동」(박사학위논문, 연세대학교 대학원 사학과, 2001년. pp.285-288.)에서 구체적으로 논의한 바가 있었다.

때에 밝게 보이는 것과 마찬가지란 말입니다."[220]

"하늘의 새파란 빛은 과연 제 빛깔일까. 멀리 떨어져서 끝이 없기 때문일까. 붕 또한 하계를 내려다볼 때 역시 그와 같이 새파랗게 보일 것이다."[221]

　한쪽만의 시각을 벗어나는 상대적 관점에서 세계를 객관적으로 파악하자는 대목들이다. 여기서 연암은 지구에서 달을 바라보는 것밖에 모르던 사람들에게 달에서 지구를 바라보자는 시각의 전도(顚倒)'[222]을 일깨워준다면 장자는 '이인시천(以人視天)'만을 알고 살던 인간에게 '이천시인(以天視人)'[223]을 향한 시각의 전환을 요구한다고 본다. 이렇게 우주차원에서의 상대주의적 시각을 세움으로써 장자와 연암은 세계 전체를 통합적으로 아우르는 우주적인 거시적 시점을 획득하였다. 이런 시점 아래서는 일체의 차별이나 경계가 허물어지게 마련이다. 비록 천지간에 있는 사해(四海)와 그 사해 안에 있는 구주(九州)라고 해도 이제 장자와 연암의 우주적 안목에는 그저 아주 하찮은 작은 존재와 다름없는 것으로 보

220　"如云易地而處。設使吾人易處月中。仰看地輪。應似地上望彼月明." 리상호 옮김, 박지원 씀,「鵠汀筆談」,『熱河日記 中』, 도서출판 보리, 2004년 p.357(607).

221　"天之蒼蒼,其正色邪,其遠而無所至極邪,其視下也,亦若是則已矣." 郭慶藩 撰, 王孝魚 點校,「逍遙遊」,『莊子集釋 1』,中華書局, 1985년, p.4.

222　임형택,「중국 중심 천하관과 조공체제」,『문명의식과 실학--한국 지성사를 읽다』, 돌베개, 2009년, p.73, 참조.

223　王博,『莊子哲學』, 北京大學出版社, 2004년, p.113. 참조; 왕보 지음, 김갑수 옮김,『장자를 읽다』,바다출판사, 2007년, pp.309-310. 참조.

인다.

"오늘 우리 사람들이란 한 덩어리 물과 흙 짬에 앉아서 안계가 넓지 못하고 정량(情量)도 한정이 있고 보니 또다시 허투루 뭇별들을 가지고 구주로 쪼개어 나누고 있습니다. 이제 보아 우리 세상에 자리 잡고 있는 구주(九州)란 것은 얼굴에 찍힌 검은 사마귀 한 개와 다를 것이 무엇이겠습니까. 소위 '큰 못에 뚫린 작은 개미구멍'이란 것이 이런 것입니다."[224]

　　이처럼 대소(大小)관념을 넘는 연암의 상대론적 관점이 우주론으로 확장되었다. 중국 지식인들에게 '기론쾌론(奇論快論)'으로 받아들여진 이 연암의 발언은 그동안 허투루 생각하던 중국(九州)중심의 천하관을 완전히 우물 안 개구리의 소견으로 일소에 부쳐버린다.[225] 구주(九州)라는 것이 사마귀 하나에 불과하다는 비유 자체가 그야말로 전복적인 발상의 매력을 발하였는데, 이것은 연암 스스로도 밝혔듯이 장자가 말한 '大澤礨空'[226]과 상통한다는 것이다. 이렇게 보면 연암의 상대론적 우주관은 장자에서 상상력을 키

224　"今吾人者坐在一團水土之際。眼界不曠。情量有限則乃復妄把列宿。分配九州。今夫九州之在四海之內者。何異黑子點面。所謂大澤礨空者是也." 리상호 옮김, 박지원 씀, 「鵠汀筆談」. 『熱河日記 中』, 도서출판 보리, 2004년 p.365(609).

225　임형택, 「박지원의 주체의식과 세계인식-〈열하일기〉분석의 시각」, 『실사구시의 한국학』, 창작과비평사, 2000년, p.147. 참조.

226　"計四海之在天地之間也, 不似礨空之在大澤乎, 計中國之在海內, 不似稊米之在大倉乎." 郭慶藩 撰, 王孝魚 點校, 「秋水」, 『莊子集釋 3』, 中華書局, 1985년, p.563.

울 원천적 힘을 이어받는 동시에 또 한편으로 장자의 상대주의적 논리에 새로운 현실적인 시대적 의미를 부여하였다. 이에 대해서는 우리는 다음의 인용문에 나온 장자와의 대비를 통해서 더 깊게 이해할 수 있다.

> "만약에 달에도 세계가 있다면 오늘 이 밤에 두 명의 달세계 사람이 난간머리에 마주 서서 달빛 아닌 땅 빛이 차고 기우는 이야기를 아니 한다고 누가 알겠습니까?(…)비록 칠원옹(漆園翁)의 깊은 생각으로도 아득한 우주에 관한 지식은 덮어두고 해설을 안 했지요. 이것은 내가 터득한 지식이 아니라 귀동냥이랍니다. 홍대용이란 친구가 있는데 호는 담헌입니다."[227]

연암이 수용하고 부연했던 홍대용의 '월세설(月世說)'을 세상에 알렸던 발화였다. 기발한 발상에 의한 가설임에도 실제로 범상치 않은 이론 근거와 탐구 정신이 그 이면에 함축되어 있었다. 특히 연암의 말대로 장자의 현묘·광달(玄妙·曠達)한 생각으로서도 논하지 않는다고 할 정도로 '월세설'에 비친 홍대용의 뛰어난 이해와 심오한 탐색은 우주세계에 대한 자기 나름의 학문적 성취를 이룩하였다는 것이다. 여기서 육합(六合)의 바깥(무한한 우주)에 임한 자세로 나온 '존이불론(存而不論)'이란 장자가 이상시했던 성인(聖人)

---

227 "若謂月中亦有世界。安知今夜不有兩人同倚欄頭。對此地光論盈虛乎。(···)雖漆園翁之玄妙曠達。至於六合之外。則存而不論。吾非心得乃是耳剽。吾友洪大容號湛軒。" 리상호 옮김, 박지원 씀,「太學留館錄」.『熱河日記 中』, 도서출판 보리, 2004년 p.73(543).

의 초연한 우주론적 인식태도[228]인데 반해, 오히려 연암의 눈에는 장자의 인식상의 한계로 보인다. 그 한계성은 기실 단지 장자의 것만이 아니다. 기존 일체의 형이상학적 인식 틀에 머문 우주관과 달리 연암에게서 우주의 개념은 더 이상 리기(理氣)의 세계만을 의미하는 것이 아니라, 천체(天體)가 움직이는 실체 공간을 가리키는 것이다. 앞에서도 이미 언급하였지만, '월세설'은 한갓 '황당무계(荒唐無稽)'한 상상에만 그치는 것이 아니다. 장자적 기이함 못지 않은 '기론(奇論)'으로서의 묘한 매력이 펼쳐지는 한편 땅(지구)의 빛을 변설(辨說)하기 위한 연암의 진지한 과학적 논리[229]기 전개되어 있었다. 더군다나 우주의 무한함을 전제로 상대적인 우주의 중심개념이 성립되는 홍대용의 다세계설(多世界說)[230]은 이런 '월세설'이 마련된 지적인 근거가 된다. 이처럼 홍대용에게서 받아들였던 연암의 우주론은 장자적 발상과 과학적 사유를 접목시켜 상호 보완적 관계를 이루었다. 그것은 장자와의 수용관련 양상을 놓

----

228 "六合之外，聖人存而不論；六合之內，聖人論而不議。春秋經世，先王之志，聖人議而不辯." 郭慶藩 撰，王孝魚 點校，「齊物論」，『莊子集釋 1』，中華書局，1985년，p.83.

229 "鄙說月中世界者。非謂眞有世界。本欲辨說地光。而無地可見。則設爲月中世界。如云易地而處." 리상호 옮김, 박지원 씀,「鵠汀筆談」.『熱河日記 中』, 도서출판 보리, 2004년 p.357(607).
    "又曰月中世界。當似此地。又曰地在太空。當一小星。又曰地當有光。遍滿月中。由今觀之。與西士所言。一一符合." 金允植,「燕巖集序」, 卷之十, 『雲養先生文集 二』, 경인문화사, 1973년, p.452.

230 문중량,「조선후기 자연지식의 변화패턴--실학 속의 자연지식, 과학성과 근대성에 대한 시론적 고찰」,『대동문화연구』제38집, 2001년, 성균관대학교 동아시아학술원, p.310. 참조.

고 볼 때 장자로의 초월이라고 간주해도 좋을 것이다.

　접근과 경계를 아우르는 '접점(接點)'에서는 초월이라는 비약 (飛躍)이 이룩되는 것이다. 지금까지 보여준 바와 같이 연암의 우주론에서 가치관까지 관류된 상대적 관점 및 상상력은 그와 장자를 긴밀하게 연결시켜 놓았다. 그럼에도 스스로 유자라고 하기를 주저하지 않는 연암에게는 이러한 장자와의 접맥은 필경(畢竟) 유가적 시각을 전제로 한 것이지, 장자와 동궤(同軌)를 달리는 것이 아니다. 궁극적으로 가치중립적 상대주의 내지 신비·허무주의로 치닫는 장자 역시 연암이 경계해야 할 대상이 될 수밖에 없었다. 연암의 글에서 장자와 관련하여 직접 표출된 비판적 표현은 거의 보이지 않는다. 그렇다고 연암이 장자의 소극적 일면을 간과한다 는 뜻은 아니다. 여태껏 연암 스스로의 글쓰기 논의로서 화제가 모아왔던 「열하일기·서」[231]에서는 장자를 두고 '저가서(著家書)로

231　이 「열하일기·서」는 다른 異本에는 기록되어 있지 않다. 다만 발간된 『국역 열하일기』이가원 역(민족문화추진회)제1책에 소개되었는데, 『燕巖山房本』에 실려 있다고 하였다. 작자 불명으로 인해 이것을 둘러싼 연암의 자서인 가 아닌 가에 관한 논의가 오늘날도 지속된다. 김명호는 연암이 자기 저서를 장자보다 우수한 것으로 자찬(自讚)했다고 보기 힘들다고 하면서 연암의 측근 우인 누군가가 지은 것이라 추측하였다. (김명호, 앞의 책, p.182, 참조) 반면에 강동엽, 김태준, 문영오 등 학자들은 이 글을 연암의 것으로 치부하고 논의를 전개하였다. (강동엽, 「열하일기의 문학적 연구」, 박사논문, 건국대학교대학원 국어국문, 1982년, pp.6-7. 참조; 김태준, 「동아시아적 글쓰기의 전통론 시고--〈열하일기〉의 글쓰기론을 중심으로」, 『東岳語文論集』, 동악어문학회, 제36집, 2000년, p.223. 참조; 문영오, 「〈허생전〉에서의 노장철학 고구」, 『연암소설의 도교철학적 조명』, 태학사, 1993년, p.76-77. 참조) 연암의 서문 여부 논쟁을 떠나 그 내용 자체만 보면 『열하일기』에 보이는 글쓰기 특징은 정확히 짚어낸

서의 웅(雄)'[232]이라고 높이 평가함과 동시에, 또한 "하물며 그 이치를 논함에 있어서도 어찌 황홀히 헛된 이야기를 늘어놓은 것에 그쳤을 뿐이겠는가?"[233]라고 비판을 가하였다. 한편으로는 논리 전개를 위한 장자의 우언적 글쓰기 구현에 적극 수긍하는 태도가 보이는 것인가 하면, 또 한편으로는 장자가 늘어놓은 허황된 내용을 향해 경계·비판의 시선이 던져지는 것이다. 이렇게 장자에게 접근하면서 또한 장자와 거리를 두고 있는 수용 의식은 『열하일기』의 창작실천은 물론 다음과 같은 연암의 종교적 인식을 통해서도 보다 심층적으로 포착될 수 있다.

"세상에 떠도는 불교 서적이란 모두가 <남화경>의 주석이요. <남화경>은 즉 <도덕경>을 전한 주석에 불과하다. 저들은 다 타고난 자격이 뛰어나고 생각들이 탁월하였다. 어찌 인의와 예악이 함께 천하를 다스리는 대법칙이 되는 줄이야 몰랐을 것인가? 불행히 그들은 망하는 세상에 나서 본질은 없어지고 형식만 떠드는 데 눈을 찌푸리고 상심을 하다가 본즉, 차라리 태고의 정치를 사모하게 되었다. 그들이 말한 '성인을 없애고 지혜를 버리고 도량형기를 파괴해야 된다' 는 따위 이야기는 모두 세태 풍속에 분개해서 나온

....

것이다. 앞에서 말한 김명호의 연구에서도 이 서문을 인용해서 연암의 글쓰기를 거론하였다. 따라서 이 글이 연암의 서문이냐 아니냐의 논의는 본고의 근본 취지에도 별다른 영향을 주지 않을 것이라고 여기서 밝히려고 한다.

232 "以爲寓言也, 則微顯迭變, 人莫測其端倪, 號爲弔詭. 而其說, 終不可廢者, 善於談理故也. 可謂著書家之雄也。"「열하일기 서」, 『이가원전집16 열하일기역주』, 大洋書籍, 1975년. pp.33-34.

233 "又其所謂談理者′ 豈空談怳惚而已耶 ?"「열하일기 서」, 『이가원전집16 열하일기역주』,同上

말이다. 3천여 년 이래로 이런 책을 배척한 자가 한 사람 뿐만 아니겠지마는 이 책들은 필경 본존되어 있고, 또 이런 책이 남아 있더라도 끝내 천하가 다스려지는지 혼란해지는지에 아무런 상관이 없었다."[234]

　　불교적 관심으로부터 확장된 '삼교(三敎)'에 대한 연암의 견해다. 이단으로 몰린 불교와 노장에 대한 보다 유연하고 포용적인 입장은 여기서 명확히 제시되어 있었다. 그것은 한 줄에 궤인 채 긴밀한 관계를 지니는 노장과 불교의 근본 의식이 유교에서 제시한 '인의(仁義)'와 '예악(禮樂)'의 가르침과 상통하고 있음을 지향하는 것이다. 이처럼 연암은 삼교의 근원적 친근성을 밝히고 종교적 포용성의 논리[235]를 확립하는 가운데, 장자를 읽는 그의 안목을 다시 음미할 수 있는 '창(窓)'이 이와 함께 열리게 되기도 한다. 예컨대 노장이나 석가로서는 '인의'와 '예악'에 대하여 어찌 모르겠느냐는 연암의 반문(反問)에 장자를 위한 왕안석(王安石, 1021-1086)의 유가적 변호(辯護)[236]가 상기될 수 있다. 그리고 끝내 소멸되지

234　"世間所有佛書。都是南華經箋註。南華經乃道德經之傳疏彼皆天資超絶。情量卓異。豈不知仁義禮樂俱爲治天下之大經哉。不幸生値衰季。蒿目傷心於質滅文勝。則慨然反有慕于結繩之治。其如絶聖棄智剖斗折衡之類。皆憤世嫉俗之言也。三千年來。排之者亦不一人。而其書竟亦尙存。其書雖存。竟亦無關於天下之治亂。" 리상호 옮김, 박지원 씀, 「口外異聞・佛書」, 『熱河日記 下』, 도서출판 보리, 2004년 p.198.(574)

235　금장태, 「〈열하일기〉와 박지원의 종교적 관심」, 『비판과 포용--한국실학정신』, 제이앤씨, 2008년, p.179. 참조.

236　"故其篇曰,《詩》以道志,《書》以道事,《禮》以道行,《樂》以道和,《易》以道陰陽,《春秋》以道名分。由此而觀之, 莊子豈不知聖人者哉?" 王安石, 「莊周 上」, 『王文公文集 上』卷二十七, 唐武標(校), 上海人民出版社,1974

않는 노장·불교의 서적이 천하를 혼란에 빠뜨리는 요소가 아니라는 연암의 지적 또한 소식(蘇軾)이 노장의 용의(用意)에 대해 말한 '무악어천하(無惡於天下)'[237]를 연상시킬 수 있다. 알다시피 장자학적 흐름에서 왕안석과 소식은 '장자를 끌어다가 유학에 포함시키기(援莊入儒)'를 제창하는 선도적 인물로 꼽힐 수 있다. 그들이 장자를 유가적 성인(聖人)과 관련지어 이해한다는 것[238]은 후세 유학자들이 장자의 식견을 긍정적으로 평가하는 계기가 되었고, 나아가 노장 전통의 유가적 변용의 새로운 국면을 개척하는 데 큰 영향을 끼치고 있었다. 위와 같은 연암의 '삼교의 포섭'에서 도출된 장자의 유가적 인식은 그들이 미친 영향 하에 있는 것으로 보일 수도 있다. 물론 이렇게 장자를 유가정신과 소통하는 인물로 그려낸다고 하여, 장자를 전면적으로 인정한다고 보는 것은 결코 아니다. 왕안석으로부터 천하의 폐단을 바로잡으려는 장자의 격렬한

년, p.312.

237　"聖人之所爲惡夫異端盡力而排之者, 非異端之能亂天下, 而天下之亂所由出也。昔周之衰, 有老聃'莊周'列禦寇之徒, 更爲虛無淡泊之言, 而治其猖狂浮遊之說, 紛紜顚倒, 而卒歸於無有。由其道者, 蕩然莫得其當, 是以忘乎富貴之樂, 而齊乎死生之分, 此不得誌於天下, 高世遠擧之人, 所以放心而無憂。雖非聖人之道, 而其用意, 固亦無惡於天下。" 蘇軾, 「韓非論」, 『蘇東坡全集 下』(影印), 中國書店出版社, 1986년, p.775.

238　이와 같은 경향이 왕·소(王·蘇)에 아루로 처음으로 나타난 것은 아니다. 당의 한유(韓愈, 768년-824년)가 원장입유(援莊入儒)의 태도를 뚜렷이 표명하면서, 장자를 전자방(田子方)의 문인으로 보고 자하계열의 유가로 분류하였다.
"蓋子夏之學, 其後有田子方, 子方之後. 流而爲莊周, 故周之書, 喜稱子方之爲人." 韓愈, 「送王秀才序」, 『韓昌黎文集校注』, 馬其昶 校注, 馬茂元 整理, 上海古籍出版社 1986年, p.261.

말에 대하여 지적한 '矯之過'[239]란 바로 장자에 대한 후세의 비판의 한 기준으로 되었던 것이다. 연암 시대에 장자에서 혼란스러운 세도(世道)에 대한 '분격(憤激)'의식을 읽어내는 것은 보편적 흐름으로 형성되어 있었다.[240] 그 가운데 장자의 과격한 표현에 대하여 '矯枉過直'이라 비판함과 함께, 그 이면에 비친 장자의 철저한 현실 비판의식을 동시에 옹호하는 목소리는 또 하나의 공유된 의식으로 되어 있었다.[241] 위의 인용문에서 연암이 '剖斗折衡' 같은 장자의 '憤世嫉俗之言'을 다시 새기게 된 것은 또한 이와 같은 장자에 대한 시대적 인식이라는 맥락에서 비롯된 것으로 보일 수 있다.

앞에서도 다소 언급하였지만, 장자에 관한 연암의 철학적 논술은 사실상 찾아보기가 쉽지 않다. 개념으로 사유하는 철학자와 달리 문학적 텍스트를 통해 사상적 모색을 이루는 데 주력하였던 연암은 자신의 사상까지 체계적으로 제시하지 않았다. 그러나 체계적인 것만이 훌륭하다거나 철학적이라는 것은 아니다. 오히려

----

239 "然而莊子之言,不得不為邪說比者. 蓋其矯之過矣. 夫矯枉者.欲其直也,矯之過則歸於枉矣." 王安石,「莊周 上」, 同上.

240 이에 대해서는 이승수의 「조선조 지식인의 장자수용과 분격의식」(『道敎文化硏究』, 제15집, 한국도교문화학회, 2001년, pp.332-335.)에서 구체적으로 논의한 바가 있다.

241 이러한 장자에 대한 인식을 드러난 대표적 인물로 李瀷, 申景濬, 洪大容 등을 들 수 있다. 이에 대하여 이승수의 상게문(pp.332-334.)에서 논의한 바를 참조할 수 있다. 그리고 홍대용에 관해서는 그의 「與篠飮書」(「杭傳尺牘」, 『湛軒書外集』卷一)에 나온 장자에 대한 이단관 또한 참조될 수 있다.

체계적이지 않은 사유에서 정신의 우뚝함 또는 사유의 넓이와 깊이를 절감(切感)할 때가 종종 있다.[242] 여태껏 본고에서 장자와 연결시키면서 살펴본 연암의 주된 모습은 상대론적 인식 전개를 보여주는 사상가로서의 일면이다. 당대로부터 이미 연암을 비롯한 일군의 지식인들이 절대론에서 상대론으로의 사상적 전환을 이룩했던 것은 주지하는 사실이다. 하지만 그들 중에 연암처럼 이렇게 생각한 바를 문학적으로 표출하느라 고심하면서 '작전'을 구상하는 인물이 그리 많지 많았다. 「호질」만을 보더라도 알 수 있듯이, '인간 외부의 시선으로 인간 보기'[243]라는 문제설정에서 구현된 우언적 글쓰기 전략은 현실 비판과 사상 혁신을 표출하는 데 기막힌 성공을 이룩하였던 것이다. 연암 스스로 '胠篋, 盜跖과 同旨'[244]라고 규명한 만큼 「호질」의 우언적 성격과 역설적 풍자가 장자에 연원을 두고 있는 한편, 또한 그 주제 전달에 있어서 장자에 비견되는 표현 효과를 거두었던 것이다. 여기서 「호질」의 창작을 통한 장자로의 문학적 접근은 무엇보다 가장 뚜렷이 부각되고 있다. 특히 인간에게 던져진 범의 준열한 질책은 장자의 '盜跖

....

242 박희병, 「이규보의 도가사상」, 『한국의 생태사상』, 돌베개, 1999년, pp.62-62. 인용.

243 고미숙, 『열하일기, 웃음과 역설의 유쾌한 시공간』, 그린비, 2003년, p.345. 참조.

244 "燕岩氏曰,(···)今讀其文。言多悖理。與胠篋盜跖同旨." 리상호 옮김, 박지원 씀, 「關內程史 · 虎叱」, 『열하일기 上』, 도서출판 보리, 2004년 p.378. (633).

斥孔'과 자자구구까지 놀라울 정도로 혹초(酷肖)하였다.[245] 그럼에
도 불구하고 「호질」의 창작은 모작(模作)의 수준에 머무는 것은 아
니다. 글 전체의 문맥이나 당시의 창작배경으로 볼 때 연암의 창
조적 솜씨에 의한 「호질」은 오히려 우리에게 새로운 사상적, 문학
적 감각을 촉발시켜주고 있다.

이렇게 장자의 숨결을 들려주면서도 또 다른 신선함을 풍겨주
는 연암의 창작양상은 그의 문학 세계 곳곳에 쉬이 찾아질 수 있
다. 일출 전의 바다 장관(壯觀)과의 만남에서 연암은 '바다 기운 동
하여 대붕새 날아오를 듯'[246]라며 감탄을 금치 못하였다. 그리고
열하로 가는 무박나흘의 고된 여정임에도 불구하고, 연암은 비몽
사몽의 졸음 경지를 '도교의 내관'과 '선가의 돈오'에 비유하며
'장주도 호접도 아닌 몽롱한 꿈을 꾸는 심경'을 토로하였다.[247] 또
한 인간세상에서의 생이별(生離別)에 대하여 술회하는 연암은 장자

------

245 이에 대하여 이가원은 그의 연구논문 「〈호질〉 연구」(『李家源全集1 연암
소설연구』, 1965년, 을유문화사, pp.497-505. 참조)에서 구체적으로 논증한 바
가 있었다. 그는 이 논문에서 장자의 胠篋·盜跖 을 「호질」의 문학적 배경 중
의 하나로 다루면서 장자에 대한 구체적 수용양상을 충실한 전거(典據)제시를
통해 자자구구에까지 세밀하게 밝혀 놓았다.

246 "無怪鯨鯤鬥出陸, 不虞海運値搏鵬." 박지원, 「叢石亭觀日出」(홍기
문 역, 『나는 껄껄 선생이라오』, 보리, 2004년, p.16.)

247 "至此共四日。通晝夜未得交睫。下隷行且停足者。皆立睡也。余亦不
勝睡意。(···)其冥心如丹家內觀。其警醒如禪牀頓悟。八十一難。頃刻而
過。四百四病。倏忽以經。當是時也。雖榱題數尺。食前方丈。侍妾數百。不與
易不冷不溫之堗。不高不低之枕。不厚不薄之衾。不深不淺之杯。不周不蝶
之間矣。" 리상호 옮김, 박지원 씀, 「漠北行程錄」, 『열하일기 上』, 도서출판
보리, 2004년. p.459(652).

의 '盆可鼓'를 포함한 다양한 사별 고사를 인용함으로써 죽은 자가 전혀 고통을 알지 못한다는 역설적인 결론을 제시하였다.[248] 이처럼 연암이 문학작품을 창작하면서 상식화 된 장자 이야기를 절묘하게 변용했던 것이다. 이는 문학인으로서의 소양 및 정서와 무관하지 않은 것으로서 다른 문인들의 창작에서도 흔히 보이는 것이다. 연암의 경우는 결코 이런 차원에 그치지 않았다. 그는 장자와 같이 언어문제에 대하여 가장 깊이 사유했던 한 사람이었다.[249] 그리고 언어의 한계에 대한 인식과 이를 극복할 수 있는 방법 모색의 한 결과로서 연암은 글쓰기의 방식에 대한 다각적 구상과 실천을 위한 장자 못지않은 노력을 보여주었다. 그 중에 우언적 글쓰기를 즐겨 했던 연암은 비록 장자처럼 자신의 글쓰기 방식에 대하여 이론적으로 정립하지 않았지만, 언어의 한 가지 용도(用途)로서의 '비물유의(比物喩義)' 즉 '형용하고자 하면 이것을 끌어다가 저것을 증명한다'는 비유의 원리[250]를 제기하는 데서 우언적 글쓰

---

248 "以言乎生者之苦。則性可滅。明可喪。盆可鼓。絃可斷。炭可呑。城可崩。至於鞠躬盡瘁死而後已。而無關死者。則死者無苦也."리상호 옮김, 박지원 씀,「漠北行程錄」,『열하일기 上』, 도서출판 보리, 2004년. p.429(645).

249 연암의 언어관에 대하여 조동일의 앞의 논문과 박희병의「박지원 사상에 있어서 言語와 冥心」(『한국의 생태사상』, 돌베개, 1999년,) 그리고 김대중의「廖燕과 朴趾源의 원초적 텍스트 이론」(『한국실학연구』, 제15집, 2008년,)등으로 참조할 수 있다.

250 "言語者, 理氣之容聲也. 天旣默而示之, 則人得以軆. 其容聲而發之言語, 指事比物, 立名喩義.(···) 言語者, 分別也.欲其分別, 則不得不形容. 欲其形容, 則援彼證此. 此言語之情實也."박지원 지음, 신호열, 김명호 옮김,「答任亨五論原道書」,『국역 연암집 1』, 민족문화추진회, 2005년,

기를 지향한 의식의 토대를 은근히 마련하기도 하였다. 이렇게 우언적 글쓰기를 구사함에 있어서 연암은 장자와 공통된 문학정신과 창작자세를 지니고 있었다. 물론 연암의 우언작품이라 하여 반드시 장자를 염두에 두면서 창작했다는 뜻은 아니다. 하지만 결론으로부터 말하자면, 「호질」처럼 장자적 철학 사유와 우언적 표현 성격을 두루 갖추는 연암의 작품들이 그의 문학창작의 일색을 이룰 정도로 가관(可觀)이었다. 따라서 내적으로 소화된 장자적 철학 사유를 어떻게 장자문학과의 접맥을 통해서 다시 새롭게 표출하는가 하는 문제의식은 그만큼 연암 나름의 글쓰기 특징을 파악하는 데 하나의 열쇠가 될 수 있다. 아래서 장자와 교직되어 펼쳐진 연암의 우언문학적 세계는 바로 우리에게 이러한 문제의식을 풀어나가는 장(場)을 마련해주는 것이다.

2) 朴趾源의 寓言 글쓰기와 莊子의 交織 樣相

연암은 글 쓰는 행위를 치열한 전투로 보았다. 부조리한 현실과 대결했던 그는 자기 자신이 상상했던 전쟁터에서 그의 연암다운 방식으로 한 평생을 바쳐 싸우고 있었다. 오늘날 연암 글쓰기의 연구에서 주목받은 「소단적치인(騷壇赤幟引)」이란 글은 바로 이러한 연암의 모습을 생생하게 전해준다. 거기서 전투의 승리를 위한 작전(作戰)을 구상하듯이 의도적인 계획과 술수를 강구하면서

p.154(52).

글을 씨야 한다는 주장 자체는 글쓰기를 무기로 세속과 맞선 연암의 강력한 의지를 흰히 내비치고 있었기 때문이다. 사실상 문학비평이라는 사적 맥락에서 이러한 '이병유문(以兵喩文)'의 식으로 된 비평 양상은 그리 낯설지 않은 것으로 보인다. 연암 시대를 풍미했던 명말청초의 문단까지만 보아도 알 수 있듯이, 글쓰기를 군사(軍事)에다 비유하면서 문론(文論)을 전개한 당대의 대표적 문인들은 한두 명이 아니었던 것이다.[251] 연암의 「소단적치인(騷壇赤幟引)」은 이와 같은 전통적 문학비평을 수용하는 연장선상에 서 있는 것으로 보아야 하지만, 그렇다고 연암의 이런 논리의 참신성과 가치를 간과해서는 안 되는 것이다. 이 글에서 모두 12가지의 비유를

251　고대병법(古代兵法)과 문학비평의 관계에 대해서 중국대만 학자인 饒宗頤의 「釋主客--論文學與兵家言」(饒宗頤, 『文轍』, 臺灣學生書局, 1991, p.193.)에서 명확히 논의한 바가 있었다. 그의 논의에 의하면 중국문학비평사에 나타난 '기(氣)'와 '세(勢)'의 두 개념이 모두 병가관념의 영향을 받은 것으로 보인다고 하였다. 이어서 중국대육학자인 吳承學은 그의 논문인 「古代兵法與文學批評」(『文学遗产』, 第六期, 1998, 中国社会科学院文学研究所)에서 饒宗頤의 주장에 동의하면서 나아가 이러한 주장을 심화시키고, 아울러 '以兵喩文'의 사적전개를 정리하였다.
　　명말청초의 문인인 원굉도(袁宏道, 1568-1610)와 왕부지(王夫之,1619-1692) 그리고 문학비평가인 오교(吳喬, 1611-1695) 와 문장가인 포청령(蒲松齡,1640-1715) 등은 이러한 문학비평을 다음과 같이 제기한 바가 있었다.
　　"善為詩者,師森羅萬象,不師先輩,法李′唐者,豈謂其機格與字句哉? (···),是故, 減竈背水之法, 迹而敗,未若反而勝也."(『袁宏道集箋校』,「敍竹林集」); "無論詩歌, 與長行文字, 俱以意為主. 意猶帥也. 無帥之兵, 謂之烏合."(王夫之,『姜齋詩話』,「夕堂永日緒論内編」); "意為主將, 法為號令,字句為部曲兵卒. 由有主將,故號令得行,而部曲兵卒,莫不如臂指之用, 旌旗金鼓,秩然井然."(吳喬,『圍爐詩話』卷二.); "古大將之才,類出天授.然其臨敵制勝也,要皆先識兵勢虛實,而以避實擊虛為百勝之法.文士家作文, 亦何獨不然."(蒲松齡,『蒲松齡集·論諸侄』)

동원하여 글쓰기의 갖가지 기법과 여러 병법의 운용의 일대일 대응관계를 형상적으로 천명한 것은 유례를 찾아보기 힘들만큼 대단히 논리정연하고 창의적이다. 그리고 아울러 이론과 실천을 밀착시키는 연암의 문학창작은 무엇보다 그의 이러한 글쓰기 논리를 더욱더 값지게 만들었던 것으로 보인다. 특히 연암의 창작전반에 걸친 다양한 글쓰기의 시도 속에서 이른바 '연암체(燕巖體)'의 특징 중의 하나로 인식되어 온 우언적 글쓰기 특성은 그야말로 이와 같은 전략적 구상과 기법을 강구하는 연암의 창의적 글쓰기 양상을 유감없이 보여주고 있었다.

연암 문학에 드러난 우언적 글쓰기 성격이 매우 또렷하였다. 그만큼 이러한 창작의 열정이 알알이 담긴 연암의 우언세계의 전체 모습은 오히려 아직까지 흐릿한 편이다. 그 이유는 이왕의 논의가 연암의 몇몇 특정의 우언작품에만 집중되는 데 있었지만, 근본적으로 따지고 보면 역시 만만치 않은 우언개념의 인식으로부터 비롯된 것이기도 한다. 여기서 우언에 대한 재해석을 통해 공연히 복잡한 논의를 초래할 우려보다는 일단 연암의 우언적 글쓰기에 관한 기존 연구에서 거론된 대표적 작품들을 개괄적으로 정리할 필요가 있다고 생각된다.

----

252 윤주필,『틈새의 미학--한국 우언문학 감상』, 집문당, 2003년, pp.267-270, 참조.

출처	작품명	우언적 글쓰기 성향 두드러지는 대목
『放璚閣外傳』	①馬駔傳	①'사귐의 도리'를 토의하는 '三狂'의 대화 ②우정론에 대한 골계선생의 평결[252]
	②兩班傳	무능한 兩班과 우직한 村富(허구적 인물)사이에 벌어지는 황당한 양반권 매매사건
	③閔翁傳	①蟾與兎의 쟁년삽화(爭年揷話) ②연암 자신을 가탁한 좌객[253]과 민옹의 수수께기식 문답
	④穢德先生傳	蟬橘子와 그의 제자인 子牧(허구적 인물)간의 교우(交友)에 관한 역설적 문답
『鐘北小選』	⑤蜋丸集序	①瞽者衣錦과 衣繡夜行의 우열 ②黃政丞의 이야기 ③林白湖의 일화 ④말똥구리와 驪龍 ⑤학(鶴)이 된 丁令威와 <太玄經>을 쓴 楊雄
	⑥泠齋集序	석수쟁이와 조각쟁이(허구적 인물)의 말다툼
『煙湘閣選本』	⑦澹然亭記	靑莊과 淘河 새의 비유
	⑧髮僧菴記	화자와 객의 가설(假說)적 문답[254]
	⑨塵公塔銘	가상의 고승[255]에 대한 비판을 통한 불교의 배척과 '寓儒旨'
『映帶亭媵墨』	⑩答蒼涯(之二)	맹인삽화(서경덕과 소경의 이야기)
『孔雀館文稿』	⑪孔雀館文稿自序	귀울음과 코골기
『熱河日記』	⑫虎叱	①범의 존재양태 묘사 및 먹거리에 대한 범과 倀鬼의 대화 ②北郭와 東里子의 密會 ③北郭에 대한 범의 꾸짖음
	⑬一夜九渡河記	연암협에서 들은 소낙비에 불어난 다양한 시냇물 소리 소감
	⑭象記	어떤 사람들의 논쟁적 대화
	⑮幻戲記	맹인삽화(서경덕과 소경의 이야기)
	⑯許生傳	許生과 어영대장 李浣의 對面[256]
	⑰黃金臺記	'發塚三盜'의 삽화

위와 같이 우언적 성격이 두드러지는 연암의 작품들은 한데 묶어 놓았다. 논란거리 된 작품들이 있긴 하겠지만, 허구적 인물이나 꾸며낸 이야기를 전체 또는 부분적으로 사용하여 우의를 전달하는데 있어 모두 교묘하게 고안된 전략을 담고 있다. 「마장전(馬駔傳)」에서 세 미치광이 등장시켜 참다운 우도(友道)에 대한 진지한 토론을 벌인 건 그 자체가 지극히 역설적이고 해학적이다. 그리고 「담연정기(澹然亭記)」에 생생하게 비유적으로 나온 도하와 청장의 극적인 대비는 생동하고도 매우 철학적이다. 이외에 「호질」에서 범이 북곽 선생을 질타하듯이, 「허생전(許生傳)」에 연출된 사대부의 위선을 향한 허생의 통렬한 꾸짖음 역시 역설적 논리에 의한 도도한 변설의 정채(精彩)를 발하고 있다. 연암의 우언 세계에서 보인 일부의 모습에 불과하지만, 그 문학적 형상화와 역설적 해학 표현이 뚜렷한 우언적 특성이 역력히 드러나고 있다. 더욱이 이 셋 대목은 모두 장자에 보이는 장면과 연상·대비시키는 묘미[253]를 갖고 있으므로 연암의 우언문학적 성취를 더 돋보이게 만들었다. 이처럼 초기작으

---

253 『장자』의 「大宗師」편에서 가상적인 인물인 子祀, 子輿, 子梨, 子來 네 사람이 등장하여 인간의 생사(生死)에 대한 고정관념을 깨뜨리는 일대 문답을 은유적으로 나눈 뒤 네 사람이 의기투합하여 막역한 친구가 되었다. 이와 같은 방식으로 「마장전」에서는 송욱, 조탑타, 장덕홍 세 미치광이 우도에 대하여 한 바탕 대화를 역시 은유적으로 나눈 뒤 의기투합하고 있다. 그리고 「담연정기」에는 청장과 도하라는 새가 등장하는데 그 수법이 『장자』의 「소요유」에 보이는 '대붕과 소작(小雀)'을 연상시킬 수 있다. 또한 「허생전」에 나타난 '許生大叱曰'의 질책은 『장자』에서 도척이 위선자인 공자를 질책하는 수법을 변용한 것이다.

강혜선, 『박지원 산문의 고문변용 양상』, 태학사, 1999년, pp.31-45, 인용

로부디 꾸준히 이루어져 온 연암의 우언창작 속에서 장자적 풍모가 물씬 풍겨 오는 것이다. 여기서 연암의 우언적 글쓰기에 드러난 몇 가지의 특성적 면모를 제시하면서 그것들이 장자와 관계 맺는 양상에 대해 규명하려 한다. 연암의 글에는 어린아이와 맹인(盲人), 그리고 소리(聲)가 주제적 의미의 표상으로 자주 등장한다. 그것들이 갖는 상징성이 연암에 의해 여러 층면에서 제시되었지만, 그 궁극적 의미 지향은 최종적으로 개관 현실에 대한 참된 인식으로 귀착된다고 볼 수 있다. 주지하듯 어린이의 '천진(天眞)'으로 돌아가라는 동심설(童心說)과 소경처럼 진실을 보는 맹목론(盲目論)은 그 자체가 역설적 현실인식이자 곧 기존 사상·가치체계를 뒤집는 사유논리와 연결되어 있는 것이다. 연암 시대에 '진심에서 우러난 진(眞)과 실(實)'을 표방한 일련의 진전적 문예론[254]과 견주어 볼 때 이와 같은 역설로 점철된 연암의 '구진(求眞)' 논리는 그다지 새롭거나 특이한 것이 아닌 것으로 보인다. 그럼에도 동시대의 다른 문인들보다 이러한 논리 전개에 유난히 공을 들였던 연암의 남다른 문학적 표현은 그의 '진'의 추구에 대한 깊은 철학적 이해와 함께 기억해 두어야 할 것이다. 선행 연구에서 명말청초의 양명좌파(陽明左派)적 논리와 그것을 사상적 근거로 정립된 공안파의 문학비평이 연암시대의 문단에 큰 영향력을 행사한 것은 이미 충

----

254 이지양, 「18세기의 '진' 추구론과 성령설」『한국한문학연구』, 제24집, 1999년, 한국한문학회. pp.245-272. 참조; 이종주,『북학파의 인식과 문학--상대주의적 시각과 역설의 미학』, 태학사, 2001년, pp.23-59, 참조.

분히 밝혀져 있다.[255] 그 가운데 연암의 사유 속에서 '진'의 인식 전제로 동원했던 '어린아이'가 이지(李贄, 1527-1602)가 말한 동심과 원굉도가 주장한 '동자지취(童子之趣)'의 연장임을 더 이상 췌언할 필요가 없는 것이다. 메타포로 된 '어린아이'의 기원은 맹자의 '적자지심(赤子之心)'과 노장의 '능여영아(能如嬰兒)'까지 추적될 수 있는데, 기성의 윤리 가치를 벗어난 이지의 '동심설'과 원굉도의 '성령설(性靈說)'에서 도가적인 자연 그대로의 인간 성정(性情)을 절절히 외치고 있음을 보면 그것으로부터 영향을 받아 변주된 연암의 동심은 그들을 통해서 노장의 인식지평으로 한발 더 가까이 다가선 것으로 짐작될 수 있다. 물론 기존 사고·가치에 대한 거부의식을 보여준다는 점에서 연암의 동심설과 짝을 이룬 그의 맹목론 또한 다분히 노장적 요소가 가미되어 있다. 기왕 연구에서 지적한 것처럼 이목(耳目)이라는 감각기관의 한계를 느끼고 그것들의 매개를 일단 거부한 측면에서 연암은 노자의 논법을 따왔다고 여겨질 수 있다.[256] 그리고 '이목이 누(累)가 되지 않기(耳目不爲

---

255 조선후기의 한문학에서 양명좌파와 공안파의 수용과 영향을 전면적이고 실증적으로 다루고 있는 대표적 연구로는 강명관의 논문인 「燕巖 時代의 陽明左派 수용」(『대동한문학』, 제23집, 2005년, 대동한문학회)과 「조선후기 양명좌파의 수용」(『오늘의 동양사상』, 제16집, 2007년, 예문 동양사상연구회) 그리고 그의 저서인 『공안파와 조선후기의 한문학』(소명출판, 2007년)이 있다. 이외에 공안파의 수용과 영향을 중심으로 한 다른 연구 성과로 심경호의 「조선후기 한문학과 원굉도」(『한국한문학연구』,제34집, 2004년, 한국한문학회), 이지양의 상계문(한국한문학연구』, 제24집, 1999년, 한국한문학회)을 꼽을 수도 있다.

256 임형택, 「박연암의 인식론과 미의식」, 『한국한문학연구』, 제11집, 1988년, 한국한문학회, p.21, 참조.

之累)' 위해서 '눈으로 보려 말고 마음으로 비추어 보라(不以目視之, 以心照之)'는 깨우침으로써 제기된 연암의 '명심(冥心)' 역시 장자 주석에도 연원을 둔 도가의 용어[257]로서 장자사상적 맥락에서 읽혀질 수 있다. 더욱이 한편으로 그에 의한 맹목론에 관한 문학적 표출에 있어서는 맹인 삽화의 거듭된 등장과 그 '명심'의 깨달음을 녹여낸 다양한 강물소리의 극적 묘사가 이러한 연암 나름의 인식론적인 주제의식을 효과적으로 전달하고 있다. 그 가운데 우언 문학적 측면에서 이룩된 장자와의 결합 양상 또한 이와 함께 뚜렷이 부각되고 있기도 하다.

(1) 盲人에게로의 메타포적 視線

맹인은 앞이 보이지 않는 불구자이다. 그들에 대한 문화·사상적인 전통적 인식 흐름을 살펴보면 대개 크게 두 가지로 잡힐 수 있다. 하나는 시각적으로 어두움 속에 갇힌 맹목(盲目)인 상태를 우매 무지하거나 시비를 분간하지 않는 속인배(俗人輩)의 행위와 연결 지으면서 맹인에 대한 경멸이나 부정의 태도를 취하는 것인 반면, 또 하나는 맹목대신 오히려 다른 생리적 기능이 활발해짐[258]으로 인해 맹인들의 '보이지 않는다'라는 것에 이른바 '외폐내통

---

257 "夫達理聖人, 冥心會道, 故能懷藏物我, 包括是非, 枯木死灰, 曾無 分別矣." 郭慶藩 撰, 王孝魚 點校, 「齊物論」, 『莊子集釋 1』, 中華書局, 1985년, p.86.

258 葉舒憲, 「'內視' 通神之謎」, 『詩經의 文化闡釋』, 湖北人民出版社, 1994년, pp.314-324, 참조.

(外閉內通)'의 철학적 의미·가치를 적극 부여함으로써 그들에게 차별을 넘는 긍정적인 시선을 보내는 것이다. 전자(前者)에 있어서는 일찍이 굴원(屈原)의 『楚辭·九章·怀沙』에서 명암(明暗)·흑백(黑白)을 전도하는 소인을 '고·몽(瞽·矇)'에 비유한 것[259]에서 그 선례가 찾아질 수 있는 한편, 후자(後者)의 경우는 이미 노장에 의해 제기된 '새폐(塞閉)', '좌망(坐忘)' 그리고 '심재(心齋)' 등과 같은 내적인 수련공부에부터 그 철학적 논리의 근거가 깊숙이 내포되어 있어 왔다. 지금까지의 논의에서 연암의 인식론 정당성의 궁극적 근거로 거론된 '명심(冥心)'은 감각적 인식을 넘어선 주객합일의 심경(心境)이라는 이해의 지점[260]에서 바로 물아일체에 이르는 장자의 제물(齊物)사상과 맞닿아 있는 것으로 보인다. '명(冥)'이란 어둡고 아득함을 일컫는 뜻인바, 그것은 도가나 불가에서 마음의 작용과 관련하여 쓰일 때 곧 외물(外物)에 조금도 좌우되지 않는 마음의 고요한 상태를 가리키는 것이다. 연암의 글에는 이런 의미에서의 '명심'의 경지가 마치 '단가(丹家)의 내관(內觀)'[261] 또한 '정

259   "玄文處幽兮, 矇瞍謂之不章. 離婁微睇兮, 瞽以為無明. 變白以為黑兮, 倒上以為下." 屈原, 『楚辭·九章·怀沙』,[明]王瑗 撰, 董洪利 点校, 『楚辭集解』, 北京古籍出版社, 1994년, p.197.

260   박희병, 「박지원 사상에 있어서 言語와 冥心」, 『한국의 생태사상』, 돌베개, 1999년, pp.318-319. 참조.

261   "夢中山河, 秋蟬曳緒空花亂落. 其冥心如丹家內觀, 其警醒如禪牀頓悟. 八十一難, 頃刻而過. 四百四病, 倏忽以經." 리상호 옮김, 박지원 씀, 「漠北行程錄」, 『열하일기 上』, 도서출판 보리, 2004년. p.458(652).

승(定僧)의 선오(禪悟)'[262]와도 다름없다는 표현으로 나타나기도 한다. 이처럼 도가와 불교를 넘나들면서 자신의 사상을 펼쳐 나가는 연암의 면모가 여기서도 확인되는 한편, 동시에 '명심'에 대한 그의 깨달음, 말하자면 속념을 끊어 마음의 평정을 간직하는 연암의 내면인식은 유달리 깊어 보이는 것으로 판단되기도 한다. 더욱이 그가 하룻밤에 거센 황하(黃河)를 아홉 차례나 건넜던 생사(生死)의 길목에서 이 '명심'을 체득했기 때문에, 공포감 없이 물을 건너는 방법으로서 눈과 귀에 들어오는 바를 믿지 않고 마음을 고요히 비우면 된다는 역설의 논리가 이에 따라 보다 생생히 전해지는 것이다. 물론 감관인 이목(耳目)을 신빙할 수 없다는 이 깨우침 역시 연암의 독창적 사유의 소산이 아니다. 감각을 통한 인식의 한계성이 거듭 지적된 노장에서 외적인 지각(知覺)경험에 빠지는 혼란과 함께 그것을 해소하여 '도'와 일치된 경지에 이르기 위한 일련의 내관(內觀)적인 마음 수양의 방법을 제기하였다. 연암도 마찬가지였다. 귀와 눈에만 집착하는 병폐를 깊이 인식한 그는 '신이목자(信耳目者)'와 대조된 '명심자(冥心者)'로 불리는 인간형을 제시함으로써 텅 빈 마음의 고요함 속에서 '시청지정(視聽之正)'을 잃지 않도록 해야 할 내면 수양의 자세를 강조하였다.[263] 여기서 언급한 '명

----

262 "夜深. 流雲四綴, 暑氣乍退, 絃聲益淸, 左右靜默, 如丹家之內觀臟神, 定僧之頓悟前生." 박지원 지음, 신호열, 김명호 옮김, 「答任亨五論原道書」, 『국역 연암집 1』, 민족문화추진회, 2005년, p.313(101).

263 "冥心者, 耳目不爲之累. 信耳目者, 視聽彌審而彌爲之病焉.(···)外物常爲累於耳目, 令人失其視聽之正如此, 而況人生涉世. 其險且危, 有其

심'에 대해서는 사실상 연암조차도 명쾌히 정의하지 않았다. 하지만 그가 이것을 통해서 던졌던 최종의 메시지는 기존의 관념·선험적인 가치를 인식대상에 대한 객관적 인식으로 지양하려 했던 것으로 확실히 파악될 수 있다. 그 근거는 연암의 글에서 '명심'과도 동일한 의미로 제기된 일련의 개념에서는 물론 그것들을 도출해 나가는 데 자주 끌어들인 맹인 삽화에서도 충분히 마련된 것으로 보여 지기 때문이다.

앞에서 지적된 맹인에의 두 가지의 전통적 시선에 비추어 볼 때, 연암의 맹인 삽화에서 철학적 의미가 농축(濃縮)된 맹인의 상징적 표상은 두드러지게 드러나고 있다. 『열하일기』「도강록(渡江錄)」의 한 대목에서 어깨에 비단 주머니를 걸고 손으로 월금(月琴)을 뜯으면서 지나갔던 한 맹인이 연암의 눈에는 포착되어 있었다. 그때 청나라 먼 변방의 한 시골의 굉장한 문물들 앞에서 시기심과 놀라움을 금치 못했던 연암은 이 맹인을 보는 순간에서 여래(如來)의 혜안과 동일한 '평등안(平等眼)'으로 세속적 차별지심을 다스려야 함을 돈오(頓悟)하였던 것이다. 당시의 조선 땅에서 오랑캐인 청(淸)을 야만시하던 이른바 춘추의리(春秋義理)란 것이 뿌리 박혀 있었다. 연암의 말구종꾼인 장복(張福)과 같이 무식한 하인까지도 가졌던 이 대청(對淸)의식은 청을 바르게 인식하지 못하고, 우물 안 개구리처럼 편협한 자부심을 가졌던 당대 조선인의 고루한 의

於河. 而視與聽, 輒爲之病乎?" 리상호 옮김, 박지원, 「山莊雜記·一夜九渡河記」, 『열하일기中』, 도서출판, 보리, 2004년. pp.452-453(625-626).

식 형태를 낳았을 정도였다. 연암 자신조차도 연행 초기에는 청에
대한 약간의 편견이 잠재해 있었던 모양이었다.[264] 하지만 그는 중
국에 첫발을 들여놓자마자 스스로가 '본 것이 적은 탓'이라고 자
기반성을 하면서, 조선보다 앞선 청의 문물을 편견 없이 있는 그
대로 바라보아야 한다는 인식 태도를 맹인의 '평등안'을 빌려 개
진하였다. 연암 북학론의 출발점은 바로 이런 지점에서 마련된 것
이다. 이로써 '평등안'의 소유자로서의 표상을 지니게 된 '맹인'
이란 존재는 연암 사상의 골간 구축 및 표출에 있어서 그만큼의
상징적 의미와 표현력을 끌어내고 있었다.

　연암이 말한 대로 온갖 것이 평등하고 보면 부러워하는 생각,
시기하는 심정은 다 스러질 것이다. 이때 한결 평정해지는 마음을
간직해야 할 것은 연암에게 있어 '명심'의 세계로 들어가자는 것
이라고 볼 수도 있다. 앞에서 다소 언급했지만, '명심'이란 개념
을 세워 놓은 연암의 「일야구도하기」는 눈과 귀에 의한 감각 세계
에 빠진 '위험함'을 일깨워준다. 죽을 고비를 넘기며 강물을 건
너고 난 연암의 일행은 당시 상황을 위태로움을 표현할 때 쓰이는
'맹인할마(盲人瞎馬)'[265]에 비유하였다. 그러자 연암은 이럴 때의

264　송재소,「맹인삽화를 통해서 본 연암 박지원의 사물인식」,『한시미학과
역사적 진실』, 창작과 비평사, 2001년, pp.366-367, 참조.

265　"桓南郡與殷荊州語次, 因共作了語(…)複作危語. 桓曰:'矛頭淅米
劍頭炊.' 殷曰:'百歲老翁攀枯枝.' 顧曰:'井上轆轤臥嬰兒.' 殷有一參軍
在坐雲:'盲人騎瞎馬, 夜半臨深池.'"(南朝·宋) 劉義慶撰, 徐震堮著,『世
說新語校箋·排調第二十五』(下冊), 中華書局, 1999년, p.440.

'위험함'이 오히려 장님 본인이 아닌, 공연히 곁에서 지켜보는 이가 스스로 위태로이 여기는 것이라고 응대하였다.[266] 얼핏 보면 궤변으로 들릴 듯한 응답이었다. 하지만 이것에 대해서 연암 스스로가 '따로 일야구도하기에 쓰기로 한다'고까지 했듯이, 여기서 끌어들인 맹인 삽화는 감관인 이목의 한계를 역설적으로 보여준다는 점에서 분명히 「일야구도하기」의 주제를 상징하는 은유(隱喩)로서 작용하고 있다. 따라서 작품의 전후 맥락에서 볼 때 위험한 상황이 보이지 않는 이 맹인의 메타포는 연암이 말한 이른바 '이목의 누(累)'를 떨쳐 버리는 '명심자'와 동일한 상징적 의미를 갖고 있다.

'평등안'의 소유자라든지 또는 '명심'에 눈뜬 자라든지, 여태껏 살펴본 맹인이란 것은 모두 연암의 눈에 감관 세계를 벗어나는 초연한 존재로 비쳐져 있다. 말하자면 일상 인간으로써의 이미지라기보다는 철학적 우의가 압축된 추상적 인물형에 가까워 보이는 것이다. 물론 연암의 글에서 등장하는 다른 '맹인'이란 존재를 다 그렇게만 봐서는 안 될 것이다. 알다시피 맹인에 대하여 연암은 두 번이나 나온 화담(花潭)일화를 통해서 좀 더 깊은 명상을 남기고 있었다. 눈을 갑자기 뜨다가 결국 집을 잃고 말았던 소경

---

266 "首譯語周主簿曰, 古有爲危語者. 謂盲人騎瞎馬, 夜半臨深池. 眞吾輩今夜事也. 余曰, 此危則危矣. 非工於知危也. 二人曰, 何爲其然也? 余曰, 視盲者, 有目者也. 視盲者而自危於其心, 非盲者知危也. 盲者不見所危, 何危之有? 相與大笑. 別有一夜九渡河記." 리상호 옮김, 박지원 씀, 「漠北行程錄」, 『열하일기 上』, 도서출판 보리, 2004년. p.455(651).

에게 화담은 눈을 도로 감으라는 처방을 내렸다. 이러한 극단적인 가르침 속에서 '눈이란 그 밝음을 자랑할 거리가 못 된다[267]는 역설적 논리가 새삼 다시 강조되는 것이다. 친구에게 보낸 척독(尺牘)이나 환술을 보고 난 기문(記文)에서 거듭 끌어들인 이 맹인 삽화는 각각 앞뒤에 붙인 의론이 다르기 때문에 읽기에 따라 여러 맥락으로 읽혀질 수 있다. 그럼에도 연암은 차라리 맹인의 '본분(本分)'으로 되돌아가라는 역설을 통하여 단호히 다짐하는 목소리가 확연히 드러나고 있는데, 그것은 곧 눈앞에 주어진 현실을 온통 전도·왜곡된 것으로 의식함으로써 혼란스러운 세상에 현혹되지 않도록 제 갈 길을 충실히 지켜 나갈 대응자세를 요구하는 것이다. 여기서 소경에게는 개안(開眼)이란 것이 놀라운 기쁨은커녕 오히려 더 큰 불행을 가져올 따름이다. 돌아가야 할 제 집조차, 달리 말하자면 자신의 본래 자리(정체성)까지 잃게 되어 방황했던 소경은 더 이상 추상적 인물형에 그치는 것이 아니다. 초연한 존재로써 철학적 깨달음을 선사해주는 맹인 이미지가 이제는 깨우침을 몹시 갈구한 일반 대상으로 되어 버리는 것이다. 기뻐하는 순간에 더 큰 불행이 시작하는 극적 변수(變數)속에서 희비(喜悲)교차를 맛보는 소경의 인간미(人間味)가 물씬 풍겨 나온다. 더군다나 「환희기」후지(後識)에 삽입된 이 소경 이야기는 그 문장 자체가 연

---

267 "先生曰, 還閉爾眼, 立地汝家. 由是論之, 目之不可恃其明也如此." 리상호 옮김, 박지원 씀, 「幻戲記」, 『열하일기 中』, 도서출판 보리, 2004년. p.497(637).

암에 의해 다듬어지면서 문예문의 묘미를 보여준다.[268]이처럼 문학적 완성도를 높이는 가운데 하나의 문학적 형상으로써의 맹인 이미지도 이에 따라 풍부해지기도 한다. 맹목우위 논리를 역설적으로 강조한다는 점에서 이 맹인삽화와 함께 비교·거론된 청대(淸代) 대명세(戴名世, 1653-1713)의 「맹자설(盲者說)」은 가히 참고할 만하다.[269] 특히나 이 글에서 전도된 가치체계에 대해 날카로운 안목을 갖고 등장한 '동네 맹동(裏中盲童)'의 모습은 연암의 글에 드러난 눈뜬 소경의 망연자실과 극적인 대조를 이루고 있다. 하나는 눈가진 사람세상의 병든 세태를 꼬집어낸 지적 존재이고, 다른 하나는 밝게 보이는 외물세계에 미혹되는, 말 그대로 진실의 눈을 잃게 된 '눈 뜬 장님'이다. 그리고 '맹동'이란 작가 자신의 현실비

268　김혈조,『박지원의 산문문학』,성균관대학교 대동문화연구원, 2002년, p.102, 참조.

269　"裏中有盲童,操日者術,善鼓琴。鄰有某生,召而吊之曰:'子年幾何矣?'曰:'年十五矣.''以何時而眇?'曰:'三歲耳.''然則子之盲也且十二年矣? 昏昏然而行,冥冥焉而趨. 不知天地之大,日月之光,山川之流峙,容貌之妍醜,宮室之宏麗,無乃甚可悲矣乎? 吾方以為吊子?'盲者笑曰:'若子所言,是第知盲者為盲,而不知不盲者之盡盲也. 夫盲者曷嘗盲哉? (…)'吾將謂昏昏然而行,冥冥然而趨,天下其誰非盲也? 盲者獨余耶? 余方且睥睨顧盼,謂彼等者不足辱吾之一瞬也. 乃子不自悲而悲我,不自吊而吊我? 吾方轉而為子悲為子吊也.'某生無以答. 間詣余言,余聞而異之,曰:'古者瞽,史教誨,師箴,瞍賦,矇誦,若晉之師曠,鄭之師慧是也. 茲之盲者,獨非其倫耶?'為記其語,庶使覽之者知所愧焉." 戴名世著,王樹民編校,『戴名世集』中華書局, 1983년, pp.425-426.
　이종주의『북학파의 인식과 문학--상대주의적 시각과 역설의 미학』(태학사, 2001년, pp.72-80.)에서 「맹자설」을 비롯한 대명세의 역설적 논리가 연암의 논리와 비교한 바 있었다.

판 목소리의 대변자라면, 작중인물로써의 '눈뜬 소경'은 '자아상실'이란 좌절까지 겪는 현실 인간상의 투영이라고 한다. 이렇게 인물의 형태나 기능 면에서 「맹자설」과 비교해 보면 연암에 의한 맹인이란 문학적 형상은 더욱 뚜렷해진 모습으로 우리에게 다가올 것으로 보인다.

이상에서 논의한 것 이외에도 맹인에게로의 연암 시선 또한 다른 글에서 계속 이어지고 있다. 「염재기(念齋記)」에서 자기를 찾아 나선 송욱(宋旭)에게 잃어버린 자신이 돌아올 것을 점쳐주는 장님은 미래를 보는 예언자로 부각되고 있다.[270] 그리고 「낭환집서」의 서두에서 '瞽者衣錦(장님이 비단옷을 입고 다닌다)'의 장면이 나오는데 그것은 의미상 뒤에 나타난 '太玄大行而子雲不見(『태현경(太玄經)』이 크게 유행하였어도 이 책을 지은 자운(揚雄)은 막상 이를 보지 못했다)'의 고사와 수미쌍관식(首尾雙關式)으로 연결함으로써, 당사자 스스로도 보지 못한다고 해도 그 실체적 진실이 의연히 그대로 존재한다는 메시지를 확연히 전달해 준다.[271] 요컨대 연암의 사유 속에서 뿌리 내린 이 맹인이란 것은 어떤 형태로 나오든 궁극적으로는 진실의 인식을 강조하기 위한 의미망을 구축하고 있다. 물론 불교 경전에 나오는 「맹인모상(盲人摸象)」이나 소식(蘇軾)이 남긴 「일유(日喩)」에서는 대상의 실체에 대한 그릇된 인식을 경

---

270 이현식,「〈염재기〉-대조와 역설의 미학」,『박지원 산문의 논리와 미학』이회문화사, 2002년, pp.270-271, 참조.

271 박희병,『연암을 읽는다』, 돌베개, 2006년, pp.416-417, 참조.

계하는데 끌어들인 맹인의 비유는 이미 창작시기로부터 문학적 전범으로 전해져 왔다. 하지만 거기서 시각의 주관적인 '편협함'을 지닌 맹인의 부정적 이미지에 비하면, 연암에 의한 맹인의 인물형상은 사물의 진상을 볼 수 있는 '심안(心眼)'의 소유자로써 다분히 긍정적인 시선으로 읽혀져 있다. 특히 연암이 살았던 18세기에 있어서 자기 정체성에 대한 문인들의 반성적 관심[272]은 성리학적 세계의 균열과 더불어 한층 높아지는 가운데, 참다운 본래적 자아 모습을 오히려 장님이 된 상태에서 회복하라는 역설의 논리가 적지 않게 발견될 수 있다.[273] 여기서 혜환 이용휴(惠寰 李用休, 1708-1782)의 표현을 빌리자면 외안(外眼)에 현혹된 바를 내안(內眼)으로 바로잡아야 한다는 논지[274]는 연암을 비롯, 내면의 진실성을 중시하는 동시대의 문인들 사이에 하나의 공통된 목소리로 드러나고 있었다. 이렇게 눈먼 상태에 가탁된 개안(開眼)에 대한 발상은 역동이 넘치는 연암 시대에 와서 집중적으로 반영되어 있었다. 그리고 연암에 의해 우리에게 더 다가오게 된 맹인이란 존재는 철학

....

272 박수밀, 「지식인의 자아의식」, 『18세기 지식인의 생각과 글쓰기 전략』, 태학사, 2007년, pp.67-93, 참조.

273 연암의 글 이외에도 혜환 이용휴의 「贈鄭在中」과 완당 김정희의 「眼偈贈霽月師」(김정희 저, 『국역 완당전집 2』, 민족문화추진회, 1988년, pp.352-353.)는 이러한 논지를 피력하는 당대의 대표적인 글로서 꼽힐 수 있다.

274 "眼有二. 曰外眼曰內眼. 外眼以觀物, 內眼以觀理, 而無物無理, 外眼之所眩者, 必正於內眼. 然則其用全在內矣, 且蔽交中遷, 外反爲內害. 故古人願以初瞽還我者。以此也." 이용휴 지음, 조남권, 박동욱 옮김, 「贈鄭在中」, 『혜환 이용휴 산문전집』, 소명출판, 2007년, pp.195-197.

적 의미망을 구축할뿐더러, 불구사로서의 특별한 인물 전형을 형성하기에까지 이른다. 이에 대하여 장자로부터 창출된 '德長形忘(덕이 뛰어나면 외형 따위는 잊게 되고 만다)'[275]의 불구자 군상(群像)에서 그 이해의 단서를 근원적으로 거슬러 올라가 찾을 수 있다. 유가에서 인·례(仁·禮)에 한정된 윤리적인 행위 규범이라기보다는 장자가 말하는 이 '덕'이란 곧 '조화를 완성함(成和之脩)'[276], 즉 인위적 가치기준을 초월하여 인간본연의 마음을 자연 그대로 수행하는 것으로 이해되어야 한다. 「덕충부(德充符)」전편에서 兀者 王駘를 시작으로 申屠嘉와 叔山無趾, 그리고 醜物인 哀駘它와 목병신인 甕㼜大癭 및 절름발이에 꼽추에 언챙이인 闉跂支離無脣 등이 모두 육체적 불구를 잊고 안으로 자연 그대로의 충실한 덕성을 갖춘 인물로 그려져 있다. 이처럼 보통 사람과 다르게 생긴 기인(畸人)이란 존재[277]는 장자의 눈으로는 하늘의 이치를 따른 이상적 인간으로 간주되는 것이다. 이런 시선에서는 외형보다 내재성을 중시하는 철학적 깊이는 물론 정상과 불구(장애)의 경계를 무너

----

275 "闉跂支離無脹說衛靈公, 靈公說之, 而視全人, 其脰肩肩. 甕㼜大癭 說齊桓公, 桓公說之, 而視全人, 其脰肩肩. 故德有所長而形有所忘, 人不 忘其所忘, 而忘其所不忘, 此謂誠忘." 郭慶藩 撰, 王孝魚 點校, 「德充符」, 『莊子集釋 1』, 中華書局, 1985년, p.216.

276 "平者, 水停之盛也. 其可以爲法也, 內保之而外不蕩也. 德者, 成和之 脩也. 德不形者, 物不能離也." 郭慶藩撰, 王孝魚點校, 「德充符」, 『莊子集 釋』1, 中華書局, 1985년, pp.214-215.

277 "子貢曰∶'敢問畸人?' 曰∶'畸人者, 畸於人而侔於天.'" 郭慶藩 撰, 王孝魚 點校, 「大宗師」, 『莊子集釋 1』, 中華書局, 1985년, p.273.

뜨리는 상대주의적인 인식의 넓이 또한 이와 함께 체현된 것처럼 읽혀질 수 있다. 미·추(美·醜)에 대한 전통적 인식 전환에 있어서 누추한 기인 형상을 통한 내적인 인격미(人格美)의 발견은 장자로부터 그 효시가 된다면, 정상인과의 우열을 가리지 않고 무차별적으로 불구자를 바라보는 이 시각은 존재의 차별성을 부정한다는 점에서 최종적으로 도가적 평등사상 특히 장자의 '만물제동(萬物齊同)'으로 귀결된다고 말할 수 있다. 물론 불교의 '공(空)' 사상이나 유가의 '대동(大同)' 구상에서도 평등사상으로서의 면모를 띠고 있다. 그런데 전생(前生)의 업(業)을 주장하는 불교에서 불구자가 된 것을 전생에 지은 죄업의 보응(報應)이라고 보는 관념이 강하게 작용하고 있다. 그런가 하면 사회적으로 수직적 위계관계를 엄격히 지키자는 유교에서도 그 사회적 작용의 맥락에 있어서만이 아니라, '몸'에 대해서도 주자학적 리기관(理氣觀)에 기초한 존재론으로 말미암은 어떤 독특한 차등의 시점을 보여주고 있다.[278] 그리하여 도(道) 앞에서의 절대평등을 설파하는 노장에서 모든 시비(是非)·피차(彼此)의 상대적 가치를 인정한 듯이, 불구자를 긍정적으로 편견 없이 바라보는 진정한 시선도 역시 궁극적으로는 이러한 도

....

278　이른바 '리기관'이라는 주자학에 있어 인간에 품부된 리(理)=성(性)은 기(氣)라는 형질을 통해 발현된다. 그런데 동일자로서의 리와 달리 기는 청·탁·수·박의 차이가 존재한다. 뿐만 아니라 리와 기는 불가분리적인 관계에 있기에 기가 어떠한가에 따라 리는 그 본연의 모습이 나타날 수도 있고 가려질 수도 있다. 기의 차등적 면모는 마음에 발현됨은 물론 몸으로 육화된다. 바로 이 지점에서 몸에 대한 주자학의 차등적 시선이 드러난다. (박희병, 「'병신'에의 시선」, 『고전문학연구』 제24집, 2003년, 한국고전문학회, pp.347-348. 인용)

가적 논의의 연장선상에서 나온 깃으로 이해될 수 있다.

연암의 글 중에는 늙어서까지 자신의 포부를 여전히 잊지 못하는 발승암 김홍연(髮僧菴 金弘淵)에게 지어준 기문(記文)이 있다. 몹쓸 병에 '폐질인(廢疾人)'이 된 김홍연의 노년 처지를 보고 동정심을 느끼게 된 연암은 특이하게도 이 글의 결미에서 비유적 표현이 담긴 게송(偈頌)을 통하여 상대적인 존재가치를 인정해야 한다는 사유의식을 새삼스레 제기하였다. 특히 '외눈'이라도 쌍목(雙目)처럼 밝게 보인다는 주장[279]을 염두에 둘 때 꼭 눈이 두 개라고 해서 정상인건 아니라는 연암의 상대주의적인 시각을 읽어낼 수 있다. 뿐만 아니라 눈이 천 개인 관음보살까지 검은 빛 밖에 못 보는 장님과는 동등한 수준에서 대비시키고 있는 것을 보면 눈 뜬 장님 격으로 불가의 가르침과 어긋나게 행세했던 당대의 불자들에 대한 연암의 비판의식[280]도 은연 중 흘러나온 것으로 감지될 수 있

---

279 "烏信百鳥黑, 鷺訝他不白. 白黑各自是, 天應厭訟獄. 人皆兩目俱, 瞽一目亦覩. 何必雙後明. 亦有一目國, 兩目猶嫌小. 還有眼添額, 復有觀音佛. 變相目千隻, 千目更何有? 瞽者亦觀黑. 金君廢疾人, 依佛以存身. 積錢若不用, 何異丐者貧. 衆生各自得, 不必强相學. 大深旣異衆, 以玆相訝惑." 박지원 지음, 신호열, 김명호 옮김, 「髮僧菴記」, 『국역 연암집 2』, 민족문화추진회, 2005년, pp.82-83(28).

280 연암은 「塵公塔銘」이라는 글에서 스승 塵公을 기념하기 위한 사리(舍利)탑을 세우고 거기에 탑명까지 새겨 넣으려했던 佛子 玄郎 등이 以心傳心의 논법과 생생불식의 이치를 깊이 인식치 못하고, 그저 '마음으로 마음을 보고 아로써 아를 증명(以心觀心, 以我證我)' 하는 유심적 논리를 펴면서도 정작 자신은 현상에 현혹되고 만 사실을 비판한 바가 있다. (정민, 「〈주공탑명〉의 행간과 주제읽기」, 『고전문장론과 연암 박지원』, 태학사, 2010년, pp.191-208, 참조)

다. 장자에 의한 불구자의 발견은 인간의 내적 생명가치를 중시하는 신념의 표시이며, 동시에 현실의 부조리에 대한 반항의지의 표현이기도 한다. 의미심장한 철학적 계시(啓示)와 더불어, 불구자를 향한 연암의 시선에 드러난 현실비판의 눈초리 역시 당대의 어느 누구의 것보다도 예리하고 지략적이다. 「우부초서(愚夫艸序)」라는 글에서 '무릇 예란 것은 인정에서 연유된 것(夫禮緣人情)'임을 깨달았던 연암은 '사'로서의 자아를 인식하면서 세상을 대하는 바른 자세를 갖추자는 자경(自警)의식을 강조하였다.

> "무릇 귀가 먹어 들리지 않는 사람을 가리켜 '귀머거리'라 부르지 않고 '소곤대기를 좋아하지 않는 사람'이라 하며, 눈이 흐려 보이지 않는 사람을 가리켜 '장님'이라 부르지 않고 '남의 흠집을 보지 않는 사람'이라고 하며, 혀가 굳고 목소리가 막혀 말을 하지 못하는 사람을 가리켜 '벙어리'라 부르지 않고 '남 비평하기를 좋아하지 않는 사람'이라고 한다. …(생략)…"[281]

연암 스스로가 말한 것처럼, 이렇게 육체적으로 불구자가 된 사람들에 대해서는 곧바로 지적하여 말하기보다 둘러대어 말할 것을 생각해야 마땅한 것이다. 여기서 '예'를 지키려는 마음으로 불구자에게 보낸 연암의 동정과 공경은 분명하다. 하지만 그 속에서 풍기는 또 다른 정신의 뉘앙스가 더욱더 인상적으로 눈길을 끌

---

[281] "凡聱𦕈重聽,不號聾而曰不樂囁唼. 矇瞽失明, 不號瞽而曰不省瑕纇. 噤瘖嗄, 不號啞而曰不屑雌黃. …(省略)…" 박지원 지음, 신호열, 김명호 옮김, 「愚夫艸序」, 『국역 연암집 2』, 민족문화추진회, 2005년, p.153(53).

고 있다. 불구자의 신체적 결함을 오히려 일반 사람보다 우월한
장점으로 여김으로써 남을 위해서가 아닌, 자기중심적 사고에 갇
힌 병리적 현실세계를 역설적으로 폭로하는 게 바로 그것이다. 알
다시피 청·장년에 걸친 연암의 문학적 수련기에 창작된 초기구전
(初期九傳)에서는 소외된 인간 존재[282]에서 내적인 미덕을 발견하는
'예실구야(禮失求野)'의 정신이 이미 충분히 구현되어 있었다. 현
실해결을 위한 연암의 철학적 탐색이 중년에 이르러 체계적으로
완숙해 가는 가운데, 그렇게 소외층을 향한 메타포적 시선도 이
와 아울러 더 깊어지고 함축적이다. 여태껏 지적해 온 맹인에 대
한 연암의 높은 관심과 그것을 통한 현실의식과 철학사상의 우의
적 표현은 바로 이런 점을 말해주고 있다. '진실로 본다는 것'에
대한 문제의식을 맹인과 관련지어 다루는 것 자체가 역설적이고
철학적임은 더 이상 말할 나위가 없다. 이는 장자와 유난히 깊은
관계를 지닌 연암의 면모를 고려할 때, 정신적 생명가치의 충만함
을 신체적 불구를 통해서 비춰내는 장자식(莊子式)의 메타포를 내

---

282 여기서 말한 소외된 인간 존재는 양반사회와 대척관계에 있는 서민층의
인물들이다. 초기구전(初期九傳)은 당시 양반사회의 타락상에 비분한 젊은 시
절의 연암에 의해 창작된 것이다. 이 9편의 작품들은 사회적 소외를 당한 각양
각색의 서민인물을 등장시켜 이들로 하여금 양반사회의 타락상을 고발하게 하
고, 못나고 미천한 이들이 실은 양반사회에서 상실된 미덕과 재능의 소유자임
을 알리면서, 그들과의 교제에서 참다운 우정의 실현을 기대하고 있는 것이다.
따라서 불구자에서 생명가치의 온전함을 발견하는 연암의 시선은 초기구전에
관통된 이른바 '예실구야(禮失求野)'의 정신의 연장선에 서 있는 것으로 보일
수 있다. (김명호, 「연암문학과 사기--〈방경각외전〉의 분석을 중심으로」, 『이
조후기한문학의 재조명』, 창작과 비평사, 1983년, pp.52-53. 참조)

면화한 결과라 할 것이다. 요컨대 맹인에 의해 제기된 '명심', '평등안'은 장자사상과 맞닿아 있다. 그리고 '진실 보기'를 위한 이런 사상의 표출에 있어서는 역설의 논리와 우언의 수법에 대한 활용 역시 장자 못지않게 문학적 성취를 이룩하였다. 앞에서도 말하였지만, 이른바 '명심'이란 연암의 인식론적 사유에서 핵심으로 거론되어 온 것이다. 그만큼 이런 개념을 효과적으로 표출하는 데 많이 들였던 연암의 심사(心思)는 '명심'이 제기된 「일야구도하기」의 명문으로서의 작품성에서 확인될 수 있다. 특히 쏟아지는 강물소리를 갖가지 다른 비유적 표현으로 극히 생생하게 형상화하는 데서는 같은 소리라도 '듣기 여하에 달려 있을 뿐'이라는 인식논리[283]가 설파되고, 게다가 이런 소리에 대한 극적인 묘사가 창작상의 문예미는 물론 소리 자체에 대한 연암의 응시(凝視)자세까지 보여주기도 한다. 그 중에도 소리와 관련하여 장자와 접촉하는 한 국면 또한 이와 함께 부각되어 주목되지 않을 수 없다.

(2) 소리에 대한 觀察 및 形象化

연암의 창작에 있어서 소리와 관련되는 논의가 그리 낯설지 않는 것이다. 지금까지 축적된 연암문학 연구에서는 소리를 향한 연암의 관심과 인식에 대하여 보다 집중적으로 조명하는 작업

---

283 "此非爲其然也, 河聲在聽之如何爾." 리상호 옮김, 박지원 씀, 「一夜九渡河記」, 『열하일기 中』, 도서출판 보리, 2004년. p.450(625).

은 오히려 불과 최근 한 두 편의 논문[284]에 의해 본격화된 것뿐이다. 그렇지만 연암의 뇌리에 새겨진 '소리' 의식은 확연히 제시되는 한편, 그것을 통하여 연암 사유의 단초를 파악하는 또 하나의 의미망은 이와 동시에 마련되기도 한다. 기존 연구에 힘입어 연암의 몇 편 작품에 나온 소리의 형태를 살펴보면 대개 주로 인간세상의 울음현상과 외물세계의 자연소리로 나누어진다. 이러한 소리의 형태에 가탁된 연암 사유의 논의를 제쳐놓고 그것들에 관한 문학적 표출에 일단 주목할 때, 길지 않은 편폭 속에서 '소리' 의식을 강조하기 위한 반복·배비(排比)의 수사법의 사용은 하나의 공통된 특징으로 눈에 띌 수 있다. 18세기의 조선 문단에서 소품문의 유행을 선도하는 연암에게 있어서 그러한 창작양상의 형성은 소품작가 개성과 소재에 따른 독특한 행문법을 구사한 일반적 결과이며, 또한 연암 자신의 남다른 사유적 깊이를 보여주자는 나름의 문학 정신의 발로라고도 한다. 젊은 나이에 병으로 안타깝게 죽었던 유경집(兪景集)을 위하여 연암은 지어준 애사(哀辭)가 있었다. 그의 죽음에 대하여 '산 사람이 슬프다고 단언한다'는 판단을 제시한 이 글에서는 아들과 손자 그리고 남편을 앞세운 그의 부모와 조부모 및 아내의 '泣以腸(속으로 울음을 삼킨다)'을 단순히 자연스

284　지금까지 연암의 '소리' 의식에 대하여 송호빈의 「燕巖의 산문에 나타난 울음에 대한 관찰과 사유」(『동양한문학연구』, 제29집, 동양한문학회, 2009년, pp.143-175, 참조)와 정순희의 「박지원 산문의 문체적 특성 일고(一考) -어휘와 주제의 관련 양상을 통해」(『한국한문학연구』, 제42집, 한국한문학회, 2008년, pp.324-328. 참조)에서 다룬 바가 있었다.

러운 성정 표현으로서가 아니라 상례(喪禮)라는 규범 속에서 의식적으로 억제된 울음양상으로 인식하고 있음을 보여준다. 상례에서의 울음은 죽은 사람을 떠나보내는 의례로서 일정하게 조절 또는 의칙(儀則)화되어 있는 것은 더 이상 췌언을 요하지 않는다. 과문(寡聞)한 탓인지 몰라도 사회적 의례나 규범에 의해 일괄적으로 통제된 이런 울음에 오히려 과연 '진정성이 있는가'라는 의문과 반성은 '진'에 대해 추구했던 18세기의 조선 문인들 사이에 싹트였던 것으로 파악되고 있다. 한창 나이에 세상을 떠나 재주를 펼치지 못한 박상한(朴相漢)을 위한 「사장애사(士章哀辭)」에서 연암은 그러한 형식화된 울음의 진정성에 대한 논의를 통해서 이른바 눈물이란 '감정이 지극해야 우러나는 것'이지 '배워서는 될 수 없다는 것'[285]임을 설파하였다. 뿐만 아니라 연암 또한 「도화동시축발(桃花洞詩軸跋)」이라는 글의 한 단락에서 아무 예의에도 구애받지 않는 술 취한 사람의 '心專於哭(마음이 우는데 전념한다)'[286]을 묘사함으로써 진정한 울음에 대한 그의 관찰과 사유의 단초를 새삼 남겨

---

285 "吾每不知聲之同出于口, 而樂奚爲兮笑, 哀奚爲兮哭. 豈二者之不可强而發乎情之極. 吾不知所謂情之何狀, 而思則酸我鼻. 又不知淚之何水, 而啼則生于目. 嗟乎啼之若可敎而爲. 吾當忸怩而不能聲. 吾乃今知所謂淚之汪汪然, 不可以學而得." 박지원 지음, 신호열, 김명호 옮김, 「士章哀辭」, 『국역 연암집 2』, 민족문화추진회, 2005년, p.357(122).

286 "忽有醉人慟哭, 聲聲呼母. 觀者如堵, 容無愧怍. 累欷掩抑, 咸中節奏, 心專於哭, 自然合律. 若謂醉人看桃花思母, 非也. 又謂是感時觸物自然興悲, 非也. 又謂孝子思母, 隨處而然, 亦非也. 是乃觀者臆量耳." 박지원 지음, 신호열, 김명호 옮김, 「桃花洞詩軸跋」, 『국역 연암집 2』, 민족문화추진회, 2005년, p.353(121).

놓았다. 여기서 울음 자체에의 연암의 관심은 자신의 주변에서 일어난 타인의 울음 행위에 있다면 아득히 드넓은 요동벌과의 상면(相面)에서 주체할 수 없이 터져 나온 울음 충동은 연암 자신까지의 내면적 감회를 정서 있게 표출한 것이라 할 수 있다. 지리 또는 사상적으로 갑갑한 조선 땅에서 몇 십 년 답답하게 살아왔던 연암으로서는 연행을 통한 광활한 광경과의 만남에서 솟아오른 이 울음이 그야말로 기쁘고 감격적인 것이다. 마치 태중에서 웅크리고 있다가 넓은 세상으로 빠져나오는 갓난아이가 고고한 울음을 한바탕 터뜨리는 것처럼, 편협한 조선이라는 공간을 벗어나 현실질곡으로부터의 해방 순간을 느낀 연암 역시 이와 같은 갓난아이의 순수한 마음을 간직하고 마음껏 울고 싶었던 것이다. 연암 사유에서 '동심(童心)'이란 것은 객관현실과 사물의 참모습을 보자는 순수(純粹)의 논리[287]로 거론되어 있다. 그리고 이런 순수한 '동심'으로 곡(哭)하는 소리는 그에 의해 거짓과 조작이 없는 '진성(眞聲)'이라고 간주되어 있다. 천고에 영웅의 비분강개(悲憤慷慨)와 미인의 다수선감(多愁善感)에서 우러나는 울음은 연암의 눈에는 오히려 상대를 감동시키려고 우는 것이므로 기껏해야 몇 줄 소리 없는 눈물이 옷깃 앞에 굴러 떨어짐에 불과한 것으로 비쳐진다. '聲滿天地, 若出金石(소리가 천지에 가득 차 마치 금·석으로부터 나온다)'으로 표현된 지극한 울음에 대하여 유감스럽게도 들어보지 못한다는 서운함

---

287 김혈조, 「연암 박지원의 사유양식과 산문문학」, 박사논문, 성균관대학 대학원 한문학과, 1992년, p.76, 참조.

은 연암 스스로가 금치 못하였다. 그럼에도 갓난아이처럼 순수한
마음으로 느끼는 진정을 내지르게 되면 참된 소리가 될 '지성진
음(至聲眞音)'이 곧잘 터져 나오리라는 기대감[288]을 연암은 마음속
으로 품고 있었다. '호곡장(好哭場)'이라는 비유를 통해 가져온 철
학적 사색과 문학적 흥취는 이미 당대로부터 읽는 이의 심금을 울
려왔다.[289] 그만큼 '동심'에 가탁된 순수의 논리를 강조함과 함께
그것에 의한 '진성'의 발견은 연암의 심오하고도 기특한 사상·문
학의 양상을 알아보는 데 또 하나의 인식의 통로가 열려져 있다.
특히 장자와의 연관성을 유심할 때 그 연원의 맥이 도가철학에 닿
아 있는 '동심' 논리는 물론 금·석에서 울려 나오는 듯한 '진성'
의 구상표현 또한 좋은 참고가 될 것이다.

　　알다시피 장자·양왕(讓王)편에서 '聲滿天地, 若出金石'[290]이
란 어구는 증자(曾子)의 '안빈락도(安貧樂道)'를 표현한 말로서 나
온 것이다. 극도의 가난 속에서도 몸을 잊고 뜻을 기르는 데 온 힘

288　정민,『비슷한 것은 가짜다』, 태학사, 2000년, p.254, 참조.

289　'호곡장론(好哭場論)'을 제기한 이 글은 『열하일기』의 명문으로 당대나
후세의 문인 학자들에게 깊은 감명을 주었다. 이 사실에 대하여 김명호의 「〈열
하일기〉의 문체에 대하여--'호곡장론'을 중심으로」(김명호 지음,『박지원 문
학연구』, 성균관대학교 대동문화연구원, 2001년, pp.134-135. 참조)는 구체적
사례로 설명한 바가 있었다.

290　"曾子居衛, 縕袍無表, 顔色腫噲, 手足胼胝支, 三日不擧火, 十年不
製衣. 正冠而纓絕, 捉衿而肘見, 納履而踵決. 曳縱而歌《商頌》, 聲滿天地,
若出金石. 天子不得臣, 諸侯不得友. 故養志者忘形, 養形者忘利, 致道者
忘心矣."郭慶藩 撰, 王孝魚 點校,「讓王」,『莊子集釋 3』, 中華書局, 1985
년, p.977.

을 기울인 증자는 그처럼 맑고 고고한 소리를 노래로 들려주면서 내면 수양의 지극한 경지를 보여주었다. 장자후학(後學)[291]에 의한 이 「양왕(讓王)」에서 증자처럼 이록(利祿)보다 빈곤한 생활을 즐겨 하는 몇몇 대표적인 유학자들의 등장은 사실상 공통된 내면 중시로 인한 유·도의 합류(合流)라는 사상적 지점에서 이해해도 될 수 있다. '원사(原士)'란 제목으로 명명(命名)된 연암의 글에서 선비(士)에 대한 그의 성리학적 인식이 본격적으로 펼쳐지는 가운데, 그러한 노래 소리를 내지르는 증자는 독서를 통한 내면수양의 완성을 이룩한 '아사(雅士)'의 전형으로 세워진다.[292] 이처럼 연암의 핵심 사상이 내포된 글들에서 같은 장자적 어구를 거듭 가져다 쓰는 걸 보면 그런 표현에 대한 연암의 남다른 이해와 수용의식은 어렵지 않게 포착할 수 있다. 「원사」에서는 독서하는 선비로서의 내면수

---

291 지금까지 장자후학의 사상적 유파를 구분하는 시각에 대해서는 여러 가지 주장이 제기되어 왔다. 대표적으로는 유소감의 연구(『莊子哲學及其演變』, 中國社會科學出版社, 1987年, pp.263-317.)에 의해 제기된 술장파, 무군파 및 황로파, 그리고 羅根澤(「〈莊子〉的外雜篇探源」, 『說諸子』,上海古籍出版社,2001年, pp.230-263.)의 지적에 의해 세분화된 '十一派別' 또한 晁福林의 관점(「論莊子後學的 悲劇意識」, 『河北學刊』, 2003年에 第23卷 第1期, pp.91-92.)따라 구분된 선진파와 후진파 등 있다. 각자의 시점에 따른 차이임에도 불구하고, 장자후학이 현실에 맞게 장자사상을 변용하는 과정에서 갖가지 사상과 조류를 융합하는 경향이 두드러지게 드러난다는 사실은 부인할 수 없다.

292 "吾所謂雅士者, 志如嬰兒, 貌若處子, 終年閉其戶而讀書也…(중략)…大雅哉. 曾子之讀書也,縱屣而歌商頌, 聲滿天地, 若出金石." 박지원 지음, 신호열, 김명호 옮김, 「原士」, 『국역 연암집 2』, 민족문화추진회, 2005년, p.378(130).

양을 새삼 강조하기 위해서 증자의 정신경계인 '聲滿天地, 若出金石'을 그대로 옮겨온다면 위의 '호곡장론'은 진정(眞情)의 자연스러운 분출과 표현을 갓난아이의 울음으로 대치시키고, 그러한 '무가주(無假做)'의 진성의 극치를 '聲滿天地, 若出金石'을 빌려 자기 식으로 표출한 것으로 판단될 수 있다.[293] 특히나 벗의 죽음으로 인한 슬픔에 대하여 읊은 연암의 「여인(與人)」이란 편지에서도 이 장자적 표현의 인용[294] 또한 그러한 변용 양상을 연출해 준다. 조강지처와의 사별에다 평생지기인 이덕무(李德懋, 1741-1793)마저 잃은 박제가(朴齊家, 1750-1805)의 쓸쓸한 처지를 생각해 준 연암은 '양우(良友)'를 잃은 참담한 심경을 오감(五感)이나 마음으로 느끼는 것과 직결시켜 동일한 패턴의 반문 형식으로 연거푸 토로하였다. 그리고 '백아절현(伯牙絶弦)'이라는 중국고사에서 흘러나온 '知音離世之悲'를 가상적으로 생생히 재현해 놓고 있는 가운데, 이덕무의 별세(別世)에 대한 박제가의 비통함은 물론 연암 자신이 가지고 있는 고인(故人)에 대한 지극한 감정[295]도 이에 따라 저절로

<hr />

293 정순희, 「박지원 산문의 문체적 특성 일고(一考) -어휘와 주제의 관련 양상을 통해」, 『한국한문학연구』, 제42집, 한국한문학회, 2008년, pp.325-326. 참조.

294 "吾問於我曰爾快乎. 曰我快矣. 爾欲哭乎. 曰吾哭矣. 聲滿天地, 若出金石. 有水焉迸落襟前火齊瑟瑟, 垂淚擧目則空山無人, 水流花開." 박지원 지음, 신호열, 김명호 옮김, 「與人」, 『국역 연암집 2』, 민족문화추진회, 2005년, p.362(124).

295 연암의 교유(交遊)에서 이덕무는 연암이 마음으로 가장 가깝게 여긴 사람으로서 연암과 학문이나 생활이라는 면에서 각별한 관계를 유지했던 것이다. 연암은 안의현에서 이덕무의 별세소식을 듣고 "무관이 죽다니! 꼭 나를 잃은 것

표출되어 절정에 이른 것으로 느껴진다. 이렇게 보면 백아의 통곡에 투사된 박제가와 연암 자신의 울음을 '聲滿天地, 若出金石'으로 표출해 낸 것 역시 오롯한 진정의 자연스러운 분출을 구현하기 위해 이루어진 소산으로 파악될 수 있다.

공히 연암의 글에서 이런 장자적 표현을 여러 번이나 사용한 것 자체가 그리 새삼스러운 것은 아니다. 그대로의 인용 차원을 뛰어 넘어 자기화를 통해 실현된 창조적 수용은 비로소 우리가 한결같이 주목해야 할 점이다. 위에서 살펴 본 바와 같이 '내면수양의 경계 표출'에서 '진정의 분출'이란 의미로의 변용 속에서 연암에 의해 울음소리를 표현해 낸 '聲滿天地, 若出金石'의 수용 흔적은 뚜렷이 드러나고 있다. 슬픔만이 아니라 모든 감정도 울음의 근원임을 설파한 연암은 이와 같이 울음소리에 대한 각별한 인식을 통해 진정한 감정의 분출 통로를 찾아냈다. 당시로서 개인 자신만의 감정이나 욕망을 억눌렀던 시대 상황 하에서 진정의 표출을 강구한 것은 실제로 '자아 찾기'란 존재의식과 근본적으로 연결된다고 볼 수 있다. 현존재의 참모습을 적극 찾아 나선 연암이 개아(個我)와 사물을 그대로 보게 된 '명심'을 제기한 것은 더

만 같아"라고 탄식했다고 한다. 그리하여 여기서 말한 이「여인」이란 편지는 연암이 이덕무를 잃은 박제가의 마음을 생각하며 쓴 것이지만, 정작 이 편지를 통해 표현해낸 슬픔은 고스란히 연암 자신의 슬픔이라고도 볼 수 있다. 박희병의 연구에서 이런 것을 텍스트의 차원에서 본다면 '상호 텍스트성'이라고 지적한다. 다시 말해 연암은 자신의 체험을 백아와 박제가의 체험과 상호 침투시키면서 확대된 보편성을 만들어낸다고 한다. (박희병,『연암을 읽는다』, 돌베개, 2006년, pp.282-300. 참조.)

이상 말할 나위가 없다. 그럼에도 '시청지정(視聽之正)'을 위한 이런 텅 빈 마음 상태의 획득 과정에서 '도하(渡河)' 경험을 통해 체득된 강물소리의 '천변만화(千變萬化)'는 어디에도 비할 데 없는 '恢奇之氣'를 발산함으로써 여운이 남는 철학적 음미와 문예적 감상을 선사해 준다.

　여기서 '소리' 의식의 또 하나의 대표적인 표현으로서 물소리를 향한 연암의 깊은 응시와 관조는 외물세계에 대한 객관적 인식의 추구와 밀접하게 관련되어 있다. 「일야구도하기」에서 같은 강물소리라도 마음으로 듣기에 달려 있음을 거론한 것은 주지하는 바이다. 그것은 우리에게 새삼 느끼진 기론(奇論)이라보다 사실상 누구나 살면서 자주는 아니더라도 경험할 수 있는 '상식'이다. 사물을 대하는 마음의 상태에 따라 들리는 소리의 변화에 대한 상세한 지적은 이미 일찍이 『禮記·樂記』에 나와 있다.[296] 하지만 거기에 드러난 순수한 논리성에 비하면 연암 자신의 체험을 바탕으로 한 논리를 풍부한 상상력이 넘치는 문학적 필치로 전개한 것은 그야말로 우리에게 미처 의식하지 못했던 '상식'을 문득 알게 해준 새로움과 홍미감을 안겨 준다. 귀로만 들리는 강물소리는 연암의 탁월한 창작력에 의해 이제는 우리의 안구(眼球)를 움직이는 다

---

296 "凡音之起, 由人心生也. 人心之動, 物使之然也. 感於物而動. 故形於聲. 聲相應, 故生變…(중략)…是故其哀心感者, 其聲噍以殺. 其樂心感者, 其聲嘽以緩. 其喜心感者, 其聲發以散. 其怒心感者, 其聲粗以厲. 其敬心感者, 其聲直以廉. 其愛心感者, 其聲和以柔." 楊天宇 撰, 『(十三經譯注)--禮記譯注(下)』, 上海古籍出版社, 2004년, pp.467-468.

양한 '소리 풍경'로 그려져 있다. 이렇게 소리를 중요한 모티브로 부각시키고 그것에 대한 묘사의 극치를 마음껏 발휘한 것은 사실상 역대 문인들의 문학창작에서도 쉽사리 찾아질 수 있는 건 아니다. 따라서 소재선택과 표현방식이라는 점에 주목할 때, 이른바 장자에 의해 절묘하기 그지없는 창상(暢想)으로 전해지는 '지뢰음(地籟音)'의 세계가 그만큼 자연히 머리에 떠오를 수 있을 것이다.

『장자·제물론』에 나온 이 구절을 두고 송(宋)의 왕안석과 청(淸)의 선영(宣穎)은 거기에 드러난 문장 표현력에 대한 극찬을 후세에 남겨 놓았다.[297] 이런 평가를 연암은 그토록 직접 해주지 않았지만, 그것으로부터 받았던 깊은 감명은 그에게는 없지 않았을 것으로 추측될 수 있다. 더욱이 연암 사상에 있어서의 '명심'이란 개념은 근원적으로 「제물론」에 대한 당(唐)의 성현영(成玄英)의 주해(註解)에서 나오기 때문에 그러한 추측은 더 확산될 것으로 보여진다. 논의의 편의상 일단 강물소리와 지뢰(地籟)에 대한 그들 각자의 표현양상을 다음과 같이 크게 두 가지의 측면에서 함께 묶어

....
297 물론 장자에 대한 역대 주해 중에 「제물론」의 문학적 성취를 전반적으로 거론한 사례는 적지 않았다. 그런데 소리를 모티브로 등장시키는 이 구절을 문학적 대상으로 하여 소감을 토로하는 대표적 예로는 왕안석과 선영의 평가를 꼽힐 수 있다. 이에 대하여 왕안석은 '책을 덮고 앉았어도 윙윙거리는 소리가 귓전으로 밀려듦을 느끼게 한다'고 평하기까지 했으며,(안동림 역주, 『장자』, 현암사, 1993년, p.50, 인용) 선영 또한 '처음 읽기'와 '다시 읽기'를 통해 다음과 같은 소감을 남겨 놓았다. "初讀之, 如萬馬奔趨, 洪濤洶涌. 旣讀之, 希微杳冥, 如秋空夜靜, 四顧泂然."(陳鼓應, 『老莊新論(修訂版)』, 商務印書館, 2008년, p.211, 인용)

살펴볼 수 있다.

소리에 대한 문학적 표현 양상	地籟 (「제물론」)	강물소리(「일야구도하기」)
①소리 양태의 형상화	物聲 및 人聲에 비유됨--激者, 謞者, 叱者, 吸者, 叫者, 譹者, 宎者, 咬者	1)人態에 비유됨--驚濤, 駭浪, 憤瀾, 怒波, 哀湍, 怨瀨 2)物聲에 비유됨--深松發籟, 裂山崩崖, 群蛙爭吹, 萬笯迭響, 飛霆急雷, 茶沸文武, 琴諧宮羽, 紙牕風鳴
②문장의 표현양식	'似…'나 '…者'라는 동일한 短句를 8회씩이나 반복함	'0000, 此00也'라는 동일한 四言句 8회씩이나 반복함

연암의 「일야구도하기」에서 강물소리에 대한 묘사는 건너갈
황하와의 상면 순간과 집 앞을 흘렀던 큰 시냇물의 추억에 집중되
어 있다. 처음부터 우리의 눈이 끌려 있을 정도로 웅대한 황하의
장관(壯觀)은 지면(紙面)으로 생생히 부각되어 있다. 그러다 '강물
소리는 듣기 여하에 달려 있을 뿐'이라는 말이 느닷없이 던져진
것은 우리로 하여금 한순간에 현실의 광경에서 사유의 세계로 들
어서게 한다. 시냇물을 대상으로 하는 '比類而廳'의 추억은 바
로 그러한 관점을 예증하기 위하여 삽입된 이야기이다. 이는 진실
인지 허구인지를 연암 자신의 가슴 속에 간직된 '추억'으로서 확
인할 길이 없다. 그런데 진실여부를 막론하고 일단 우의에 대한
효과적 표출을 위한 글쓰기의 전략으로서는 그 전달 효용이 성공
적으로 이루어졌음은 한 눈에 알아볼 수 있다. 게다가 주지한 대
로 기행문으로서의 『열하일기』라도 그 문체 자체가 유달리 또렷

한 우언문학적 특성을 나름대로 지니기 때문에, 그 속에서 연암 스스로가 사실이라고 밝혀 놓은 어떤 내용조차도 어쩌면 '그대로 의 사실'이라기보다는 얼마간의 '인위성' 내지 '조작성'[298]이 가 미된 것이 아니라고 단정 짓기도 어려운 것이다. 연암의 추억으 로 상기된 시냇물 소리에 대한 환청(幻聽)경험을 빗대어 마음작용 의 중요성을 우의적으로 드러내는 이 대목 역시 이런 맥락 아래서 우언문학적 접근을 통해 읽혀질 것으로 보인다. 뿐만 아니라 위의 도표에서 보여준 것처럼, 강물소리에 대한 연암의 묘사는 그 자체 가 가히 장자의 뛰어난 문장 표현과 견줄 만큼 상당한 산문미학 적 완성도를 이룩하였다. 장자의 문학적 상징세계에서 자연의 이 치에 따른 '萬竅怒呺'의 온갖 양태는 여러 인성(人聲)·물성(物聲) 의 비유를 통해서 핍진하게 묘사되고 있다. 연암도 마찬가지로 각 종 인태(人態) 또는 물성(物聲)을 비유적 표현으로 연이어 대입시킴 으로써 울부짖는 황하의 굉장함과 마음 상태에 따른 강물소리의 여러 변화 양상을 극히 생동감 있게 형상화하였다. 이처럼 장자와 연암에 의해 한두 개가 아닌 일련의 비유가 연속으로 구현된 것은 의미전달을 위한 문학적 표출이라는 측면에서 이루어진 소산이 라 할 수 있다. 여기서 '형상성(形象性)'의 제고를 위한 이런 노력

---

298 우언개념에 대한 윤주필의 이론적 연구(「우언소설의 양식사적 검토」, 『고소설연구』제5집, 한국고소설학회, 1998년, p.77.)에서 우언은 때로는 실제 의 기사문이나 의론문으로 오해되는 경우를 두고 "역사적 실존 인물을 등장시 킨다 해도 그 '인위성' 내지 '조작성'을 인식하게끔 하는 장치가 있어야 우언 으로 읽을 수 있다고 지적해 낸 바가 있다.

과 함께 구형(句型)의 활용을 통한 문장 기세에 대한 배려 또한 고스란히 드러나고 있다. 이 두 대목에서 완만한 호흡으로 일관된 장구(長句)보다 박진감과 음악성 그리고 흥미를 주는 단구(短句)를 반복적으로 사용한 것은 바로 그러한 고조된 문장의 리듬 속에서 각각 상이하게 들리는 소리의 만반(萬般)의 변화를 실감나게 느낄 수 있도록 배려해서 만들어진 것이다. 이로써 보아 연암은 장자와 같이 소리를 향한 철학적 사색에다 미학적 관조까지 보탬으로써 문장의 수사(修辭)를 통한 주제 표현의 한 극치를 보여준다. 결코 우연이 아니리라는 이 연관 관계의 형성은 연암 자신의 지적 안목과 창작력은 물론, 장자로부터 받아온 깊은 감명 역시 그의 의식 속에 축적되어 은연중 발효(發效)하고 있음을 우리에게 다시 한 번 여실히 감지하게 된다.

우언적 수법으로 '진(眞)'을 위한 문학창작에 대한 성찰을 교묘히 드러낸 한 대목에서 연암은 위와 같은 단구의 반복·나열에 의한 일련의 비유적 표현을 통해서 '鼾息(코골이 소리)'에 대한 다채로운 형태를 종횡무진으로 그려 놓았다. 또한 역사적 요충지인 고북구(古北口)에 갔을 때의 감회에서 연암은 하늘에서 문득 들려온 '천아성(天鵝聲)'을 위급(危急)을 알리는 소리로 인식함으로써 전쟁 은유로 인한 묘한 긴장과 함축미를 극적으로 자아냈다.[299] 자연음

299 김도련, 「야출고북구기의 含蓄美와 意境」, 『中國學論叢』, 제10집, 1994년, 국민대학교 중국문제연구소, pp.23-26. 참조; 이현식, 「燕巖 朴趾源 文章의 修辭的 樣相에 대한 考察」, 『동방학지』, 제87집, 1995년, 연세대학교

향(自然音響)인 강물소리의 묘사에 투사된 연암의 철학사상이나 문학창작의 기특함은 이와 같이 다른 소리 형태에 대한 관찰과 인식에서 계속 펼쳐지고 있다. 따라서 누구보다도 소리에 대하여 유난히 예민한 관심을 보이는 연암에게 있어서는 장자에 의해 절묘하게 그려진 철학적이고 문학적인 '삼뢰(三籟)' 세계는 그의 소리의식 속에 깊이 새겨진 한 '풍경'인 것임은 의심할 바가 없다.

이상으로 맹인에게로의 메타포적 시선과 소리에 대한 각별한 관찰을 중심으로 장자와의 관련이나 대비라는 점에서 연암의 사유체계와 문학세계의 일단을 살펴보았다. 연암이 아니면 이러한 의미망의 구축을 통한 철학·문학적 성취가 이루어지기 어려울 정도로 남달리 온갖 지적 노력이 기울어진 그의 개방적인 글쓰기는 문·철(文·哲)을 아우르는 장자라는 텍스트와의 계합(契合)을 필연적으로 이루어내기에 이른 것이다. 여기서 연암의 사유의식을 맹인이나 소리를 빌려 표출한 것은 궁극적으로 외물 대상의 물성(物性)에 대한 남다른 깊은 통찰을 바탕으로 한 것이라면 다음의 장(章)에서 논의될 문답구조의 구사는 그의 내면적 사유의 전개 양식에 의거해 산출된 것이라 할 수 있다. 연암의 글쓰기에서 또 하나의 수사적 기교로 애용된 문답법은 그의 논리적 사유를 보다 효과적으로 전개할 역할을 하도록 자유로이 구현되어 있기 때문이다. 따라서 문답체로 구성되어 있는 고문 중에서 우의적 기법으로 독특

....
국학연구원. pp.167-168. 참조.

한 전통을 창출해 낸 장자 역시 연암의 문답법에 대한 활용에 있어서 전범으로서의 참고 대상이 아닐 수 없다.

(3) 諧謔과 逆說의 戰略

물론 이상의 논의는 연암의 우언세계를 통틀어 일일이 고찰하는 것이 아니다. 선행연구에서 이미 밝혀졌지만, 연암의 저작 중에 사상가이면서 문장가로서의 연암의 난숙함을 잘 보여준 것은 『열하일기』였다. 당대는 물론 오늘날도 우리에게 흥미진진하게 읽혀지는 것은 연암의 해박한 연행(燕行)견문과 이용후생(利用厚生)을 위한 진지한 학문추구 때문이기도 하지만, 그 내용과 사상을 더 생생하고 설득력 있게 전개하기 위해 풍부한 형상화 수법과 다채로운 문체구사를 자유로이 시도한데도 있다고 생각한다. 특히 발표 당시 『열하일기』로 인해 연암은 순정(醇正)고문을 주창하는 정조(正祖)로부터 문풍을 타락시킨 장본인으로 지목되었다. 이른바 연암체(燕巖體)라는 하나의 독자적인 새로운 문체를 성립시킬 정도로 연암의 『열하일기』가 당대 문단에 얼마나 커다란 영향을 끼쳤던가를 역력히 볼 수 있다. 당시의 제가(諸家)의 평에 의거하면 『열하일기』의 개성적인 문체를 살리는 특징이 우언성(寓言性)과 해학성(諧謔性)에 있다고 지적되어 있었다. 비록 자기 문학의 이러한 성격에 대해서는 연암 은 낙척불우(落拓不遇)의 답답한 심회(心懷)를 풀려고 이문위희(以文爲戲)했다고 말했으나, 희문(戲文)이라는 자신의 평은 결코 액면 그대로 받아들일 수 없는 것이다. 한문학 전통 속에서의 희작(戱作)현상은 어디까지나 단지 인간 삶의 이완(弛緩)을 위해 웃음과 위로를 유발하는 데에만 그치는 것이 아니다. '농세(弄世)·자조(自嘲)의 해소(諧笑)'가 가득 찬 희작을 통해서 무거운 현실 비판의식 위에서 산출된 분세(憤世)의 정서를 우회적으로 역설하자는 것이 불우한 문인들에게는 흔한 일이기 때문이다. 남에게 껄껄 선생이라 불릴 정도로 평상시 해학적 기질이 다분한 연암은 더욱 그랬다. 따라서 가슴에 쌓였던 꼭두각시 같은 불평지기(不平之氣)[300]를 문장으로 분출하고자 연암은 풍부한 해학성과 맞물리는 우언 글쓰기를 구사함으로써 '이문위희'의 내적 묘미를 힘껏 발휘하였다.

현재 한국 고전 풍자문학의 백미로 손꼽히는 「호질」은 『열하일기』에 실려 있는 '기문(奇文)'으로서 연암의 우언적 글쓰기를 구현함에 있어서 절정을 이룬 것이다. 주지한대로 한낱 짐승에 불과한 범(虎)이 만물의 영장이라는 인간을 준열하게 꾸짖는 희화적 장면은 「호질」의 핵심부로서 '희소노매(嬉笑怒罵)'가 넘치는 행간 사이에서 극(劇)적으로 펼쳐져 있다. 이는 연암 특유의 해학 정신을 우의적으로 표현하는 데에 기막힌 문학적 효과를 거두는 것이다. 뒤에서도 살펴보겠지만, 이와 같은 기발한 착상에 의한 인물설정

---

300 ˝燕巖宜有一跋爲三絶。欲以解其意。而燕巖愈怒愈不起。天且曙。燕巖旣醒。忽整衣跪坐曰。山如來前。吾窮於世久矣。欲借文章。一瀉出傀儡不平之氣。恣其游戲爾。豈樂爲哉。˝ (남공철, 「朴山如墓誌銘」, 『金陵集』卷十七, 韓國文集叢刊272, 민족문화추진회, p.328.)

과 대화방식의 구성은 한국 우언문학사 내지 서사문학적 전통에서 쉽게 볼 수 없는 것이다. 그 연원에 대한 해석에 있어서 단서를 직접 제공한 것은 이 작품 뒤에 붙은 연암의 후식(後識)이다. 그것에 따르면 세상에 대한 비분(悲憤)한 정서가 「호질」의 창작동기가 되고 있으며, 또한 이치에 어긋난 역설적 표현 면에서 이 글이 胠篋 盜跖의 뜻과 같다고 지적되어 있다.[301] 이로써 보아 「호질」에서 당대 세속·위유(世俗·僞儒)에 대한 비판을 위해 구사된 우의적 풍자 구조 및 역설적인 논리 방식[302]이 장자에서 얻어진 것은 분명하다. 더욱이 연암을 전후한 시기에 세계에 대한 장자의 대응을 '분세의식(憤世意識)'으로 읽어내는 것은 이미 당시의 비판적 지식인들 사이에 보편적 흐름을 형성했던 것이다.[303] 연암에게는 노장은 물론 석가도 그들의 세속에 대한 역설적 표현 모두 세태 풍속에

---

301 燕岩氏曰。篇雖無作者姓名。而盖近世華人悲憤之作也。世運入於長夜。而夷狄之禍甚於猛獸。士之無恥者。綴拾章句。以狐媚當世。豈非發塚之儒。而豺狼之所不食者乎。今讀其文。言多悖理。與胠篋盜跖同旨。(리상호 옮김, 박지원 씀, 「關內程史·虎叱」, 『열하일기 上』, 도서출판 보리, 2004년 p.633.)

302 이 점에 대해서 이가원, 소재영, 이명호 등 선행학자의 논문에서 이미 지적한 바가 있었다.
    이가원, 『이가원전집1 연암소설연구』, 乙酉文化社, 1965년, p.501. 참조.
    소재영, 「호질의 풍자성」, 『고소설통론』, 二友出版社, 1983년. p.426. 참조.
    김명호, 『열하일기 연구』, 창작과 비평사, 1990년, pp.188-189. 참조.

303 연암을 전후한 시기에 三淵 金昌翕(1653-1722), 東溪 趙龜命(1693-1737), 湛軒 洪大容(1731-1783) 비롯한 많은 조선후기의 비판적 지식인들 가운데 장자의 분세의식을 변호하는 수용양상이 집중적으로 나타나고 있었다. 이에 대해서는 이승수의 「조선조 지식인의 장자수용과 분격의식」(『도교문화연구』제15집, 한국도교문화학회, 2001년, pp.332-335.)에서 논의한 바가 있다.

분개해서 나온 말이었던 것이다.[304] 이렇게 볼 때 초탈정신 이면에 감추어진 장자의 '분세의식'은 그 시대적 공감반응을 크게 불러 일으키는 한편, 그러한 강한 비판정신을 우언을 빌려 해학과 역설 로 풀어낸 장자문학이 문인들의 현실창작에 미친 영향은 역시 어 느 때보다 적극적이었을 것이다. 따라서 해학과 우언으로 세상을 대처하는 연암의 창작 자세가 장자의 영향과 무관하지 않았음은 여기서도 어느 정도로 파악될 수 있다. 「호질」과 장자의 연관성 에 대해서 최초면서도 본격적으로 다룬 연구 성과로는 근대 석학 인 이가원의 「호질 연구」(1963)[305]를 꼽을 수 있다. 그는 이 논문에 서 장자의 胠篋·盜跖 을 「호질」의 문학적 배경 중의 하나로 다루 면서 장자에 대한 구체적 수용양상을 충실한 전거(典據)제시를 통 해 자자구구에까지 세밀하게 밝혀 놓았다. 그렇다고 연암의 문학 적 창작성을 간과한 것은 아니다. 장자와 혹초(酷肖)한데도 장자에 못지않은 풍자적 골계와 우언적 창의는 오히려 내·외적 창작 요인 을 함께 고려하는 그의 다각적 연구를 통해 역으로 돋보이게 되었

----

304 "孔子曰。吾道一以貫之。老子曰。聖人抱一。乃佛氏則曰萬法歸一。
所謂萬法歸一。與吾儒理一萬殊。其守約之旨。未始不相似也。世間所有佛
書。都是南華經箋註。南華經乃道德經之傳疏彼皆天資超絶。情量卓異。豈
不知仁義禮樂俱爲治天下之大經哉。不幸生値衰季。蒿目傷心於質滅文
勝。則慨然反有慕于結繩之治。其如絶聖棄智剖斗折衡之類。皆憤世嫉俗之
言也。"(리상호 옮김, 박지원 씀, 「口外異聞·佛書」, 『열하일기 下』, 도서출판
보리, 2004년 p.574.)

305 이가원, 「호질 연구」, 『延世論叢』, 연세대학교 대학원, Vol.2 No.1, 1963
년, pp.157-165.

다. 장자에의 접근인 동시에 장자와 구별하자는 인식은 사실 연암의 창작의식 저변에 뿌리하고 있었다. 연암의 글쓰기 양식론으로 화제를 모은 「열하일기·서」[306]에서 장자와 비교되면서 논의된 연암의 우언적 글쓰기성격에 대해서 참조할 만하다. 이에 따르면 『열하일기』는 우언을 겸하여 이치를 논함에 있어서 장자와 마찬가지이나, 장자처럼 헛된 이야기에 그치지 않고 풍속과 치란(治亂), 성곽과 도야(陶冶)등 일체의 이용후생지도(利用厚生之道)를 담는다고 한다.[307] 즉 이치 전개를 위한 서술전략으로서 연암의 우언 글쓰기

---

306 이「열하일기·서」는 다른 異本에는 기록되어 있지 않다. 다만 발간된 『국역 열하일기』이가원 역(민족문화추진회)제1책에 소개되었는데, 『燕巖山房本』에 실려 있다고 하였다. 작자 불명으로 인해 이것을 둘러싼 연암의 자서인가 아닌 가에 관한 논의가 오늘날도 지속된다. 김명호는 연암이 자기 저서를 장자보다 우수한 것으로 자찬(自讚)했다고 보기 힘들다고 하면서 연암의 측근 우인 누군가가 지은 것이라 추측하였다. (김명호, 앞의 책, p.182, 참조) 반면에 강동엽, 김태준, 문영오 등 학자들은 이 글을 연암의 것으로 치부하고 논의를 전개하였다. (강동엽, 「열하일기의 문학적 연구」, 박사논문, 건국대학교대학원 국어국문, 1982년, p.6-7. 참조; 김태준, 「동아시아적 글쓰기의 전통론 시고--〈열하일기〉의 글쓰기론을 중심으로」, 『東岳語文論集』, 동악어문학회, 제36집, 2000년, p.223. 참조; 문영오, 「〈허생전〉에서의 노장철학 고구」, 『연암소설의 도교철학적 조명』, 태학사, 1993년, pp.76-77. 참조) 연암의 서문 여부 논쟁을 떠나 그 내용 자체만 보면 『열하일기』에 보이는 글쓰기 특징은 정확히 짚어낸 것이다. 앞에서 말한 김명호의 연구에서도 이 서문을 인용해서 연암의 우언 글쓰기를 거론하였다. 따라서 이 글이 연암의 서문이냐 아니냐의 논의는 본고의 근본취지에도 별다른 영향을 주지 못할 것이라고 여기서 밝히려고 한다.

307 "莊子之爲外傳´有眞有假´燕巖氏之爲外傳´有眞而無假´其所以兼乎寓言´而歸乎談理則同……又其所謂談理者´豈空談恍惚而已耶´風謠習尙´有關治忽´城郭宮室´耕牧陶冶´一切利用厚生之道´皆左其中´始不悖於立言設敎之旨矣." (이가원, 「열하일기 서」, 『이가원전집16 열하일기역주』, 大洋書籍,1975년. p.34.)

는 장자를 본받으면서도, 이용후생의 실학정신을 체현하고자 현실내용을 다루면서 우언을 만들어낸다는 점에서 장자의 황홀함과 확연히 구별 지었던 것이다. 이렇듯 내용상 장자와의 차별화를 강조하는 것은 사실 장자의 비현실주의나 허무주의를 경계한다는 전통적 비판의식을 내포하기도 한다. 그런데 현실 바깥에서 이야기를 취해온 통상적인 우언보다는 장자와 구별된 의식에서 성립된, 실제 현실을 이야기 소재로 한 연암의 우언 글쓰기는 유난히 특이한 것으로 보인다. 특히『열하일기』가 기행문이라는 장르적 특성을 상기할 때, 이러한 우언 글쓰기의 구현은 여행 견문을 여실히 기록하면서 자신의 논의나 소견을 덧붙여 전개하자는 취지[308]에서 고안된 연암 나름의 글쓰기 전략이라 하겠다. 물론 이럴 때 황당한 내용을 늘어놓은「호질」은 매우 이례적으로 보인다. 하지만 그것은 연행 도중에 발견된 글이라고 해서 견문으로써의 작품외적 현실성을 키워놓을 뿐만 아니라 간접적이고 우의적 표현 수법을 더욱 절묘하게 사용하는 가탁(假託)의 공간을 연암에게 동시에 제공해 주기도 한다. 그러므로 연암 자신의 작가적 취향과 현실 문제의식에 걸맞게 자기 나름의 창의와 문필을 발휘하여 완

---

308 『열하일기』의 기행문 저작 방식에 대해서는 金錫亨은『춘추』제2권 4호 (1941년)에서『열하일기』를 기행문 이상의 것으로 보았으며, 閔斗基는『인물로 본 한국사』(月刊中央 1973)에서 "견문록과 그에 얽힌 隨想錄을 모은 것" 이라 하였다. 또한 강동엽은『열하일기』를 박지원의 작가정신에 의하여 쓰여진 것으로 보고자 하였다. [강동엽,「열하일기의 문학적 연구」(박사학위논문, 건국대학교 국어국문학과, 1982년). pp.12-13. 참조.]

성한「호질」은 기존 우언 내용을 거듭 우언화하여 의미의 중층성 (重層性)이나 다의성(多意性)을 극대화하는 데 이르렀다.[309] 지금까지 작자시비와 그로 파생되는「호질」의 주제나 등장인물의 상징성 해석은 다양하게 이루어져 온다. 원전이나 소재의 고증 진척이 어려운 상황에서 우의성이 충일(充溢)한「호질」에의 착안 자체는 오히려 그만큼이나 다각적 해석의 가능성을 허용하는 것이다. 연암의 실학사상과 관련시켜「호질」의 주제를 파악하는 일반적인 경우에 비해 문영오(文永午)의 연구를 대표로 제기된,「호질」의 배경사상이 노장철학에 두어져야 한다는 주장[310]은 이 작품이 갖는 다해성(多解性)의 일면을 반영한 것이라 하겠다. 물론「호질」에서의 범의 발언 중에는 유학의 인위적 제도의 타락과 세속 인간의 탐욕을 비판하는 무위·자연의 노장사상을 두루 찾을 수 있다. 그러나 이로써 그 궁극적 주제의식을 파악하기에는 문제 제기의 여지가 없지 않다. 특히 유자(儒者)이면서도 누구보다 실학사상의 완

---

309   정학성,「〈호질〉에 대한 재성찰」,『한국한문학연구』, 한국한문학회, 제 40집, 2007년, p.239. 참조; 김명호, 앞의 책, p.188. 참조; 강혜선, 앞의 책, 택학사, 1999, p.191. 참조.

310   문영오의「〈호질〉의 노장철학적 조명」,『연암소설의 도교철학적 조명』 (태학사, 1993년. p.101-183.)에서「호질」이 두 철학사상(유교와 도가)의 대결 구조로 일관되고 있음을 설파하면서 이 작품의 주제를 無爲之治 와 有爲之 治의 우열을 범과 북곽을 등장시켜 격렬한 논쟁을 벌여 최종적으로 무위지치의 우월성을 강조하 다. 따라서 문영오는 이 연구에서 범을 무위지치의 도가의 표상적 존재로 보고 범의 북곽에 대한 질책을 自然隨順論, 萬物一體論, 反戰 사상, 反知사상 등의 도가적 명제로 나누어 살펴보았으며「호질」을 노장철학 요소 중 무위론을 중심사상으로 전개된 철학소설로 지정하였다.

숙함을 잘 보여준 연암에게 있어서 노장사상과의 접맥은 어디까
지나 현실에 대한 반성과 비판 차원에서 이루어진 사유상(思惟上)
의 부분적 차용일 뿐, 결코 노장의 초월적 이념에 그 현실의 대안
적 모색의 목표를 둔 것이 아니기 때문이다.

　흔히「호질」은 병리적 구조 안에 있는 사회와 인간에 대한 비
판적 풍자정신이 핵심이라고 이해되어 왔다. 그런데 이와 더불어
그 비판의식이 마련된 논리적 근거를 새삼 제기하는 데에「호질」
의 또 하나의 포커스가 있으니, 그것은 바로 범의 시점에서 단호
하게 선보인 인물성론(人物性論)이다. 선행연구에서 밝혀졌듯이 18
세기 조선철학사에서 중요한 이슈로 부각된 '인물성동이(人物性
同異)'논쟁은「호질」의 창작에 큰 영향을 끼친 사상적 흐름이었
다.[311] 그 중에 하나의 논쟁축(論爭軸)을 이룬 낙론계(洛論界)의 인물
성동론(人物性同論)을 이어받아 연암은 '인물막변(人物莫辨)'[312] 곧

311　이에 대해서는 조동일의「18세기 인성론의 혁신과 문학의 사명」,『한국
　의 문학사와 철학사』(지식산업사, 1996년)과 김태준의『홍대용평전』(민음사,
　1987년);「〈호질〉과〈의산문답〉과의 관련」,『한국고소설의 조명』(아세아문화
　사,1992년)그리고 허원기의「호질 생태담론의 성격」,『고전서사문학의 사상과
　미학』(경인문학사, 2007년)에서 논의가 이루어졌으며, 그 이전에 이가원의「호
　질 연구」,『연세논총』2(연세대, 1963년); 이재수의「연암소설논고-호질과 허
　생전을 중심으로」,『경북대논문집』10(경북대, 1966년)에서도 이에 대한 언급
　도 있었다. [허원기,「인물성동론과 연암소설」,『고소설연구』(한국고소설학회,
　vol.25, 2008년). p213. 재인용.]

312　"噫。世間事物之微。僅若毫末。莫非稱天。天何嘗一一命之哉。以形體
　謂之天。以性情謂之乾。以主宰謂之帝。以妙用謂之神。號名多方。稱謂太
　褻。而乃以理氣爲爐鞴。播賦爲造物。是視天爲巧工而椎鑿斧斤。不少間歇
　也。故易曰天造草昧。草昧者。其色皁而其形也霾。譬如將曉未曉之時。人

인성과 물성은 구별할 수 없다는 논리를 펼쳤다. 이는 '물의 처지에서 나를 보면 나 역시 물의 하나'[313]라는 가치론적인 '상대화·객관화'라서 상대주의적 인식론에 입각한 장자의 '만물제일(萬物齊一)'[314]의 발상에 닿아 있다고 본다. 그러나 장자처럼 만물의 차별과 존재가치를 균등하게 바라보는 연암은 결코 장자와 같이 최종적으로는 물화(物化)의 세계에서 야기된 불가지론이나 신비주의로 귀착되지 않았다. 그는 인물성동론의 귀결점에서 인간중심적인 사유를 '존물적(尊物的)' 태도로 전환하자는 입장을 제기하였고, 나아가 이러한 물성 중시를 토대로 대상세계의 과학적 이해와 물에 대한 이용 관념을 확립하기에 이르렀다. 이용후생지구(利用厚生之具)로서 청문물(淸文物)을 수용하자는 북학론 저변에는 담헌(湛軒 洪大容, 1731~1783)과 연암을 비롯한 북학파의 인물성동론이 전통적 화이론(華夷論)에 대한 수정을 위한 철학적·논리적 기초로 자리잡고 있었음[315]은 그 좋은 예라 할 수 있다. 이처럼 연암의 철학사

物莫辨。吾未知天於旱麓之中所造者。果何物耶。"(리상호 옮김, 박지원 씀, 「山莊雜記·象記」, 『열하일기 中』, 도서출판 보리, 2004년 p.631.)

313 "以我視彼。則勻受是氣。無一虛假。豈非天理之至公乎。卽物而視我。則我亦物之一也。故體物而反求諸己。則萬物皆備於我。盡我之性。所以能盡物之性也。"(박지원 지음, 신호열, 김명호옮김, 「煙湘閣選本·答任亨五論原道書」, 『국역연암집1』, 민족문화추진회, 2005년, pp.145(51)-146(52).)

314 "天下莫大於秋豪之末, 而大山為小; 莫壽於殤子, 而彭祖為夭。天地與我並生, 而萬物與我為一。既已為一矣, 且得有言乎"(郭慶藩 撰, 王孝魚 點校, 「齊物論」, 『莊子集釋 1』, 中華書局, 1985년, p.79.)

315 이에 대해서는 유봉학의 『연암일파 북학사상 연구』(一志社, 1995년, pp.86-100, pp.124-143.)과 김문용의 「북학파의 인물성동론」(『인성물성론』, 한

상 내지 실학적 학문관의 형성과정에서 장자 특유의 상대적 인식론과의 접합이 이루어졌고, 이는 기존의 모든 고정관념에 대한 연암의 현실지향적인 비판적 논리를 한층 더 심화·확대하는 데 기여했다고 보인다.

이와 같이 「호질」로만 보아도 장자와의 접목에서 비롯된 연암의 수용 모습은 보다 집중적으로 포착될 수 있다. 「호질」창작에 직·간접적인 영향을 끼치는 작품으로서 이광정(李光庭, 1674-1756)의 『망양록(亡羊錄)』과 홍대용(洪大容, 1731-1783)의 「의산문답(醫山問答)」은 거론된 바가 있었다.[316] 전자(前者)는 '우언·회궤(詼詭)'[317]로서 세상에 대한 풍자

<hr>

국사상사연구회, 1994년, pp.574-606.)에서 논의한 바가 있었다. 유봉학은 그의 논저에서 낙론계의 인물성동론이 물성(物性)중시의 경향을 낳아 북학파의 새로운 학문경향의 논리적인 근거가 되었다고 하였다. 이는 인물성동론과 북학파 실학사상의 연관성을 해명하기 위한 시도로서 설명력도 갖춘 참신한 해석으로 보인다. 또한 김문용은 그의 논문에서 인물성동론의 '관점의 상대화·객관화'는 중세사회의 계층적 질서를 부정하고 근대적인 사회질서를 확립해 나아가는 것과 관련한 것이라고 하면서 인물성동론이 '관점의 상대화·객관화'를 매개로 하여 화이론 부정의 철학적 기초로 기능할 여지를 갖게 되었다고 지적하였다.

316   이광정의 『망양록』에 대해서는 일찍이 이가원이 우언 및 풍자문학으로서의 특징과 함께 연암의 「호질」에 끼친 영향을 논의한 바가 있었다. (이가원, 『韓國漢文學史』, 民衆書館, 1961년, pp.356-359; 이가원, 『연암소설연구』, 乙酉文化社, 1965, pp.516-519.) 「의산문답」과 「호질」의 관련성에 대해서는 주로 김태준과 조동일에 의해 거론된 바가 있었다. 김태준은 작품형식과 대결적 인물의 설정, 그리고 주제사상 면에 입각하여 3장로 된 대결장면, 허자와 북곽선생의 유사성, 실학론과 인물성동론의 내용의 유사성을 그 증거로 들었다. (김태준, 『홍대용평전』, 민음사, 1987년, pp.256-282.) 또한 조동일은 '홍대용의 〈의산문답〉과 박지원의 〈호질〉은 사상 혁신을 새롭게 하기 위해서 더욱 애쓴 성과'라고 지적하고 홍대용이 〈의산문답〉을 마련하자 박지원은 표현방식을 대폭 개조해 〈호질〉을 지어냈다고 평가하였다. (조동일, 앞의 논문, p.352.)

317   "亡羊錄, 寓言詼詭, 諷世之意, 徵矣."(李獻慶, 「嘉善大夫同知中樞

이야기를 꾸며낸 우언집이요, 후자(後者)는 철학개념을 인간처럼 가장시켜 대화형식을 이루어낸 철리(哲理)우언이다. 연암에게는 그것들이 과연 실제창작의 모델이 되었느냐에 대해서는 아직 치밀한 실증적 논의가 필요하다. 그럼에도 장자에 연원한 그들 나름의 우언창작 특징[318]은 연암의 문학에서 모두 한결같이 철저히 구현되고 있었음이 분명한 것이다. 따라서 연암의 창작인생을 동반하고 표출된 장자수용 양상은 그의 문학정신과 창작풍격을 읽어내는 열쇠인 동시에, 당대에 활착한 장자의 일면을 대변하는 코드라고 하기도 한다.

府事訥隱李公墓誌銘」, 『艮翁集』, 『韓國文集叢刊』, 234, 민족문화추진회, p.342.)

318 이광정의 『망양록』에서 나타난 풍자·역설과 우언적 수법을 장자와 관련시켜 거론한 대표적 연구로는 김영의 「〈장자〉와 〈망양록〉의 우언문학적 관련성--〈노파의 오락〉을 중심으로」(김영, 『한국한문학의 현재적 의미』, 한울, 2008년, pp.69-84.)가 있다; 홍대용의 「의산문답」와 장자의 연관성에 대해서는 문범두의 「〈장자〉우언의 이야기형식과 〈호질〉」(영남어문학, 한민족어문학회, 제26집, 1994년, p.204.)은 인물설정과 대화법 면에서 거론한 바가 있었다.

IV. 結論

지금까지 위에서 조선시대 사대부의 장자수용과 우언적 글쓰기 양상을 살펴보기 위해 조선전기의 성현, 조선중기의 장유, 조선후기의 박지원의 우언적 글쓰기 양상을 검토하였다. 이제 결론에서는 그 논의를 요약하고, 이 논문의 한계와 앞으로의 과제를 제시해본다.

제2장에서는 조선시대 사대부의 장자수용 배경과 양상 그리고 그들의 우언 글쓰기성격을 장자와 관련하여 고찰하였다. 삼국시대부터 고려·조선조에 이르기까지 약 1500여년에 걸친 장자의 한국적 수용 역시 시대의 발전에 따라 다양한 차원에서의 전개·흥성·심화의 과정을 밟아 왔다. 유교를 중심으로 하는 사회체계 속에서 도가로서의 장자는 노자와 함께 늘 비판적 수용대상으로서 사상계에서의 상대적 위상을 지니고 있다. 하지만 최소한 개인적인 문학 영역에서만큼은 장자가 언제나 독보적 존재로서의 절대적 지위를 차지하고 있다. 특히 엄격한 배타적 도학의 정통이념이 지배하는 조선시대에서 이단으로 지목된 장자가 비판과 수용의

팽팽한 경계 사이에 몰리게 되었거니와, 철학적 검토라기보다는 장자로의 문학적 접근은 당시로서 내면의식의 표출통로를 탐색하는 데 있어서 보편적으로 관심이 되는 문제점이라고 한다. 장자문학 수용의 한 전형으로 취급되는 조선시대 사대부의 우언적 글쓰기 양상을 비교문학적 시점에서 장자우언의 창작양상과 함께 거론하고자 하였다. 우선 본격적 논의에 들어가 전에 우언적 글쓰기의 이해와 장자우언의 특징을 조명하였다.

지금까지 우언에 대한 장르론적 논의에는 크게 두 가지 관점이 존재한다. 우언을 단순히 수사적 의미의 형상화 기법정도로 간주한 경우와 하나의 독립된 양식으로 규정하려는 시도가 그것이다. 필자는 비교대상으로서의 장자의 독립된 우언 양식특징을 감안하여 우언을 양식적 범주로 인정하여 논의를 전개하기로 한다. 한국의 우언은 『삼국사기』에 전하고 있는 <화왕계>와 <귀토지설>에서 그 기원을 찾을 수 있다. 고려시대 이규보의 <경설>과 <슬견설>, <이상자대>를 비롯한 몇몇 의론체 산문이나 가전 작품들을 통하여 그 맥락이 이어지다가 조선시대로 들어오면서 여러 작가에 의하여 왕성하게 창작되고 널리 전승된다. 한국 우언사에 중요한 계기를 마련해준 몇 명의 대표적 우언작가(이규보, 성현, 장유, 이광정, 박지원, 홍석주 등)와 그들의 작품만 보더라도 장자와의 연관성이 뚜렷이 포착될 수 있다.

제3장에서는 조선시대 사대부의 장자수용과 우언적 글쓰기 양상을 성현, 장유, 박지원을 통해 검토하였다. 우선, 제1절에서 성

현에 관한 논의는『莊子』와『부휴자담론』의 비교연구를 위한 試論이다.『莊子』의 우언문학에 대한 수용과 창조를 살피기 위해 三言體 형태, 인물형상과 주제표출, 및 창작소재와 고사 양식 등 면에서『莊子』를 비교대상으로 삼아『부휴자담론』을 고찰하였다. 이제 앞에서 검토한 내용을 다음과 같이 정리해보고자 한다.

漢文文化圈에서 우언문학창작의 淵源으로 으뜸자리를 점하고 있는『莊子』는 동아시아 우언의 발전과 우언적 글쓰기에 큰 영향을 주었다. 조선전기에 살았던 成俔은 관료문인으로서 성리학을 존경하면서도 老莊사상에 심취했던 인물이다. 그는 우언적 글쓰기를 즐겨 하면서 한국우언문학사에서 문답방식으로 이루어지는 전형적 우언집인『부휴자담론』을 남겼다. 그래서 이 작품이『莊子』의 영향을 받은 것으로 엿볼 수 있다. 우선 문체 형태에서『莊子』와『부휴자담론』은 두루 三言體 형태를 취하고 있다. 莊子와 成俔에는 2000여년 세월의 간격이 있지만 그들은 시대적 상황과 언어적 표현에 입각하여 우언적 글쓰기를 즐겨 하면서 서로 보완하는 층면에서 三言體를 구축하는 데에 時空을 넘는 같은 인식을 갖고 있다고 할 수 있겠다.『부휴자담론』의 아언은 논변문과의 연관성에서『莊子』의 치언과 같은 성격을 지니고 있고, 보언은 역사에 가필하여 역사적 인물의 담론을 개진한다는 점에서 중언과 함께 우의를 기탁하기 위한 우회적 이야기 방식을 취하고 있다. 또한 허구적 인물을 등장시켜 논리적 문답방식을 배치하는 협의의 우언범주에서『부휴자담론』의 우언은『莊子』

의 우언에 속한다. 이러한 문학적 영향과 수용적 관계를 확인함과 함께 시대적 상황과 정치적 입장에 따라 成俔은『莊子』에서 창작적 슬기와 啓示를 받아서 조선전기라는 역사적 문맥에서 세롭게 변용된 三言體를 구사한 것으로 보인다. 다음, 인물형상에 있어서 자기의 변신인 부휴자 형상을 제외하고는『부휴자담론』의 「우언」편에 나온 인물은 기본적으로 역사적 인물과 허구적 인물로 구성되어 있다. 역사적 인물에서 주로 임금과 신하가 등장하고 그들의 군신관계를 반영하는 우언은 창작되었다. 그 중 임금과 신하의 관계를 개선하기 위한 師·友型 군신관계를 구사하는 의도는 두 작품에 두루 보인다. 하지만 이와 같은 공통점과 아울러 작자의 사상적 기반에서 기인한 차별성은 선명히 나타난다. 莊子의 눈에는 군신간의 師·友型 관계가 세속에서 벗어나 逍遙自由를 추구하는 道家사상의 理想적 표현이라고 할 것이다. 그러나 成俔의 師·友型 군신관계에는 經世濟民의 실현을 위한 실천적 탐색과 노력이 가시화되고 있다. 역사적 인물형상에 비하면『부휴자담론』의 「우언」편에 등장한 허구적 인물형상은『莊子』의 등장인물에 대한 設定수법을 활용하여 다양하게 창작된다고 할 수 있겠다. 특히『莊子』에서 나온 당시 하층에 살고 있었던 군중형상(노동자와 기형인)에 대한 배려와 관심은『부휴자담론』에도 잘 드러난다. 하지만 문예에 반영된 철학적 논리와 정치적 입장이 다름으로써 두 작품에서 펼쳐 보이는 등장인물의 지극한 경지를 통해 표출하는 주제 면에서의 차별성은 선보인다. 道家의 입장에서 莊子

는 남에게 누구나 자연의 이치를 따라 본래대로 행동하면 神技에 이를 수 있다는 도가의 진리를 선포하는 데 비해, 成俔은 "사람에 따라 그 재능에 능한 부분이 있고 능하지 못한 부분이 있으므로 사람을 등용하는 데에는 물망에 오르는 사람을 쓰는 것보다 더 좋은 방법이 없다"는 用人之道를 밝혔다. 이렇게 해서 우리는 成俔이 莊子의 영향을 받으면서도 역사적 문맥과 철학적 입장에서 새롭게 변용된 면을 통해서 당시 조선전기의 정치적 혼란으로 인한 사회문제와 민중들의 실상을 구체적으로 감지할 수 있다. 창작 소재와 고사양식에 있어서 흡사한 소재와 이야기 양식을 취한다는 점을 보면 비록 영향관계가 입증된다고 할지라도 그것을 통해 새로운 우의를 개척한다는 점에서 『부휴자담론』의 독창적인 가치가 재확인될 수 있다. 요컨대, "아름답고 추한 一妻一妾"의 부부관계를 소재로 하여 莊子는 자기의 철학적 사상을 우의적으로 선포하며, 혼란한 세태를 헤치고 나가는 지혜로운 처세술을 제시하는 데 비해, 成俔은 오히려 이것을 보면서 임금의 인재등용에 대한 성찰을 촉진한다는 의도에서 당대의 정치적 사회 현실의 부당성을 역설적으로 비판하고 풍자하였다. 또한 '借樂明道'의 양식으로 老子의 '大音希聲'을 반영하는 고사를 통해 우리는 자연과 인간의 조화를 추구하는 莊子의 정신을 감지할 수 있는 한편, 成俔의 '중화'사상을 엿볼 수 있다. 그래서 이상에서 검토한 점들이 바로 『부휴자담론』이 『莊子』의 영향을 받으면서도 개인의 정치적 철학적 논리와 역사적 시대적 문맥에서 새롭게 수용·창조된

면이라 할 것이다.

한국우언문학사에서 우언이라는 한 양식의 설정을 가능하게
하였다는 점에서 『부휴자담론』은 의의가 크다고 한다. 하지만 이
와 동시에 동 시대의 다른 문학작품에 나타난 탁월한 형상성과 풍
자성, 그리고 민간설화와 창작 비유담을 이야기구조로 삼은 작품
계열이 한국우언문학사에서 일찍이 두 맥을 이루어왔다는 시각
에서 『부휴자담론』의 우언문학의 위치를 재검토할 필요가 있다
는 냉철한 주장도 있기도 한다. 그래서 이러한 현실적 연구 상황
에 비추어 『부휴자담론』에 대한 연구 작업이 계속 이루어질 것이
다. 본고는 비교연구의 시각에서 두 작품을 고찰하였는데 담론방
식과 대비수법의 활용 등 면에서 미처 거론하지 못한 부분은 많아
남아 있다. 그래서 이를 보완하는 연구 작업과 아울러 위에서 말
한 연구 상황의 分岐點을 넘어서는 돌파구를 찾는 작업은 앞으로
의 과제라 하겠다.

그 다음 제2절에서는 계곡 장유의 『莊子』우언 수용양상을
「蟻戰十韻」, 「設孟莊論辯」과 「寓言-無極子之巧」를 대상으로
하여 고찰함으로써 그의 문학세계에서 우언창작의 일면을 살펴
보았다. 이제 논의를 정리하고 앞으로의 과제를 언급하고자 한다.

조선중기는 주자학 일변도의 학풍 경향이 정점에 도달한 한
편, 다양한 사상적·문학적 움직임이 활발하게 일어났던 시기였
다. 경직된 知性界에 대한 반성적 자각과 아울러 합리적 학문체
계에 대한 모색은 당대 문단을 주도했던 진보적인 문인들에 의해

이루어졌다. 그 중에 『莊子』의 독서 및 수용은 당대문인에게 사상적 활로와 문학적 지평을 위한 새로운 글쓰기의 대안이자 구원이라고 할 수 있다. 비록 당대 주자학의 구속에서 문인들이 공적으로 『莊子』를 옹호·지지하기 힘들었지만, 개인적 영역에서 『莊子』에 대해 깊이 경도되었다. 본고에서 거론된 장유는 조선중기 한문사대가의 일인으로서 스스로 문형의 책임을 느끼면서 주자학에 대한 맹목적 숭상에서 벗어나려고 했던 인물이다. 그는 노장 등 사상을 섭렵하여 합리적 학문방법론과 개방적 사유체계를 탐색하려고 부단히 애썼다. 그러나 이단사상에 대한 포용적 수용은 자칫 경계와 비판을 받을 수 있었던 바, 『莊子』에서 수용한 우언적 글쓰기는 그에게 있어 자기 주장을 펼치기 위한 서술전략의 일환이었다.

장유의 우언작품에 대한 전체적 정리가 아직 이루어지지 않았다. 거시적 안목보다 미시적 고찰을 통한 개별 작품에 대한 조명 작업은 필요로 한다. 이에 본고는 『莊子』우언문학의 수용 차원에서 이상의 세 작품을 중심으로 그의 우언세계에 투영된 현실의식, 철학적 지향, 그리고 예술적 정신을 고찰하였다. 우선 「蟻戰十韻」은 장유가 『莊子』의 우언적 글쓰기를 즐겨 수용하였고, 그것에 구사된 과장·비유 등의 수법을 적극적으로 사용하여 혼탁한 현실 세계를 우의적으로 풍유했다는 현실비판의식을 담고 있다. 그 다음으로 장자의 「濠梁之辯」과의 대비를 통해서 「設孟莊論辯」에 나타난 귀류법적 論駁 방식 새로이 인식되었다. 작품 背後

에 숨어 있는 작가의 창작동기와 철학적 지향, 즉장자에 대한 객관적 긍정의식을 詭辯적 전략과 반어법의 사용을 통해 표출한 것이다. 마지막으로 「寓言-無極子之巧」에서는장자에 나타난 대비적 구조와 철학적 인물형상의 命名방식이 동원되었고, 이것을 통해 '물아일치'의 철학적 지향과 '遺形取神'의 예술추구를 合一한 이상적 정신경지를 '無極子之巧'에 기탁해서 보여주었다. 이상의 세 작품은 각자 나름의 우언적 글쓰기 전략을 구사하는 동시에, 철학적 사유와 문학적 표현을 조화롭게 이루는 장유의 문학창작 특징을 더욱 두드러지게 보여주고 있다.

여기서는 장자우·언의 수용 차원에서 장유의 문학세계에서 우언창작의 일면을 조명해봤으나 아직 공부가 깊지 못해서 피상적 분석측면에 머문다는 문제점이 있다. 특히 장유의 우언문학에 대한 정리 작업이 아직 시작되지 않는 상태에서의 비교론적 접근 시도가 서두른 감이 이 있지 않을까 생각한다. 작품정리의 미완성으로 인해 거시적 안목으로 장유의 우언 作品群을 총동원하여 그의 우언창작 양상을 고찰하기가 어려울 듯하다. 따라서 앞으로의 공부에 따라 이상의 문제점을 보완하고 장유의 우언문학을 체계화하며, 더 나아가 우언사적 맥락에서 장유의 문학적 위상을 자리매김하고자 한다.

마지막 제3절에서는 연암 박지원의 장자수용과 우언적 글쓰기를 고찰하였다. 연암 박지원은 조선후기의 탁월한 문학자이며 사상가이다. 그가 성장하고 활동했던 조선의 18세기는 전통과 새로움, 변혁과 갈등으로 점철된 시대였다. 그때 봉건사회의 해체가 날로 확산되면서 그에 따른 새로운 이념과 체제의 확립은 절박하게 요구되고 있었다. 특히 농업 생산력과 상품화폐 경제의 발전과 함께, 서민층의 사회적 성장과 문화적 발달은 전과 크게 다른 사회변화를 가져왔다. 그러나 이와 같은 급변된 시대상임에도 불구하고 당시 폐쇄일로 치닫는 성리학은 이미 지배이념으로서의 역사적 기능을 다하고 하나의 교조적 이데올로기로 되어 구태의연한 지배 체제를 고수하기에만 집착하였다. 이렇게 정통이념과 변화된 현실이 빚어내는 심각한 괴리 공간 속에서 비판적 정신이 드높은 일군의 선진적 문인들은 그 누적된 온갖 모순을 극복하고 민중의 입장에서 개혁 방안을 찾아 실천하려는 데 부심하였다. 오늘날 이른바 실학파로 일컫는 그들 가운데는 사상적 혁신을 문학의 장(場)에 소화해내면서, 권위세계와의 팽팽한 대결을 문학의 힘으로 이끌려고 고심(苦心)했던 한 지성(知性)이 있었으니 이는 바로 연암 박지원이다.

　누구보다 연암은 철저한 문인의식을 가지고 글을 썼던 사람이었다.[319] 이때 연암에게 짊어지는 문인의식이란 그가 스스로 깊이 성찰해 온 '사(士)'로서의 자의식(自意識)에서 연유한 것이라 할 수 있다. 입신양명(立身揚名)을 지향하는 과거지사(科擧之士)나 규범 관념에 치중하는 도학지사(道學之士)가 아닌, 실학사상을 대변하는

319　조동일, 『한국문학사상사시론』(지식산업사, 1986), p.259. 참조; 강혜선, 『박지원산문의 고문변용 양상』, 태학사, 1999년, p.13. 참조.

독서지사(讀書之士)로서의 자아인식에서 현실에 기반을 둔 연암의 주체적 문인의식은 확립뇌었다. 이러한 주체적 각성이었기에 명문사족의 출신인 연암은 출세의 길에 열려져 있었음에도 불구하고 과거시험의 뜻을 버리고 현실문제해결의 학문탐구와 연전필경(硯田筆耕)의 문필생활에 전념하였다. 이는 사로서의 양심적 자아를 지켜나가는 연암에게 혼탁한 정치현실과의 반항이자 또한 새로운 사유의 전환을 위한 모색의 소산이었다. 스스로 권력중심으로부터 일탈된 사회 위치에서 연암은 당시 통치계층의 허구상(虛構像)에 대해 보다 투철한 비판적 시각을 가지게 되었고, 아울러 서민세계와 가까워질 수 있는 생활 자리에서 그들의 진취적인 의식에 대해 긍정적 태도를 보여주며, 동시에 그것을 자신의 사상의 한 영양소로 흡수했던 것이다. 이렇게 지배층이나 피지배층 어느 쪽도 조망할 수 있는 중간 지점--계급적 의미가 아니라 의식의 자유부동성(自由浮動性)을 확보하는 공간에서 연암의 사유의식의 폭과 깊이가 확장되면서 그에 따른 다양한 사상과 인식체계가 그의 인지(認知)세계에 자리 잡게 된 것이다. 이와 더불어 자신의 생각을 그려내는 데 역점 둔 연암의 글쓰기도 그의 의식내용의 전환과 변모에 상응하리만큼 그 뜻을 일정한 법칙이 아닌, 합변지기(合變之機)에 따른 응변원리를 꾸준히 관철함으로써 그 문학창작에 있어서의 다채로운 이채를 발하였다. 더구나 연암 문학창작의 지침이라 할 '법고창신론(法古創新論)'은 현실적인 바탕 위에서 '고(古)'와 '금(今)', '전통'과 '혁신'의 조화를 변증법적으로 이루는 인식론적 논리로서 그의 창작뿐만 아니라 온갖 학문체제에 일관되어 있는 것으로 보인다.

연암의 글에는 어린아이와 맹인(盲人), 그리고 소리(聲)가 주제적 의미의 표상으로 자주 등장한다. 그것들이 갖는 상징성이 연암에 의해 여러 층면에서 제시되었지만, 그 궁극적 의미 지향은 최종적으로 개관 현실에 대한 참된 인식으로 귀착된다고 볼 수 있다. 맹인에 의해 제기된 '명심', '평등안'은 장자사상과 맞닿아 있다. 그리고 '진실 보기'를 위한 이런 사상의 표출에 있어서는 역설의 논리와 우언의 수법에 대한 활용 역시 장자 못지않게 문학적 성취를 이룩하였다. 앞에서도 말하였지만, 이른바 '명심'이란 연암의 인식론적 사유에서 핵심으로 거론되어 온 것이다. 그만큼 이런 개념을 효과적으로 표출하는 데 많이 들였던 연암의 심사(心思)는 '명심'이 제기된 「일야구도하기」의 명문으로서의 작품성에서 확인될 수 있다. 특히 쏟아지는 강물소리를 갖가지 다른 비유적 표현으로 극히 생생하게 형상화하는 데서는 같은 소리라도 '듣기 여하에 달려 있을 뿐'이라는 인식논리가 설파되고, 게다가 이런 소리에 대한 극적인 묘사가 창작상의 문예미는 물론 소리 자체에 대한 연암의 응시(凝視)자세까지 보여주기도 한다. 공히 연암의 글에서 '聲滿天地, 若出金石'이란 장자적 표현을 여러 번이나 사용한 것 자체가 그리 새삼스러운 것은 아니다. 그대로의 인용 차원을 뛰어 넘어 자기화를 통해 실현된 창조적 수용은 비로소 우리가 한결같이 주목해야 할 점이다. '내면수양의 경계 표출'에서 '진정의 분출'이란 의미로의 변용 속에서 연암에 의해 울음소리를 표현해 낸 '聲滿天地, 若出金石'의 수용 흔적은 뚜렷이 드러나고 있다. 슬픔만이 아니라 모든 감정도 울음의 근원임을 설파한 연암은 이와 같이 울음소리에 대한 각별한 인식을 통해 진정한 감정의 분출 통로를 찾아냈다. 당시로서 개인 자신만의 감정이나 욕망을 억눌렀던 시대 상황 하에서 진정의 표출을 강구한 것은 실제로 '자아 찾기'란 존재의식과 근본적으로 연결된다고 볼 수 있다. 현존재의 참모습을 적극 찾아 나선 연암이 개아(個我)와 사물을 그대로 보게 된 '명심'을 제기한 것은 더 이상 말할 나위가 없다. 그림에도 '시청지정(視聽之正)'을 위한 이런 텅 빈 마음 상태의 획득 과정에서 '도하(渡河)' 경험을 통해 체득된 강물소리의 '천변만화(千變萬化)'는 어디에도 비할 데 없는 '恢奇之氣'를 발산함으로써 여운이 남는 철학적 음미와 문예적 감상을 선사해 준다. 여기서 '소리' 의식의 또 하나의 대표적인 표현으로서 물소리를 향한 연암의 깊은 응시와 관조는 외물세계에 대한 객관적 인식의 추구와 밀접하게 관련되어 있다. 「일야구도하기」에서 같은 강물소리라도 마음으로 듣기에 달려 있음을 거론한 것은 주지하는 바이다. 귀로만 들리는 강물소리는 연암의 탁월한 창작력에 의해 이제는 우리의 안구(眼球)를 움직이는 다양한 '소리 풍경'로 그려져 있다. 이렇게 소리를 중요한 모티브로 부각시키고 그것에 대한 묘사의 극치를 마음껏 발휘한 것은 사실상 역대 문인들의 문학창작에서도 쉽사리 찾아질 수 있는 건 아니다. 따라서 소재선택과 표현방식이라는 점에 주목할 때, 이른바 장자에 의해 절묘하기 그지없는 창상(暢想)으로 전해지는 '지뢰음(地籟音)'의 세계가 그만큼 자연히 머리에 떠오를 수 있을 것이다. 맹인에게로의 메타포적 시선과 소리에 대한 각별한 관찰을 중심으로 장자와의 관련이나 대비라는 점에서 연암의 사유체계와 문학세계의 일단을 살펴보았다. 연암이 아니면 이러한 의미망의 구축을 통한 철학·문학적 성취가 이루어지기 어려울 정도로 남달리 온갖 지적 노력이 기울어진 그의 개방적인 글쓰기는 문·철(文·哲)을 아우르는 장자라는 텍스트와의 계합(契合)을 필연적으로 이루어내기에 이른 것이다.

조선시대의 사대부에 있어서 장자는 그들의 내면세계와 문학창작의 행방을 파악하기 위한 주요한 관건의 하나이다. 언제나 유자임을 자처하면서 현실지향적 의지를 품고 있는 사대부들은 종교로서의 도교에 대한 선호로 인한 장자에의 접근이라기보다 지식문인으로서의 장자의 사유방식과 문학표현에 궁극적인 관심을 두고 있었다. 본 연구는 각 시기별 조선시대의 대표적 문인인 성현, 장유 그리고 박지원의 우언세계에 대한 전반적 조명을 통해서 장자적 사유와 문학에 대한 창조적 수용을 기반으로 이룩되는 그들의 우언적 글쓰기 양상을 보다 깊이 있게 파악하고자 하였다. 시기와 사람마다 달라지는 장자수용의 양상은 그들의 사유의식과 문학창작에 보다 뚜렷이 드러나고 있다. 성현은 조선전기의 관각 문인으로서 심성수양을 위해 도가로서의 장자의 '무욕·허정(無慾·虛靜)'를 추구하였다. 그리고 장자에 연원을 둔 우언의 화법을 통해 그는 자신의 정치적 지향과 담론을 설득력과 신뢰성이 있게 피력하였다. 장유는 조선중기의 '한문사대가'의 일인이자 당대의 문형으로서 개방적인 학문자세를 지니고 학문적 침체성을 극복하기 위한 합리적 방안을 탐색하려고 애썼다. 그는 사상적인 차원에서 장자의 인식을 포용하여 새로운 사상적 지평을 모색했던 한편, 문학적 차원에서 장자의 우언문학을 적극적으로 수용했다. 박지원은 조선후기의 실학자요 문장가로서 사상적 혁신을 문학의 장(場)에 소화해내면서, 권위세계와의 팽팽한 대결을 문학의 힘으로 이끌려고 노력하였다. 그는 장자의 상대주의적 인식론에 영향을 받아 현실해결을 위한 방안을 탐색하는 한편, 우언적 글쓰기와 해학적 표현을 다채롭게 구사하면서 일체의 권위주의와 세속적 가치를 열렬히 비판·풍자하는 데 장자못지 않게 기막힌 성공을 성취하였다. 이와 같이 성현, 장유와 박지원의 장자수용과 우언적 글쓰기에 대한 고찰은 그들 자신의 내면세계와 문학창작은 물론 사(史)적 흐름에서 전개된 각 시기의 장자수용의 양상과 우언적 글쓰기의 특징을 조명하는 데 시사적 의미가 있다고 본다.

참고 문헌

[資料]

郭慶藩 撰, 王孝魚 點校,「知北遊」,『莊子集釋 3』, 中華書局, 1985.

韓愈,『韓昌黎文集校注』, 馬其昶 校注, 馬茂元 整理, 上海古籍出版社 1986.

劉義慶撰, 徐震堮著,『世說新語校箋·排調第二十五』(下冊), 中華書局, 1999.

羅根澤,『說諸子』, 上海古籍出版社, 2001.

蘇軾,『蘇東坡全集 下』(影印), 中國書店出版社, 1986.

王安石,『王文公文集 上』卷二十七, 唐武標(校), 上海人民出版社, 1974.

楊天宇 撰,『(十三經譯注)--禮記譯注(下)』, 上海古籍出版社, 2004.

박지원 지음, 신호열, 김명호 옮김,『국역 연암집』, 민족문화추진회, 2005.

윤주필 주편,『한국우언산문선집 2』, 박이정, 2008년.

이용휴, 조남권, 박동욱 옮김,『혜환 이용휴 산문전집』, 소명출판, 2007.

홍기문 역,『나는 껄껄 선생이라오』, 보리, 2004년,

『이가원전집16 열하일기역주』, 大洋書籍, 1975년.

陳鼓應註譯,『莊子今註今譯 下』, 中國, 中華書局, 1999.

김부식,『三國史記』原文篇, 李丙燾 校譯, 乙酉文化社, 1977년.

金錫冑,『韓國文集叢刊』, 145, 민족문화추진회.

黎靖德,『朱子語類』.

李珥,『栗谷全集』卷15,『標點影印 韓國文集叢刊 44』, 민족문화추진회.

李獻慶,『艮翁集』,『韓國文集叢刊』, 234, 민족문화추진회.

李植,『澤堂集 別集』권15(『標點影印 韓國文集叢刊 88』, 민족문화추진회.

陸德明,『庄子音义』.

朴世采,『南溪集』卷57, 標點影印 韓國文集叢刊 202』, 민족문화추진회.

司馬光 著『資治通鑒』卷第一, 中華書局出版, １９９５.

리상호 옮김, 박지원 씀『열하일기 上中下』, 도서출판 보리, 2004년.

俞晩柱,『欽英』22책, 1786년 11월26조. 서울대학교 규장각 영인.

張維,『谿谷集』卷1,『標點影印 韓國文集叢刊 92』, 민족문화추진회.

趙龜命,『東溪集』卷7.『標點影印 韓國文集叢刊 215』, 민족문화추진회.

朱謙之 撰『老子校釋』, 中華書局, 1996.

안동림 역주,『莊子』, 현암사, 2000.

원굉도 저, 심경호, 박용만, 유동환 역주,「袁無涯」,『역주 원중랑집(袁中郎集)
       8』, 소명출판, 2004,

이규경,『五洲衍文長箋散稿 下』, 동국문화사, 1959년.

이덕무,『青莊館全書』卷48.『標點影印 韓國文集叢刊258』, 민족문화추진회.

이수광,『지봉유설(上)』남만성 역, 을유문화사, 1994년.

이익,『성호사설』권28,29,『성호사설XI』, 민족문화추진회, 1977년.

한원진,『南塘集』卷31.『標點影印 韓國文集叢刊 202』, 민족문화추진회,

허균,『惺所覆瓿藁』卷24.『標點影印 韓國文集叢刊 74』, 민족문화추진회,

홍석주 원저, 리상용 역주,『역주 홍씨독서록』, 아세아문화사, 2006년.

「燕岩關係資料:三部, 初·重編 燕岩集 序跋 評語 其他」,『韓國漢文學研究』
       第11輯, 韓國韓文學研究會, 1988년.

『朝鮮金石總覽 上』, 景仁文化社, 1974년.

『東國李相國集後集卷終』『標點影印 韓國文集叢刊 2』, 민족문화추진회.

『부휴자담론』, 成俔 저, 이래종 역주, 소명출판, 2004년.

『퇴계선생문집』권6,「戊辰六條疏」,『퇴계전서(국역)』3, 퇴계학연구원, 1989년.

『파한집·보한집·역옹패설』, 李相寶 訳韓國名著大全集, 大洋書籍, 1975년.

戴名世著, 王樹民編校,『戴名世集』中華書局, 1983.

林希逸 著, 周啓成 校注,『莊子鬳齋口義校注·駢拇』, 中華書局.

[著書]

〈韓國〉

강명관,『공안파와 조선후기』, 소명출판사, 2007년.

고미숙,『열하일기, 웃음과 역설의 유쾌한 시공간』, 그린비, 2003년.

금장태,『비판과 포용--한국실학정신』, 제이앤씨, 2008년.

김도련,『한국고문의 원류와 성격』, 태학사, 1998년.

김명호,『열하일기 연구』, 창작과 비평사, 1990년.

김영,『조선후기 한문학의 사회적 의미』, 집문당. 1993년.

김태준,『홍대용평전』, 민음사, 1987년.

김혈조,『박지원의 산문문학』, 성균관대학교 대동문화연구원, 2002년.

문무영,『연암 소설의 도교철학적 조명』, 태학사. 1993년.

박기석,『박지원문학연구』, 삼지원, 1984년.

박수밀,『18세기 지식인의 생각과 글쓰기 전략』, 택학사, 2007년.

박희병,『연암을 읽는다』, 돌베개, 2006년.

박희병,『한국의 생태사상』, 돌베개, 1999년.

洪順碩,『成俔문학연구』한국문화사, 1992년.

송재소,『한시미학과 역사적 진실』, 창작과 비평사, 2001년.

송항룡,『한국도교철학사』, 성균관대학교동아시아학술원, 1987년.

신병주,『남명학파와 화담학파 연구』, 일지사, 2000년.

심호택,『고려중기 문학론연구』, 계명대학교 한국학연구원, 1991년.

윤승준,『동물우언의 전통과 우화소설』, 月印, 1999년.

윤주필,『틈새의 미학--한국 우언문학 감상』, 집문당, 2003년.

윤천근,『퇴계철학을 어떻게 볼 것인가』, 온누리, 1987년.

이가원,『韓國漢文學史』, 民衆書館, 1961년.

이가원,『이가원전집1 연암소설 연구』, 乙酉文化社, 1965년.

이강수,『노자와 장자--무위와 소요의 철학』, 도서출판 길, 1997년.

이강수,『도가사상의 연구』고대민족문화연구소, 1987년.

이종주,『북학파의 인식과 문학--상대주의적 시각과 역설의 미학』, 태학사.

이현식,『박지원 산문의 논리와 미학』이회문화사, 2002년.

임형택,『문명의식과 실학--한국 지성사를 읽다』, 돌베개, 2009년.

임형택,『실사구시의 한국학』, 창작과비평사, 2000년.

장재천,『조선조 성균관교육과 유생문화』, 아세아문화사, 2000년.

정민,『고전문장론과 연암 박지원』, 태학사, 2010년.

정우락,『남명문학의 철학적 접근』, 박이정, 1998.

조동일,『한국문학의 갈래 이론』, 집문당, 1992년.

조민환,『노장철학으로 동아시아 문화를 읽는다』, 한길사, 2002.

차봉희,『수용미학』, 문학과지성사, 1985.

차주환,『한국도교사상연구』, 한국문화연구소, 1978.

柳承國,『동양철학연구』, 동방학술연구원, 1983년.

〈中國〉

白本松,『逍遙之祖--莊子與中國文化』, 河南大學出版社, 1997年.

陳鼓應,『老莊新論』, 五南圖書出版公司, 2006年.

陳蒲淸 지음, 윤주필 옮김,『세계의 우언과 알레고리』, 지식산업사, 2010년

陳蒲淸,『古代中朝文學關係史略』, 湖南人民出版社, 1999年.

崔大華,『莊學硏究』, 人民出版社, 1992年

方勇 著,『莊子學史』(上, 中, 下), 人民出版社, 2008年

錦華,『莊子與中國文化』, 貴州人民出版社, 2001年.

劉紹瑾,『莊子與中國美學』, 廣東高等敎育出版社, 1989年.

王博,『莊子哲學』, 北京大學出版社, 2004年.

吳秋林,『中國寓言史』, 福建敎育出版社, 1999年

徐復觀,저, 권덕주 역,『중국예술정신』, 東文選. , 1993年.

楊柳,『漢晉文學中的<莊子>接受硏究』巴蜀書社, 中國社會科學院, 2007年.

葉舒憲,『詩經의 文化闡釋』, 湖北人民出版社, 1994年.

劉生良,『鵬翔無疆 -「莊子」文學硏究』, 人民出版社, 2004年.

[論文]

〈韓國〉

권석환, 「선진우언연구」, 박사학위논문, 성균관대학교 중어중문학과 중국문학
　　　전공, 1993년.

금장태, 「의리사상과 선비 정신」, 趙明基 外 33人 著, 『한국사상의 심층연구』,
　　　宇石出版社.

금장태, 「한원진(韓元震)의 『장자』해석과 비판논리」, 『東亞文化』제47집, 서울
　　　大學校 人文大學東亞文化硏究所, 2009년.

김대중, 「廖燕과 朴趾源의 원초적 텍스트 이론」, 『한국실학연구』, 제15집,
　　　2008.

김도공, 「원효의 화쟁사상 형성에 영향을 미친 장자 제물론의 영향」, 『보조사상』제
　　　24집, 보조사상연구원, 2005년.

김도련, 「야출고북구기의 含蓄美와 意境」, 『中國學論叢』, 제10집, 1994년, 국
　　　민대학교 중국문제연구소.

김명호, 「연암문학과 사기--<방경각외전>의 분석을 중심으로」, 『이조후기한문
　　　학의 재조명』, 창작과 비평사, 1983년.

김송희, 「朴世堂<南華經註解> ≪逍遙遊≫篇 考察」, 『중국학연구』제17집, 숙
　　　명여자대학교, 1991년.

김시천, 「이단에서 정통으로-장자 眞儒가 된 한 사이비의 역사」, 『시대와 철학』
　　　제16집, 한국철학사상연구회, 2005년.

김영, 「<莊子>와 <亡羊錄>의 寓言文學的 聯關性-<老婆의 五樂>을 중심으
　　　로」, 『한국문학연구의 한단계』, 도서출판 역락, 2005년.

김영, 「연암을 읽는 두 가지 코드, <史記>와 <莊子>」, 『민족문학사연구』, 제30
　　　호, 민족문학사학회.

김영, 「우언문학 연구의 현황과 과제」, 『한국학연구』제13집, 인하대학교 한국학
　　　연구소, 2004년,

김인규, 「北學思想 硏究 : 學文的 基盤과 近代的 性格을 中心으로 」박사학
　　　위논문, 成均館大學校 大學院: 東洋哲學科, 1999년.

참고 문헌　245

김태안, 「成俔의 문학관 소고」 안동대학 논문집 제10집. 1988년.

김태준, 「동아시아적 글쓰기의 전통론 시고--<열하일기>의 글쓰기론을 중심으로」, 『東岳語文論集』, 동악어문학회, 제36집, 2000년.

김홍규, 「소수집단 문학과 한국문학사 전망」, 『고전문학연구』第29輯, 2006년.

남상호, 「朴世堂의 『南華經註解刪補 』 研究 : 「齊物論」의 "道樞"에 關한 解釋을 중심으로-朴世堂《南華經註解刪補》之硏究:以關於<齊物論>之"道樞"的解釋爲中心」, 석사논문, 성균관대학교 유학대학원, 2001년.

陳蒲淸, 「韓國 古代寓言의 人文學的 位相」, 우언문학총서 제5집 『우언의 인문학적 위상과 현대적 활용』, 한국우언문학회 편, 2006.

池斗煥, 「谿谷 張維의 生涯와 思想」, 『泰東古典硏究 』, 翰林大學校 泰東古典硏究所.

문범두, 「<장자>우언의 이야기형식과<호질>」, 『한민족어문학』, 한민족어문학회.

문중량, 「조선후기 자연지식의 변화패턴--실학 속의 자연지식, 과학성과 근대성에 대한 시론적 고찰」, 『대동문화연구』제38집, 2001년, 성균관대학교 동아시아학술원.

박경남, 「박지원의 <발승암기> 연구 --파격의 형식과 우의를 중심으로」, 『韓國漢文學硏究』, 제29집, 한국한문학학회, 2002년.

성기옥, 「사대부 시가에 수용된 신선모티프의 시적 기능」, 『국문학과 도교』, 한국고전문학회, 태학사.

성태용, 삼포국웅, 박종현, 「曹南冥과 老莊思想」(『慶南文化硏究』제1집, 경상대학교 경남문화연구소, 1988년.

송항룡, 「남당 한원진의 장자연구와 도가철학」, 『한국도교철학사』, 성균관대학교동아시아학술원, 1987년.

송항룡, 「서경덕의 기철학과 도가철학」, 『한국철학사』中卷 , 한국철학회 編, 동명사, 1987년.

송항룡, 「서계 박세당의 노장연구와 도가철학사상」, 『대동문화연구』제16집, 성균관대학교 대동문화연구원, 1982년.

송항룡, 「한국도가철학에 있어서의 학적 성립의 始端」, 『한국종교』제6집, 원광대학교 종교문제연구소, 1981년.

어수정, 「계곡장유의 문학론 연구」, 『韓國漢文學論文選集』, 불함문화사, 2002년.

원정근, 「도가사상의 전개」, 『자료와 해설 한국의 철학사상』, 고려대 민족문화연구원 한국사상연구소 편, 예문서원, 2001년.

유종국,「우언의 양식」,『國語文學』제26집, 全北大學校 國語國文學會, 1986년.

윤사순,「이규경 실학에 있어서의 전통사상」,『亞細亞研究』제16집, 고려대학교 아세아문제연구소, 1973년.

윤승민,「우언의 서술방식과 소통적 의미」, 고려대 석사논문, 1996년.

윤주필,「<귀토지설>과 <화왕계>의 대비적 고찰」,『고소설연구』제30집, 한국고 소설학회, 2010년.

윤주필,「동아시아 고소설의 우언 활용의 비교고찰」,『고전문학연구』제26집, 한 국고전문학회, 2004년.

윤주필,「우언의 전통과 조선전기 몽유기」,『민족문화』제16집, 민족문화추진회, 1993년.

윤주필,「한문문명권의 우언론 비교 연구」,『동아시아 우언론과 한국의 우언문 학』, 집문당, 2004년.

윤주필,「향후 10년간의 우언연구를 위한 영역 설정과 제언」,『우언의 인문학적 위상과 현대적 활용』, 한국우언문학회 저, 박이정출판사, 2006년.

이강수,「장자의 자연관」,『民族文化研究』, 제15집, 고려대학교 민족문화연구소.

이승수,「조선조 지식인의 장자수용과 憤激의식」,『도교문화연구』제15집, 한국 도교문화학회, 2001년.

이승수,「三淵 金昌翕 研究」, 박사학위논문, 한양대학교 대학원 , 국어국문학 과 1997년.

이우성,「이조 사대부의 기본성격」제16집,『민족문화연구총서』,영남대학교 민 족문화연 구소.

이종묵,「成俔과 <부휴자담론>」, 成俔저, 이종묵 옮김『부휴자담론』,홍익출판 사, 2002년.

이지양,「18세기의 '眞' 추구론과 性靈설」,『한국한문학연구』제24집, 한국한문 학회, 1999년.

이현호,「申維翰 산문의 擬古性과 <莊子> 패러디」,『동양한문학연구』제20집. 동양한문학회.

장진숙,「浮休子談論」에 나타난 成俔의 政治的 志向과 寓言의 화법」,『어문 연구』제35권, 한국어문교육학회, 2007년.

정민,「16,7세기 유선시의 자료개관과 출현동인」,『한국도교사상의 이론』, 아시 아문화사, 1990년.

정민, 「실락원의 비가, 유선시」, 『한시미학산책』, 솔 출판사, 1996년.

정민, 「유선문학의 서사구조와 갈등 층위」, 『한국도교와 도교사상』, 아시아문화사, 1991년.

정민, 「유선사부의 도교적 상상력」, 『동아시아문화연구』제26집, 한양대학교 한국학연구소, 1995년,

정민, 「조선전기 유선사부 연구」, 『도교의 한국적 변용』, 아시아문화사, 1996년.

정민, 「조선전기 유선사부 연구」, 『한양어문』, 제13집, 한국언어문화학회, 1995년.

정민, 『초월의 상상』, 휴머니스트, 2002년.

정민, 「종교와 문학 : 도교 , 낭만적 상상 세계로의 탈출 - 16,17세기 유선 문학을 중심으로 」, 『종교연구』, 한국종교학회.

정순회, 「박지원 산문의 문체적 특성 일고(一考) -어휘와 주제의 관련 양상을 통해『한국한문학연구』, 제42집, 한국한문학회, 2008년.

정연봉, 「장유의 시세계」, 『한국한문학연구』, 제13집, 한국한문학회.

정연봉, 「張維 詩文學硏究--莊子의 천기론을 중심으로」, 고려대학교 국문과 박사논문. 1989년.

정학성, 「우언 양식의 서사구조와 비판정신」, 『東洋學』제38집, 단국대학교 동양학연구소. 2005년.

정학성, 「호질에 대한 재성찰」, 『한국한문학연구』제40집, 한국한문학회, 2007년.

조민화, 「서계 박세당의 <장자>이해」, 『철학』, 제47집, 한국철학회, 1996년.

조민환, 송항룡의「조선조 노장주석서 연구(1)(2)」, 『동양철학연구』, 제26집, 동양철학연구회, 2001년.

조상우, 「息影亭記의 우언 글쓰기와 문학사적 의의」, 『온지논총』, 第16輯, 온지학회.

조한석, 「남당 한원진의 <장자>소요유·제물론 해석--수용과 비판의 경계에서」, 『원불교사상과 종교문화』, 원광대학교 원불교사상연구원, 2008년.

조한석, 「박세당의 <장자>제물론 사상연구」, 박사논문, 성균관대학교 동양철학과, 2004년.

주재우, 「고전표현론의 관점에서 본 우언문학교육」, 『고전문학과 교육』제13집, 한국고전문학교육학회, 2007년.

차주환, 「통일신라시대의 도가사상」, 『한국철학사』상권, 한국철학회 편, 동명사, 1987년.

최영성, 「崔致遠의 道敎思想 硏究」, 『도교의 한국적 수용과 전이』, 한국도교사

상연구회, 아세아문화사, 1994년.

최유진, 「원효와 노장사상」, 『보조사상』제24집, 보조사상연구원, 2005년.

최일범, 「박세당의 유무론」, 『도교학연구』제13집, 한국도교학회, 1994년.

權錫煥, 「한중우언의 동질성에 관한 연구--<艾子雜說>, <郁離子>, <浮休子 談論>을 중심으로」, 中語中文學, 2001. 제29집.

宋恒龍, 「韓國道家哲學에 있어서의 學的成立의 始端」, 『한국종교』제10집, 원 광대학교 종교문제연구소, 1985년.

鮮于勳滿, 「화담 서경덕 기철학 연구」, 박사학위논문, 대전대학교 대학원, 동양 철학과, 2000년.

徐慶田, 梁銀容, 「高麗道敎思想의 硏究」, 『圓大論文集』제19집, 원광대학교, 1985년.

柳炳德, 「통일신라시대의 풍류사상」, 『한국철학사』상권, 한국철학회 편, 동명 사, 1987년.

李禧柱, 「조선초기 군신도덕에 관한 연구--『조선왕조실록』의 관련 기록을 중심 으로」, 박사논문, 이화여대, 1999년.

〈中國〉

岑溢成, 「魚樂之辯之知與樂」, 『鵝湖月刊』제3卷29期. 1977.

蔣振華, 「關於《莊子》寓言定分種種」, 湖南教育學院學報, 1999.2.20, 第 17卷 第1期.

吳承學, 「古代兵法與文學批評」, 『文学遺产』, 第六期, 1998, 社会科学院文 学研究所.

于雪棠, 「《莊子》寓言故事中師友型君臣關係模式」, 東北師大學報, 1996年 第6期.

제1저자: 郝君峰

　1981年4月生, 山東臨沂人, 對外經濟貿易大學外語學院副教授, 碩士生導師。
2011年8月畢業於韓國仁荷大學韓國學學院, 獲文學博士學位, 主要研究方向是
韓國古典文學及中韓文學比較。出版有專著『燕岩文學與中國文學的比較研究』
(第二作者), 編著『韓國商務環境』, 譯著『從堯舜到李昌鎬』等。在『東疆學刊』、
『韓國研究論叢』等期刊發表學術論文8篇, 主持國家社科基金青年項目1項。

제2저자: 陳冰冰

　1981年7月生 安徽亳州人, 北京第二外國語學院亞洲學院教授, 碩士生導師。
2008年2月畢業於韓國成均館大學國語國文專業, 獲文學博士學位, 主要研究方
向是韓國古典文學及中韓文學比較。出版有專著『「熱河日記」與18世界中國文
化』,『朴趾源文學與中國文學之關聯研究』, 譯著『朴槿惠日記』等。另外在『清史
研究』,『韓國研究論叢』等期刊發表學術論文三十餘篇; 主持完成國家社科基金
青年項目1項, 獲得北京市社科基金立項1項, 2012年入選北京高校"青年英才計
劃"項目。

朝鮮時代 士大夫의 莊子受容과 寓言 글쓰기 研究

초판 1쇄 발행일 2019년 6월 30일

지은이 郝君峰·陳冰冰
펴낸이 박영희
편집 박은지
디자인 최민형
마케팅 김유미
인쇄·제본 태광 인쇄
펴낸곳 도서출판 어문학사
　　　　서울특별시 도봉구 쌍문동 523-21 나너울 카운티 1층
　　　　대표전화: 02-998-0094 / 편집부1: 02-998-2267, 편집부2: 02-998-2269
　　　　홈페이지: www.amhbook.com
　　　　트위터: @with_amhbook
　　　　블로그: 네이버 http://blog.naver.com/amhbook
　　　　　　　다음 http://blog.daum.net/amhbook
　　　　e-mail: am@amhbook.com
　　　　등록: 2004년 4월 6일 제7-276호

ISBN 978-89-6184-495-6 93720
정가 20,000원